D1180947

CALLAS

Pierre-Jean Rémy

CALLAS

Une vie

Albin Michel

Une première édition de ce livre est parue aux Éditions Ramsay en 1978.

© Éditions Albin Michel, S.A., 1997
22, rue Huyghens, 75014 Paris

ISBN 2-226-09543-8

Pour André TUBEUF

Parler de Callas...

En guise d'introduction

Ce livre a vingt ans. Je revenais de Venise, un coup de téléphone m'avait appris la mort de Maria Callas. Il était dix heures du matin, à midi je savais que je devais écrire une vie de Callas. Mais je ne pouvais le faire que très vite. M'y mettre sur-le-champ et l'écrire d'un coup, tout de suite ! Bien sûr, je ne savais pas à quoi je m'engageais. Mais je savais ce que je voulais faire : seulement raconter la vie de Maria Callas. Sans fioritures, sans trop de lyrisme. Raconter sa vie, sa voix et ses rôles. Rien d'autre. Imaginer l'histoire d'une vie qui soit celle d'une voix à travers des rôles. Ou l'histoire de rôles qui deviennent une vie et des voix... Parce que Callas a trop été au cœur de nos rêves les plus fous, de nos découvertes, de nos passions.

Mais qu'on se souvienne : les premiers disques ! J'avais seize ans : *Lucia, les Puritains, Tosca :* mais c'était à ne pas y croire ! Comment ? Cette musique existait, moi pour qui l'opéra était Mozart et devenait doucement Wagner, à la rigueur Verdi ? Entendre notre première *Tosca,* les premiers cris « *Mario ! Mario !* » qui viennent d'au-delà de la scène, avec ces accents déjà un peu tremblés, frémissants, qui ne ressemblent à rien, mais à rien que nous ayons connu ! Peut-on, quand on va aujourd'hui par trains entiers à Orange ou à Vérone applaudir madame Untel dans *Lucia* en se disant — pour peu qu'on aime l'opéra — que c'est la chose la plus normale au monde, parce que cela fait partie du bagage de notre tous-les-jours culturel, peut-on seulement imaginer la surprise, le coup de feu, le coup de canon, le coup de fouet qui excite et qui transporte, de cette *Tosca* 53, de cette *Lucia* ? Et la *Traviata* publiée chez Cetra, donc ?

Même si Callas, depuis douze ans, ne chantait plus — car Callas a cessé de chanter (ce que nous appelons chanter) le 5 juillet 1965 sur la scène

13

de Covent Garden, à Londres — elle était vivante. Et d'un coup, on nous la disait morte ? Je voulais parler d'elle car je ne sentais pas la différence ! Callas était vivante, Callas est vivante. Alors, loin de tout souci littéraire — là, très vite — je voulais raconter Callas. Peut-être pour mieux comprendre moi-même. Callas : une vie. Des dates, des rôles, des noms. Cette trajectoire insensée, qui part des sommets et demeure dans les sommets jusqu'à la dernière scène du dernier jour : «*Avanti a Dio !*» Tosca saute, le rideau tombe et Callas se tait. L'une des carrières les plus courtes qui aient été, un équilibre sans cesse remis en question, un exercice de haute voltige, le théâtre et encore le théâtre au sens le plus brûlant du mot — et une voix qu'entre mille le plus néophyte des amateurs d'opéra reconnaîtra toujours. Voilà ce que très vite, en quelques semaines, j'ai voulu dire.

Parler à chaud, sous le coup de ce que je sentais, de cette vie-là.

Car la vie de Callas n'a peut-être été qu'une histoire d'amour, dont nous avons fait une légende.

Est-ce qu'à dix-sept ou dix-huit ans, elle s'est vraiment dit qu'elle voulait être la plus grande chanteuse de son temps ? Est-ce qu'elle les a vraiment écoutés et réécoutés sans fin, ces disques de Claudia Muzio, de Rosa Ponselle — les «plus grandes chanteuses de leur temps» à elles — en se promettant qu'à son tour, elle aussi chanterait Bellini et Verdi comme nulle, jusqu'alors, ne l'avait fait ? On nous la raconte à douze ans, cette grosse petite fille aux nattes noires, en train d'écouter *Lucia di Lammermoor* ou d'apprendre, toute seule, des airs de *Carmen :* vrai ou faux ? Peut-être simplement la légende qu'on construit après coup.

Et si c'était pourtant vrai ? Si la légende dorée — rouge et or : la couleur des rideaux de scène, celle des loges à la Scala — n'était que le reflet, le miroir de la vie ? Ou, mieux encore, si la vie de Callas avait fini par se plier aux détours les plus flamboyants de sa légende ? Il suffit qu'on veuille le croire, et dès lors tout paraît très simple. Oui, Callas a été cette enfant prodige qui gagnait des radio-crochets à New York ou à Chicago. Oui, pendant ces années de guerre, en Grèce, elle a travaillé nuit et jour tout Rossini et tout Donizetti avec un professeur qui avait déchiffré en elle le génie. Oui, elle a fait passer avant tout le reste son chant, son art, sa voix, sa volonté aveugle de réinventer l'opéra. Et pour y parvenir, elle a tout sacrifié, tout accepté. Pour être la première chanteuse, la première tragédienne de son temps, elle s'est abandonnée à un Destin qu'elle s'était choisi tout autant qu'il l'avait désignée.

Ainsi Callas nous apparaît-elle soudain comme l'héroïne d'un opéra inventé par elle et pour elle. Comme une femme solitaire, égarée dans un monde d'hommes où les hommes demandent aux femmes de chanter et d'être belles pour eux, de toucher au sublime et de les faire pleurer — dussent-elles en mourir. Un monde où les hommes — autant de Pygmalions qui brûlent leurs Galatées pour assouvir leur plaisir — construisent, modèlent, décident, ordonnent, disposent. Un monde où la femme doit s'effacer — on l'adore, n'est-ce pas ? — et servir. Et Callas a tout accepté. Les fatigues et les plaisirs, les huées, les bravos, les bijoux, les nuits blanches. Les insultes et les photographes, la main de l'homme qui se pose sur ce qu'il possède, la voix qui se déchire, les matins d'angoisse, le trac dans la loge nue : tout. Parce que c'était le prix qu'elle devait payer pour devenir ce qu'elle devait être. Esclave de son chant et de ceux qui veulent et qui font ce chant — les imprésarios, les chefs d'orchestre, les maris et les critiques, les amants, les directeurs d'opéra et nous, surtout nous, qui l'avons dévorée : son public —, elle a fermé les yeux et elle s'est abandonnée.

Le vent soufflait en tempête — même si c'était un ventilateur dans les voiles ou les rideaux de scène — et les rôles qu'elle devait habiter tournoyaient comme de grands fantômes blancs, ces ombres : toutes ces victimes, toutes ces jeunes folles qui hantent les livrets d'opéra et les théâtres du monde entier. Lucia di Lammermoor, Anne Boleyn, la Somnambule... Victime, elle a été Iphigénie avant d'en avoir chanté le rôle. Abandonnée, elle a été Traviata que tous assaillent, violent, déchirent — pour quelques billets qu'on lui jettera au visage à la fin du troisième acte. Violente, Tosca superbe, elle a tué par amour mais elle a bien fini par en mourir, elle aussi, de cet amour. Médée, on l'a voulue sorcière, alors qu'elle était seulement Norma : vestale, gardienne d'un art sacré et d'une tradition grandiose qu'elle avait retrouvée, en même temps que celle qui, au dernier moment, ne lèvera pas la main sur ceux qu'elle a aimés. Pour choisir, une fois encore, de mourir seule.

C'est cette Callas-là qu'il importait de retrouver, à travers les mille et un épisodes d'une vie quotidienne qu'on a voulu scandaleuse, mais aussi tout au long de l'histoire d'une voix. Car jamais deux vies ne se sont trouvées aussi étroitement confondues, imbriquées l'une dans l'autre, que celle de cette femme et celle de son chant. De New York à Athènes, d'Athènes à New York — puis à Venise, à Milan, à Londres, à Paris — Callas défraie toutes les chroniques. Elle est « la tigresse », la « *prima donna* capricieuse », elle gravit un à un les échelons du succès, domine et foudroie pour être, enfin, la chanteuse la plus célèbre du monde. Mais sa voix, la chronique de sa voix, les hauts et les bas de son chant, ses triomphes et ses chutes, c'est aussi la même histoire. Et lorsqu'elle apparaît sur une scène et que son chant s'élève, nous attendons ses airs de

Norma ou de *Tosca*, « *Casta diva...* », « *Vissi d'arte...* », avec autant d'angoisse... — y sera-t-elle semblable à sa légende ? — que nous mettons de curiosité malsaine, par presse interposée, à la suivre en Grèce sur un yacht avec Onassis, ou à lui voir claquer sa porte au nez des photographes sur un rugissement superbe.

L'histoire d'une femme, donc, et l'histoire d'une voix. Avec ses éclats sublimes et ses terribles angoisses. Mais l'histoire d'une femme et celle d'une voix que, dès le premier jour, nous avons voulu asservir à notre plaisir — nous : les hommes : les directeurs d'opéra comme le public. D'où l'histoire d'une femme, d'une voix et d'un groupe d'hommes, autour d'elles, qui harassent, qui déchirent, qui épuisent et qui, à la fin, vont se voiler la face au moment de la mise à mort.

Pourquoi Callas ? Parce qu'elle a réinventé l'opéra. Parce qu'elle a renoué avec un art du chant qui avait été oublié — ou négligé — depuis des dizaines d'années. Et parce qu'elle a découvert, la première, que l'opéra c'était aussi le théâtre. Parce qu'au-delà du phénomène vocal qu'était Callas, de sa musicalité, de son timbre et de ses couleurs, il y a une tragédienne qui — au même titre que Wieland Wagner à peine quelques années avant — a ouvert une voie nouvelle au théâtre lyrique. Une actrice qui a montré autre chose.

Après Callas, on ne peut que chanter l'opéra différemment.

PREMIERE PARTIE

1923-1947
On fabrique une voix...

1

Tout commence par une succession d'allées et venues entre la Grèce et l'Amérique : comme si dès le début ni la famille Kalogeropoulos — devenue Callas à New York — ni Maria ne parvenaient à décider où de l'Europe ou du Nouveau Monde, il valait mieux faire une carrière. Beau symbole déjà que ces bateaux qui sillonnent l'Atlantique et la Méditerranée sans que jamais Maria, dès le début, ne se fixe nulle part. Inquiète, elle veut déjà autre chose... Et pourtant les paquebots italiens ou suédois qui crachent une fumée noire de toutes leurs cheminées sont bien loin des voiles lumineuses qui vont un jour ramener Isolde au port !

Des bateaux, donc, et des aller et retour entre l'Europe et l'Amérique. En 1923 d'abord. Un couple de bourgeois — elle s'appelle Evangelia, lui s'appelle Georges, il est pharmacien, ils ont déjà une fille — a décidé de tenter l'aventure à New York : c'est l'aller, Maria Callas naîtra six mois plus tard. Quatorze ans après, Evangelia a changé d'avis. Retour. En mai 1937, elle repart, seule, pour la Grèce, avec ses deux filles et avec une ambition : faire de sa Jackie et de sa Maria de grandes artistes. Le bateau, cette fois, a un nom : il s'appelle le *Saturnia*. Et puis 1945 : la guerre est finie en Europe, le rêve d'Evangelia est devenu réalité, Maria est vraiment une chanteuse. C'est elle — nouveau départ ! — qui, à son tour, va tenter fortune à New York. Elle quitte Le Pirée à bord du *Stockholm* au mois de septembre. Sur le quai, son professeur Elvira de Hidalgo l'embrasse en la mettant en garde : c'est en Italie et non pas en Amérique qu'elle doit aller si elle veut faire une carrière ! Mais Maria ne l'écoute pas et deux ans plus tard, sur le *Rossia* — le dernier bateau! — elle est déjà de retour. A New York, elle a été de rebuffade en déception. Mais elle a cette fois un contrat en poche : quelques semaines après, le 6 août 1947, elle va enfin faire ses vrais débuts. Ce sera dans les arènes de Vérone et devant vingt mille spectateurs. Elvira de Hidalgo, son professeur, avait raison : c'est bien en Italie que se font les carrières!

Mais le premier voyage d'abord : la Grèce/New York 1923.

C'est l'été. Il fait beau, le ciel est très bleu sur les îles grecques. Mais s'il part chercher fortune ailleurs, le couple qui va tenter sa chance aux Amériques n'a nulle intention de couper à jamais les ponts avec la Grèce natale. Simplement, Georges et Evangelia Kalogeropoulos sont à la recherche d'autre chose. Une différence d'âge appréciable les sépare, ils ne s'entendent guère — lui, Georges, c'est un « papillon qui butine de place en place », dira plus tard Evangelia aigrie; et surtout un malheur terrible vient de les frapper. Leur second enfant, Vassilios, est mort au cours d'une épidémie de typhoïde. Et Vassilios était un fils : le fils de la famille. Bien sûr, il y a une sœur aînée, qui s'appelle Cynthia et qui deviendra Jackie, mais un fils, chez les Kalogeropoulos, c'est un fils. Alors, on a pleuré, on a beaucoup pleuré et puis le père a réfléchi. Tout seul. Pourquoi continuer à vivoter en Grèce alors que le monde est vaste, que la famille est branlante et qu'on peut espérer trouver mieux ailleurs? Georges Kalogeropoulos, pharmacien à Meligala, dans le Péloponnèse, a vendu son officine sans rien dire à sa femme et a décidé de s'exiler. Ce n'est que la veille du jour où ils ont quitté la Grèce qu'Evangelia a su qu'ils allaient partir. Elle a suivi son mari, mais dans l'amertume et la rancœur. Et puis elle est enceinte, ce voyage la fatiguera.

Le couple Kalogeropoulos débarque pourtant à New York le 2 août 1923, le jour où vient d'être annoncée la mort du président Harding. Harding n'a pas bonne réputation mais les drapeaux sont en berne dans le port et les sirènes des bateaux lancent des appels funèbres : Maria Callas pas encore née fait son entrée en Amérique, puisque c'est d'elle qu'Evangelia Kalogeropoulos est enceinte...

Très vite, le couple va s'installer. Sans pouvoir se mettre tout de suite à son compte, le père se retrouve quand même pharmacien, et la mère organise et décore l'appartement qu'ils ont loué à Long Island. On recrée la Grèce comme on peut, avec des icônes et quelques tapis et on attend l'arrivée du bébé. Maria va naître, Maria est née. Maria Cecilia. Callas a vu le jour le 4 décembre de cette année 1923, à l'hôpital de la 106ᵉ Rue à New York. La petite Grecque de New York. En plein hiver : tempête de neige, rues blanches, circulation bloquée. Dire qu'on attendait Maria ? Sa mère espérait tellement un garçon — pour remplacer Basile, Vassilios, le petit roi enlevé par la maladie — que, pendant quatre jours, elle ne va même pas vouloir la regarder. Elle le dira elle-même plus tard. Sans aucune gêne. Et puis, après quatre jours, elle se mettra à l'aimer. La vie de Maria commence. Evangelia va s'occuper de sa fille : Norma, la prêtresse de Bellini, n'a pas non plus tué ses enfants...

La vie du couple et de ses deux filles à New York : celle de Grecs qui s'adaptent, plus ou moins bien, à leur nouvelle existence. Après quelques mois à Long Island, on peut enfin s'installer dans le centre, à Manhattan même. En 1927, Kalogeropoulos réussit enfin à se mettre à son compte : il a sa pharmacie bien à lui, dans un quartier grec de Manhattan. Evangelia, elle, pouponne parce qu'elle n'a pas autre chose à faire. Et elle continue à se disputer avec son mari. Cependant que Maria Anna Cecilia Sofia commence déjà à dévorer tout ce qui se trouve à sa portée. Et déjà la légende. Rose, celle-là : légende rose-bébé. Maria qu'on gave et qui en redemande. Maria qui dévore, qui avale et qui tend les mains. Alors, comme c'est toujours agréable un bébé qui a bon appétit, on la fait manger à tour de bras. D'où le gros bébé, la grosse petite fille ensuite, plus tard la grosse jeune fille, enfin cet « éléphant qui voudrait chanter Butterfly », pour reprendre le mot idiot qu'on prêtera un jour à Rudolph Bing, le directeur du Met de New York. « Chaque fois qu'elle voulait des biscuits, elle se mettait debout dans son berceau... » Evangelia se donne toutes les peines du monde pour nous expliquer qu'elle a été la meilleure des mères. Et Maria Kalogeroupolos, qui est devenue Maria Callas tout court, car son père a préféré choisir en Amérique un nom moins difficile à prononcer, de grandir et de grossir tout à la fois.

Déferlent maintenant les souvenirs émus de ceux qui ont connu la petite fille et qui veulent nous prouver que, bien sûr, tout de suite, ils ont bien deviné, eux, que... « A quatre ans, elle écoutait déjà passionnément le pianola familial... » Evangelia, toujours elle, se rappelle. Pendant que la mère ravaude à la cuisine, la gamine joue à quatre pattes dans le salon. Une photo nous la montre, les joues rondes, avec des yeux très grands, très noirs, qui lui dévorent le visage, et une adorable frange sur le front : à vingt ans de distance, une autre photographie de Maria Callas à Venise, en princesse Turandot cette fois, nous la renvoie à la mémoire que nous nous faisons d'elle. Elle est aussi merveilleusement enfantine et — malgré l'épaisseur du corps qu'on devine — aussi somptueusement belle. La petite fille, donc, qui se traîne sur le tapis rapporté de Meligala avec les icônes et les coussins brodés, et qui toute seule actionne avec ses mains les pédales du piano mécanique qu'elle ne pouvait atteindre avec les pieds : elle écoute avec ravissement...

« Ou encore, les disques... » Il faut bien la forger, la légende de notre enfant prodige, de notre petit Mozart au gosier d'or et aux hanches rebondies, de Menuhin-fille qui va se mettre à chanter! Evangelia Kalogeropoulos devenue Evangelia Callas se souvient encore : les disques d'opéra qu'elle achetait, *Faust, Mignon, Lucia*, et les deux petites filles — parce que Cynthia est aussi un prodige, nous affirme la mère — qui chantent en même temps que Rosa Ponselle, la plus grande chanteuse du Met et de son temps, alors au sommet de sa gloire et dont les enregistrements illuminent la vie du foyer Callas.

Du *foyer* Callas? Pas vraiment. La légende, toujours la légende fabriquée par Madame-Mère — mais, sur ce point, on peut vraiment lui accorder crédit, car tous les témoignages concordent — veut que Georges Callas se soit dès le début opposé à l'intérêt que la mère et ses deux filles portent à la musique. Bien plus, avec les années, ce seront les leçons de chant et de piano qu'Evangelia souhaite faire donner à Cynthia et à Maria qu'il tentera même d'interdire. Dépenser tant d'argent à ces futilités quand la crise s'est abattue sur l'Amérique! Et surtout quand nous, les Callas, nouvellement Américains, nous avons dû vendre notre pharmacie et nous remettre au compte d'un autre! Le pauvre Georges Callas, devenu représentant en produits pharmaceutiques, proteste énergiquement. C'est avec ses propres économies que la mère va s'acharner à payer quand même l'éducation musicale de ses enfants. « Deux dollars la leçon, quatre fois par semaine »... Madame-Mère se rengorge un peu, mais, cette fois, elle n'a pas complètement tort.

Car s'il y a eu quand même quelque chose de miraculeux dans cette enfance de Maria Callas, c'est bien l'extraordinaire prémonition de cette mère qui *voit* au-delà des apparences et qui devine les dons qui sont ceux de sa cadette. Et ce qu'il y aura de prodigieux, ce sera l'acharnement qu'elle mettra à les développer, ces dons. Elle a décidé que ses deux filles seraient des artistes — mieux : des vedettes, des stars! — et elle va tout sacrifier à cette double vocation. Bien sûr, d'abord, Maria comme Cynthia n'apprend que le piano, mais elle chante déjà. On a parlé des disques qu'elle écoutait... Il y aura aussi — autre souvenir ému qu'on se reconstruit peut-être après coup — cet après-midi où la radio diffuse « en direct » devant toute la famille réunie une représentation du Metropolitan Opera : *Lucia di Lammermoor,* dont la chanteuse principale sabote la scène de la folie. Et Maria proteste avec toute l'énergie de ses dix ans : « C'est affreux ce qu'elle fait, cette dame! » Mais ceux qui l'entourent se moquent d'elle. Qu'en sait-elle? Alors Maria-enfant, Maria déjà sublime continue à se récrier : elle a bien entendu, elle, que Mme X., prima donna au Met, a chanté faux! Car Maria, elle, chante juste. Roule toujours la vague des souvenirs... A qui veut l'entendre, elle répète des airs d'opéra italien ou des mélodies à la mode. *La Paloma,* par exemple, cette rengaine argentino-sirupeuse qui fait fureur dans les années trente et que Maria, à longueur de journée chante toutes fenêtres ouvertes : la foule des passants, dans la rue, s'arrête pour l'écouter!

Nous pouvons si bien la voir, ses cheveux noirs qui lui encadrent le visage et qui lui tombent sur les épaules et ses yeux, son regard un peu lourd... Elle est assise sur le tabouret de son piano, et elle chante en s'accompagnant au piano des airs de *Mignon,* d'*Oberon* ou de *Carmen.* « A dix ans, elle connaissait presque tout *Carmen!* » La mère veille, le père fulmine. Ils ont dû changer d'appartement — économies! économies! — et émigrer dans des quartiers plus populaires, mais Evangelia, plus que jamais, espère. Ce qu'elle n'a pu réussir elle-même, ses filles le feront, voilà son but dans la vie! Et l'espoir d'une vocation est là, tout tracé dans l'imagination de cette femme ambitieuse qui a décidé de faire de Maria une chanteuse et de Cynthia une pianiste hors pair.

Ce sera donc l'engrenage des concours radiophoniques, la mécanique des compétitions, la fausse logique des démonstrations en public, puisque, pour Evangelia, c'est là le seul moyen de réussir. Et c'est bouleversant de voir, aujourd'hui que tout est joué, que dès l'âge de huit ou dix ans Maria Callas, entre les mains de ceux qui seront des imprésarios, des agents, des maris ou des mères abusives — mais que nous, nous appellerons le destin — a été un objet d'attentions, de soins certes, mais aussi et surtout de pressions, de persuasions, sinon de persécutions, voire franchement de spéculations. « Elle a gagné une superbe montre-bracelet dans un concours

23

radiophonique... » La mère se pâme! Pour un peu, elle nous montrerait une vieille montre achetée la veille et pour l'occasion chez un brocanteur, en nous affirmant que c'est là cette montre même que les responsables publicitaires d'une marque de savon ou de sardines en boîte ont offerte à sa fille. Parce qu'en jupe d'organza à volants roses et blancs, sur la scène d'un cinéma de New York transformé en music-hall, elle a susurré la *Paloma* devant un parterre de mamans jalouses. « Ma fille en ferait bien autant! »

Mais la petite fille a bien vite rangé la montre en toc à côté d'autres colifichets dans un tiroir de sa table d'enfant et elle a dû se remettre au piano, ou chanter une autre mélodie au goût du jour. Cependant qu'Evangelia continue à la faire manger. Bonbons, gâteaux, sucreries : tout y passe. Il faut bien lui nourrir sa voix, à cette enfant! Elle est grosse, elle est myope — car Maria, dès son plus jeune âge, n'y voit rien : elle porte des lunettes à verres épais et sans ses lunettes elle est perdue — mais on en fera quelque chose! Ce n'est pas la beauté physique qui compte. Alors, son sourire de myope au bord des lèvres, Maria recommence sur une autre scène d'un autre cinéma son même numéro de petit singe savant. D'où, plus tard, cet aveu qui blesse comme un coup de poing : « Je n'en veux à personne, mais on ne devrait pas arracher un enfant à son enfance. Ma mère était trop pressée... » Ou cette autre remarque qu'elle fera encore, amère, alors qu'autour d'elle chacun s'exclame et la respecte : « Il devrait y avoir une loi contre ce genre de choses... Un enfant traité comme ça s'épuise avant son temps... »

Aigreur, rancunes, souvenirs empoisonnés : Maria Callas évoque cette enfance new yorkaise sans joie. D'ailleurs, malgré les robes à volants, les anglaises trop parfaites et le gros nœud de satin clair piqué à la Shirley Temple sur le sommet du crâne, la petite fille se sent laide. Des gros bras, des jambes boudinées dans des socquettes bien tirées, et puis ces lunettes rondes qui achèvent de faire de son visage une face de lune. Avec de l'acné qui pousse un peu partout au gré des fantaisies alimentaires de sa maman. « Il devrait y avoir une loi contre ce genre de choses... » Qu'on se souvienne seulement que la Malibran, née Maria-Felicia Garcia, fille du grand Garcia, l'un des plus célèbres ténors de son temps, apprenait à faire des vocalises à coups de pied dans le derrière, et perfectionnait ses roulades à grand renfort de gifles et de baffes alors qu'elle n'avait pas douze ans! C'était en 1820 et à Paris. Nous sommes un siècle et dix ans plus tard en Amérique : autres temps, autres mœurs, mais rien n'a vraiment changé... On se contente de bourrer Maria de friandises, parce qu'une bonne voix ne se développe bien — on nous l'a assez répété! — que dans une graisse confortable, et on la traîne dans des compétitions miteuses, histoire de lui apprendre à ne pas avoir peur en public : le génie, ça s'apprend aussi, et ça se paie plus cher encore.

Qu'on se prend soudain à la haïr, la légende en train de se fabriquer : tout ce qu'on nous apprend d'elle nous semble brusquement dérisoire, absurde...

2

Le deuxième voyage, c'est le retour en Grèce. En 1937, les relations entre Evangelia et Georges Callas ont empiré au point que le père et la mère de Maria ne se supportent plus. Alors le couple prend la décision de se séparer. Georges Callas ne gagne que chichement sa vie et tout coûte cher en Amérique. Tandis qu'en Grèce, avec la même somme, les trois femmes pourraient vivre comme des princesses. Ou presque. Et puis, faire triompher à New York deux enfants prodiges comme Jackie et Maria, c'est une tâche démesurée. Elles sont des milliers, les mères possessives persuadées d'avoir donné le jour à l'oiseau rare. Nous n'avons guère connu en France que le phénomène Minou Drouet, mais les images que nous retrouvons dans de vieux films de cette Amérique des années trente nous les montrent trop bien, ces dévorantes poussant devant elles un petit animal, de sexe masculin ou féminin indifféremment, mais qui pourrait bien un jour — le proclamaient-elles — devenir au moins l'égal de Mickey Rooney ou de Deanna Durbin. Anna Magnani dans les rues de Rome ou de Milan, une poupée de chair aux cheveux de soie à la main — *Bellissima!* —, jouait la même comédie. Si bien que faire dans ces conditions de Maria Callas — ou de sa sœur — une enfant-vedette cela relève du seul domaine du rêve. Et Evangelia Callas a trop les pieds sur terre pour ne pas s'en rendre compte. On va en faire des artistes, tout simplement.

D'où ce voyage de retour...

D'un commun accord, le père et la mère se séparent. Lui va travailler pour elles dans sa pharmacie ou chez un autre. Elle va travailler à la gloire de ses enfants. Dans sa Grèce natale. Et en mai 1937, alors que Jackie est déjà partie quelques semaines plus tôt en éclaireur, un paquebot chilien, le *Saturnia,* appareille pour la Grèce. Evangelia, dans le livre qu'elle a écrit, nous a reconstitué tout : le voyage des deux femmes et des trois canaris, le mal de mer et les exhibitions de Maria dans le salon du commandant. Car « elle a refusé de chanter à la messe le dimanche, mais, quand on lui a demandé de chanter à la soirée du capitaine, devant des passagers de première classe... » Tout cela est sinistre, encore, à la limite du grotesque. Mais nous devons nous souvenir...

Maria apparaît au salon habillée en petite fille, col Claudine et grosse frange, poudrée, maquillée et ses lunettes à verres épais qu'elle pose à côté d'elle pour se mettre au piano. Le commandant est là avec ses invités : Maria a son public. Alors, sans se décontenancer, déjà en pleine possession de cette fougue qui la transporte chaque fois qu'elle se retrouve sur une scène, la petite fille entonne la *Paloma.* Et on l'applaudit. L'*Ave Maria* ensuite est un succès et la *Habanera* de *Carmen* un triomphe : Maria va cueillir un œillet dans un vase et, avec une œillade assassine — mais là, bien sûr, nous la réinventons telle que nous tremblons de l'avoir trop imaginée — elle le jette au capitaine. Carmen à Don José... Le capitaine portera l'œillet à ses lèvres et en échange donnera à la petite fille une poupée. « A ma Maria qui n'avait jamais joué à la poupée... ». C'est le cri de triomphe d'Evangelia Callas : sa fille à elle n'était pas une enfant comme les autres. « On ne doit pas arracher un enfant à son enfance », nous rappelle Maria, vingt-cinq ans après.

Pour qui n'a connu que les rues de New York, les salles de classe de l'école publique au coin d'Amsterdam Avenue et de la 188e rue — ou les cinémas miteux devenus music-halls d'occasion quelque part dans le Bronx et à Brooklyn, la Grèce de ces années-là, soudain découverte, doit être une manière de coup au cœur. Toutes les mythologies antiques s'y bousculent dans des paysages de cartes postales, au rythme des clichés qu'on égrène à l'ombre du Parthénon. Le pays où fleurit l'oranger, après les asphaltes de Washington Heights, c'est quelque chose de la terre promise, et les enfants Callas s'y abandonnent avec délices. « Il flottait dans l'air

ON FABRIQUE UNE VOIX...

— expliquera Evangelia soudain devenue poète — les chaudes senteurs du printemps grec... »

Pour commencer, ces dames vont changer de nom. Callas, c'est bref et ça vous a un ton presque américain. En Amérique. Mais ici, chez nous, nous renouons avec notre nom en même temps que nous retrouvons nos oncles et nos petites cousines : Evangelia Callas va très vite reprendre les syllabes bien grecques et bien sonores de son vrai nom de Kalogeropoulos. D'ailleurs, sur le quai de la gare d'Athènes, c'est la famille Dimitriadès au grand complet — la famille maternelle — qui accueille Evangelia et Maria tout juste débarquées à Patras. Jackie est là, elle aussi. On est réconcilié avec la Grèce et avec le passé. Simplement, tous les mois, Georges resté Callas enverra d'Amérique cent dollars aux nouvelles exilées de retour dans leur patrie. La vie dès lors peut recommencer.

La vie, ou les années d'apprentissage d'une jeune chanteuse... Jusqu'ici, on a parlé de Maria Callas enfant, de Maria Callas chanteuse, de Maria Callas petit prodige, sur le mode ironique. C'est vrai qu'elle était probablement un peu ridicule, la malheureuse gosse que sa mère produisait, pouponnée, et frisottée, devant tous les publics qu'elle pouvait trouver. Et c'est vrai que l'acharnement de cette femme à faire de ses filles des vedettes a quelque chose de démentiel. Aussi a-t-on évoqué presque narquoisement les biscuits du bébé, les bonbons de la petite fille, avec son acné sur les joues, son nœud dans les cheveux. Même si nous avons rêvé sur ses robes d'organza ou d'organdi...

Mais maintenant, à Athènes, en ces années 1937-1938, tout change. La petite fille est presque une adolescente, elle a encore des boutons, de la mauvaise graisse, et pourtant la voix qu'on devinait en elle va désormais éclater. Elle a tout juste quinze ans mais, dix ans durant, jusqu'à la première consécration dans les arènes de Vérone, c'est à l'éclosion de cette voix qu'on va assister. Désormais, les choses deviennent donc sérieuses. L'anecdote, maintenant, et pour un temps au moins, on la reléguera au second plan. L'aînée va continuer son piano et Maria chantera.

D'abord les trois femmes s'installent dans la maison familiale des Dimitriadès, à un jet de pierre du Parthénon. C'est une grande bâtisse baroque, toute en escaliers et en chapiteaux agressifs, où les plantes naissent en pots et où les cuisines sont plus grandes que les plus grandes chambres à coucher. Un vrai décor à la Callas imaginé par Visconti. Là, tout le monde chante, joue d'un instrument, se

27

passionne pour la musique. Il y a Pipitsa et Sophia — les tantes — qui ont de jolies voix, et Ephtemios — l'un des oncles — qui, le premier, reconnaîtra vraiment le talent de Maria. Et toute la famille — « une vraie troupe de saltimbanques », dira-t-on plus tard — vit ensemble, travaille ensemble, mange ensemble. Maria, elle, fréquente surtout les cuisines et se bourre de tout ce qu'elle peut trouver. Elle a même une passion, nous raconte sa mère, pour les œufs frits et pour certains spaghetti bien plus nourrissants que les pâtes ordinaires dont elles ont inventé ensemble la recette... Encore une fois, c'est à grandes assiettées de nouilles et à coup de kilos de rahat-loukhoum qu'on fait les grandes voix — chez les Kalogeropoulos-Dimitriadès. Très vite, pourtant, des heurts vont se produire au sein de la tribu, et Evangelia Kalogeropoulos émigrera dans un grand appartement moderne, rue Patission, où cette fois Maria va vraiment se mettre au travail.

Ou plutôt, Evangelia va tenter de placer sa fille : elle sait maintenant qu'elle a entre les mains un trésor. D'abord, on consulte, on auditionne. Ephtemios Dimitriadès a donné son avis, encore faut-il celui des spécialistes. La célèbre basse grecque Nicola Moscona entend Maria, s'étonne de son talent et, bientôt une audition est organisée à laquelle doit assister Maria Trivella, grosse petite soprano sans grand passé mais bon professeur et qui enseigne au Conservatoire national. Et c'est de l'enthousiasme : Maria Trivella la prend immédiatement parmi ses élèves.

Il existait alors à Athènes deux établissements de renom pour l'enseignement musical : le Conservatoire d'Athènes, institution vénérable d'où sortaient les principaux chanteurs d'opéra du pays, et le Conservatoire national, moins fameux mais dont les conditions d'admission étaient moins rigoureuses. Refusée dès 1937 au premier Conservatoire, car elle n'avait pas seize ans, Maria sera admise au début de 1938 au Conservatoire national en trichant sur son âge. Les cours sérieux vont commencer.

Que dire de plus sur Maria Trivella, sinon que la postérité n'aura guère retenu son nom? Avec elle, pourtant, Maria Kalogeropoulos va découvrir sa voix. Tout de suite le premier professeur s'est rendu compte des énormes possibilités de son élève dont le registre, encore mal défini, semble déjà extraordinairement ouvert, puisque la petite Kalogeropoulos chante avec la même aisance Carmen, Lucia de Donizetti et la Santuzza de *Cavalleria Rusticana*. Les leçons, les exercices vocaux vont donc se succéder à un rythme accéléré. Et c'est avec *Cavalleria Rusticana* que Maria va faire ses premiers pas sur une scène de théâtre. Nous sommes en 1938, elle a 16 ans. Mascagni a écrit son opéra en 1889 et *la Voix de son Maître* diffusait encore il y a quelques années un étonnant enregistrement, dirigé par le compositeur lui-même, qui commençait, un peu comme *Paillasse,* par une manière de prologue. Mascagni, la voix tremblante d'émotion, s'adressait aux spectateurs et leur parlait de ce qu'ils allaient entendre. Et, de même qu'il sera prémonitoire de voir Callas faire ses débuts à Vérone dans le rôle d'une chanteuse, la chanteuse vénitienne Gioconda, de l'opéra de Ponchielli du même nom, il est remarquable que le premier rôle qu'elle ait jamais joué au théâtre soit celui de la maîtresse jalouse de Turridu. Une femme plus âgée que son amant et qui, trompée, dénonce celui-ci à la colère d'un mari bafoué. Le mari tuera Turridu d'un coup de couteau au ventre au beau milieu d'une place de village, en Sicile, un matin de Pâques. Les grandes orgues et les chœurs se déchaînent : déjà Maria est l'une de ces furies vengeresses et déchirées, la première de ces femmes déchues que marque le sceau du destin et qui portent la mort avec elles comme un manteau trop noir. Toute sa vie, elle balancera ensuite entre ces deux pôles : la victime et la tigresse. Mais la tigresse — Santuzza, comme Médée abandonnée — est elle aussi une victime.

La voix de Callas s'élève aujourd'hui en disque sur ces quelques notes de désespoir sans fond : elles nous font frissonner. Qu'en fut-il de ceux qui entendirent l'élève de Maria Trivella un jour de 1938 ? Peut-être ne virent-ils d'abord que la jeune fille trop grande et trop grosse qui, sans ses lunettes, ne savait pas guider sur scène ses pas de myope ? Mais qui pouvait deviner la lave qui bouillonnait sous la silhouette trop placide ? Personne, en tout cas, n'est là aujourd'hui pour nous parler de cette première soirée. D'ailleurs, très vite, Maria Trivella va disparaître, la première, du champ des personnages qui ont fait de Maria Callas ce qu'elle est pour nous. C'est qu'une autre femme a pris la relève, un autre professeur, et dont le rôle, cette fois, sera déterminant. Elvira de Hidalgo entre en scène.

Qu'on se représente une grande chanteuse espagnole, professeur réputé, tombée amoureuse de la Grèce où elle va se trouver bloquée par la guerre. Car bientôt nous serons en 1939 et, après une première tentative infructueuse des armées italiennes, ce seront les Allemands qui vont occuper Athènes où d'ailleurs, en toute fraternité d'armes, ils appelleront bien vite des troupes italiennes à

29

partager avec eux les joies de l'occupation. Incapable de regagner son pays, à plus forte raison de se rendre en Amérique, Elvira de Hidalgo, qu'on a vue sur toutes les scènes du monde et qui n'était venue à Athènes que pour une saison, va donc accepter d'enseigner au Conservatoire pendant tout le temps que durera la guerre. Et quand elle entend la jeune Kalogeropoulos, c'est une révélation. Bien sûr, malgré les soins de Maria Trivella, la voix est encore mal dégrossie. « Une véritable cascade de sons pas entièrement contrôlés, racontera Elvira de Hildago. Mais j'ai fermé les yeux, et je me suis imaginé la joie que j'aurais à travailler à partir d'un tel métal. A le mouler jusqu'à la perfection... »

Dès lors, entre l'illustre soprano sur le retour qui a chanté avec Caruso et Chaliapine et la jeune fille aux gestes malhabiles, c'est la plus merveilleuse des ententes. On verra plus tard que deux hommes au moins ont « fait » Maria Meneghini Callas. Deux femmes, auparavant, avaient « fait » Maria Kalogeropoulos Callas : sa mère, qui l'a traitée à la dure, sans tendresse, et Elvira de Hidalgo, en Pygmalion déjà femme, qui découvre l'étendue de son bonheur devant la voix qui naît. Ce sera donc un travail, une collaboration, une amitié de tous les instants. « Je me suis mise à suivre ses cours, du matin au soir, nous dit Callas en 1970. Je commençais avec elle à dix heures du matin, nous nous arrêtions à l'heure du déjeuner, le plus souvent pour un sandwich, et nous recommencions jusqu'à huit heures du soir. Il aurait été impensable pour moi de rentrer plus tôt à la maison, pour la bonne raison que je n'aurais tout simplement pas su quoi y faire! » Au faîte de sa gloire, Maria Callas reviendra sur certains de ses engouements, elle remettra en question des amitiés, des amours : jamais le nom d'Elvira de Hildago ne sera pour elle autre chose que synonyme de travail, de dévouement, de piété quasi filiale. Tout ce que sa mère ne lui a pas apporté, Maria le trouve chez son professeur. Et au-delà. Parce que Elvira de Hidalgo sera beaucoup plus qu'un simple professeur.

Mais Hidalgo enseigne d'abord et avant tout le chant. Et ce que Callas dira vingt ans plus tard des leçons qu'elle a reçues d'elle montre bien à quel point le rôle de la chanteuse espagnole a été essentiel dans sa carrière : c'est avec elle que Callas a appris à travailler comme une forcenée, à dévorer des partitions pendant des nuits entières, et surtout, peut-être, à découvrir et à aimer les compositeurs et les rôles qui feront si vite sa gloire, et que toutes les autres chanteuses de ce temps avaient alors oubliés.

30

Si Maria Trivella a commencé à fabriquer un instrument, c'est Hidalgo qui en fera un outil hors pair. Parce que, dès le début, Hidalgo admire la voix à l'état brut qu'elle a pour ainsi dire entre les mains lorsque Maria, corps et âme, voix et art, s'abandonne à elle, mais elle en perçoit aussi immédiatement les défauts.

On a parlé du registre de Maria. Celui-ci est en effet immense, et va du *coloratura,* au timbre lié et en vocalises, au soprano dramatique le plus chaud et le plus étendu qui est celui de Norma, de la Léonore du *Trouvère* et d'Isolde. Entre les deux, les rôles de soprano léger (Rosine du *Barbier*) et de soprano lyrique (Tosca, Aïda...) lui sont également parfaitement accessibles... C'est Olivier Merlin qui notera en 1960 qu'elle possède en réalité trois voix : « Un aigu en arrière, un médium légèrement bougé et un grave faisant des trémolos. » Mais ses défauts sont également importants. Ils sont en fait de deux natures. Il y a d'abord ceux qui se corrigent aisément, avec du travail et des exercices : une certaine rugosité des sons, un contrôle sûrement insuffisant des volumes, bref, une matière vocale énorme mais qui s'échappe et qu'il importe avant tout de placer. Et puis il y a des défauts plus difficiles à effacer car ils tiennent à la nature même de la voix et, dans une grande mesure, à l'étendue de ses moyens. On a dit que Callas chantait comme si elle avait trois voix. Trois registres. Le problème est que, entre chacune de ces voix, de l'aigu au médium, puis du médium au grave, il y a des coupures. Ces cassures que le passage d'un ton à l'autre, dans ces registres, rend périlleux. D'où, en somme, de véritables trous. Et ces trous-là, ce ne sont pas seulement des vocalises qui vont les combler! Il n'y aura, là encore, que le travail de la voix, et des exercices incessants pour pouvoir peu à peu les atténuer. Et surtout une musicalité prodigieuse doublée d'un sens dramatique sans égal, qui réussira à les faire oublier. D'ailleurs, Callas ne parviendra vraiment à supprimer ces passages à vide que lorsque sa voix aura dépassé le stade de la simple maturité et quand, avec la fatigue, chaque registre aura perdu de son intensité.

Tout cela, Elvira de Hidalgo le sent très bien. Elle comprend aussi qu'on puisse tout simplement ne pas aimer la voix de son élève : certains des plus fervents admirateurs de Callas (le compositeur Virgil Thomson, par exemple) reconnaissent purement et simplement que sa voix est quelquefois « laide et cassée »! Et tel chroniqueur des faits et gestes de la prima donna au sommet de sa gloire — amoureux d'elle, bien sûr, comme nous l'avons tous été! —

31

n'hésitera pas à avouer que la première fois qu'il l'a entendue, dans l'enregistrement de 1953 de *Lucia di Lammermoor*, il l'a détestée. Il en a même donné les disques à un ami, tant ceux-ci lui déplaisaient... On devine aisément que devant cet or indécis et baroque qu'est la voix de la jeune Maria Kalogeropoulos, Elvira de Hidalgo devine qu'elle se trouve d'entrée de jeu en face d'un phénomène hors du commun.

C'est pour ne pas abîmer ce métal étonnant qu'Hidalgo donnera donc à Maria son premier conseil : qu'elle se cantonne — pour le moment? — aux rôles légers du répertoire. Qu'elle en reste au registre léger, mouvant, limpide de la coloratura, qu'elle explore à fond le domaine alors si négligé qui est celui du *bel canto* authentique. Plus tard, avec le temps, sa voix **évoluera** et elle pourra envisager d'autres rôles.

Puisque la vie de Callas, c'est aussi celle d'une voix, une brève remarque sur l'évolution de la manière de chanter au cours des cent cinquante dernières années s'impose maintenant. Remettre simplement les choses à leur place : très rapidement.

Lorsque Rossini, Bellini, Donizetti ont écrit *Armida, Norma* ou *Lucia di Lammermoor* pour des chanteuses qui étaient la Pasta ou Adelina Patti — disons entre 1810 et 1840 —, ils ont inventé un style nouveau de chant où tout était subordonné à une ligne mélodique extrêmement périlleuse ornée de fioritures que chaque chanteur modifiait en général à sa guise. Un tel mode de chant exigeait une voix généralement légère et susceptible de se plier à toutes les difficultés d'une composition qui avait au fond pour propos essentiel de jouer avec la voix. Chanter ces rôles, ou encore le *Barbier* de Rossini, le *Pirate* de Bellini, comme *Anna Bolena* de Donizetti, c'est donc avant tout pratiquer un *beau chant* qui est l'essence même du bel canto.

Avec Verdi, à partir de 1850, et plus encore avec Berlioz — mais l'influence de Berlioz demeurera limitée —, tout change. On demande au fond à la voix et au chanteur d'assumer une écriture beaucoup plus expressive, où les écarts entre les points extrêmes du registre vocal sont beaucoup plus importants. Au-delà du « beau chant », le compositeur veut « faire dire ». Exprimer. Et ce sont ces tendances que l'opéra vériste de la fin du siècle — Puccini, Leoncavallo, Giordano — poussera à l'extrême, usant et abusant des possibilités de la voix. Pour simuler des émotions allant du langage parlé au sanglot. D'abord avec des chanteurs formés à l'école ancienne, qui font encore prévaloir la musicalité sur l'expression, puis avec plusieurs générations de chanteurs qui, sans vraiment le savoir, chanteront délibérément mal, au bénéfice de l'expression peut-être, mais surtout du volume, de l'effet. Et ce sera le propre du début du XXᵉ siècle que de représenter une période de dégradation profonde de la technique du chant pur.

Ceci explique cela : à quelques exceptions près (*Lucia di Lammermoor* en est l'exemple le plus frappant) les opéras représentatifs du *bel canto* authentique — celui qui exige cette voix légère et flexible — ont disparu du répertoire. Dans les plus grands théâtres d'opéra du monde, Bellini et Donizetti ont été relégués au magasin des accessoires, en même temps que la technique de *Médée,* le bonnet d'*Anna Bolena* et la serpe d'or de *Norma.* Découvrir en Callas l'héritière d'une tradition perdue sera le tour de force de Hidalgo.

Pendant des heures, pendant des mois, pendant des années, Elvira de Hidalgo va donc faire étudier à l'adolescente ce répertoire oublié. Définitivement, elle barre d'un trait noir les amorces d'une voix de mezzo qu'on aurait pu deviner en Maria. De même, elle lui fait radicalement oublier — pour un temps au moins — les rôles plus lourds ou plus dramatiques. C'est avec un air d'*Oberon* de Weber — l'invocation à l'Océan — que Maria avait passé son audition? « Parfait, lui dit Hidalgo, mais maintenant, tu attendras vingt ans pour le chanter de nouveau. » Avait-elle également deviné, sous l'or en fusion, la fragilité de l'aigu, ces tensions qui allaient, avec les années, devenir stridences, et ce vibrato bientôt si difficile à contrôler? En tout cas, l'apport décisif d'Elvira de Hidalgo sera cette résolution qu'elle lui fera prendre, au cours de ses études athéniennes, de se cantonner dans un type de chant. Mais ce chant-là, alors, Maria Kalogeropoulos va s'en gorger... « J'étais comme une éponge, dira Maria elle-même, prête à tout absorber... » L'image est parlante : Maria boit, aspire, se gorge de musique.

Et toutes les héroïnes du bel canto, les futées de Rossini, les vierges fragiles de Bellini, les reines brisées de Donizetti, défilent dans le cœur et dans la tête de Maria. Douée d'une mémoire prodigieuse, elle écoute un air une fois pour le savoir. En une nuit elle déchiffre une partition qu'on lui a prêtée et peut en rendre le lendemain matin la musique à son professeur : elle a (presque) appris le rôle. Lucia, Amina, Elvira, Anna Bolena, des noms... C'est une fringale de vocalises, une boulimie d'aigus finement ciselés, une faim jamais rassasiée de fioritures. Anna Bolena, Norma, Maria

33

Stuarda... Maria avale la musique comme une sorte de maniaque, une manière de folle du beau chant. Comme Elvira de Hidalgo les aime aussi de ce même amour qui est en train de naître en Maria, ces héroïnes du bel canto, c'est une véritable vie à deux sous le signe du chant, une complicité de tous les instants qui se crée ainsi entre les deux femmes. Même si la plus âgée sait bien que son élève n'est pas seulement cette héroïne idéale de Donizetti qu'elle se forge, comme un beau joujou que, professeur, elle s'offrirait à elle-même. D'ailleurs jamais Hidalgo n'aura l'intention de cantonner Maria à ces rôles et à ce répertoire : il se trouve simplement que c'est, pour l'heure, celui qui est le plus adapté à ses possibilités. Mais elle sait très bien que Maria peut aussi faire beaucoup plus de choses.

Par le choix qu'elle a fait, Hidalgo a pourtant offert à la jeune fille le plus superbe des cadeaux : elle lui a donné ce gigantesque répertoire qu'on avait par trop négligé et que, le moment venu, Maria Callas possédera d'entrée de jeu. Alors qu'autour d'elle les chanteuses du monde entier répètent à l'infini des *Tosca* et des *Butterfly,* des *Traviata* ou à la rigueur des *Lucia,* Maria Callas surgira brusquement sur la scène mondiale avec dans sa manche ces atouts incomparables, impensables à l'époque, qui seront l'Elvira des *Puritains* et le rôle de Médée ou celui de Norma. Plus beau présent, avec celui d'une voix, on ne saurait l'imaginer. C'est avec ce bagage que Maria, à qui sa mère avait peut-être forcé la main au commencement, décide désormais, et toute seule — toute seule avec Hidalgo — de devenir la plus grande chanteuse du monde!

Là pourtant ne s'arrête pas l'entente entre le professeur et l'élève. Bien vite Elvira de Hidalgo s'est rendu compte de tout ce que la personnalité de Maria recelait de trésors cachés sous la lourdeur des apparences. Alors, sans relâche, elle s'est attaquée à ces apparences. Il s'agissait de faire sortir le papillon de sa chrysalide. Nous fabriquer notre Callas... les somptueuses photos de la saison 1954-1955. Comme une mère véritable, la mère peut-être que Maria n'a jamais eue vraiment, Hidalgo lui a appris à mieux se tenir, à marcher, à bomber le torse et à rentrer les épaules. Plus tard, Visconti prendra la relève, mais c'est Hidalgo qui lui a dit que faire de ces deux mains qui lui pendaient jusque-là au bout des bras, comme inutiles. Et puis, du mieux qu'elle a pu, elle lui a montré comment s'habiller. Maria est restée lourde, forte, mais de pataude et malhabile, elle est devenue sûre d'elle-même, solidement campée sur ses deux jambes, le regard très droit, la démarche désormais imposante. Elle a su traverser une scène sans lunettes et avec l'air d'y voir. Elvira de Hidalgo la forme, la façonne, la modèle : lentement Maria commence à se ressembler.

D'ailleurs, il y a eu la vie de tous les jours, les rencontres avec de vrais chanteurs, toutes les jeunes voix que Maria écoute chaque jour au Conservatoire d'Athènes et dont Elvira de Hidalgo lui montrait les défauts et les qualités. Tandis que, éponge, donc, Maria absorbait et absorbait encore. Ce n'était pas seulement une voix que l'Espagnole fabriquait, mais une femme nouvelle.

On comprend si bien maintenant que la jeune fille se soit peu à peu éloignée de sa mère, et que celle-ci lui en ait tenu rigueur. Pour quelques instants, retrouvons encore l'anecdote. Dans son livre de souvenirs, Evangelia Callas se plaint amèrement : sans rien oser critiquer du rôle que joue Elvira de Hidalgo, elle remarque que son enfant lui échappe. Elle note qu'elle devient orgueilleuse, avide de gloire et d'argent, et — comble de l'horreur — ... méchante avec les domestiques! Mais c'est que la jeune fille qui va faire ses débuts en 1940 à l'Opéra d'Athènes est subitement bien loin de la grosse petite fille arrivée en Grèce trois ans plus tôt. Maria est devenu une chanteuse, simplement.

En mai 1940, lors d'un gala donné par son école, elle est déjà apparue en public. Au programme figuraient des airs de Verdi : le *Bal Masqué* et *Aïda*, et Maria y a obtenu un premier succès. Quelques mois plus tard, elle a chanté la *Suor Angelica*, l'un des trois opéras qui constituent le *Triptyque* de Puccini. C'est un rôle bien loin des préoccupations qui étaient celles d'Elvira de Hidalgo, mais l'œuvre avait été montée par le Conservatoire et Maria Kalogeropoulos ne pouvait qu'y briller — puisqu'il était acquis qu'elle était désormais l'élève la plus brillante de son école.

Ce ne sont pourtant encore que des concerts d'étudiants. Mais en novembre 1940, Maria se retrouve brusquement sur la scène de l'Opéra d'Athènes, dans le *Boccace* de Suppé. Ce n'est pas vraiment un opéra : une opérette plutôt, et le rôle qu'elle y tient est modeste. Mais elle y est applaudie, elle y est louée, en un mot elle y est reconnue pour ce qu'elle est : une vraie chanteuse à l'orée d'une carrière. Elle a dix-sept ans et ce succès, d'un coup, lui monte à la tête. Alors lui reviennent toutes les vieilles rancœurs accumulées contre sa mère, voire contre sa sœur qu'on disait plus jolie qu'elle et qu'elle croyait — à juste titre, semble-t-il — la préférée. Maria est devenue « franchement boulotte, remarque sa mère, mais elle avait besoin

35

d'un certain poids pour soutenir sa voix. Et les chanteuses ont rarement la taille mannequin... Elle affirmera plus tard que c'était ma faute si elle était grosse et que si elle mangeait trop, c'était par compensation, parce que je la négligeais ». Désormais c'est un regard critique et sans concession que Maria va poser sur ceux qui ont fait d'elle cette fille maladroite avec laquelle il a fallu tout le doigté et la délicatesse, la tendresse aussi, d'Elvira de Hidalgo pour qu'elle rompe irrémédiablement.

Mais c'est la guerre, et la guerre, elle aussi, va altérer radicalement le destin de Maria Kalogeropoulos.

On a raconté beaucoup de choses sur la vie de la famille Kalogeropoulos à Athènes pendant ces années troublées qui vont de 1940 à 1945. Des choses plaisantes, amusantes même, et d'autres qui le sont un peu moins. De nouveau la petite histoire, la foire aux jolis sentiments...

Bien entendu, Mme Callas mère a expliqué qu'elle-même et ses deux filles avaient eu des contacts avec la Résistance. L'un des hagiographes de Callas racontera à la suite d'Evangelia, et avec force détails à l'appui, comment la famille abritait des prisonniers politiques membres de l'E.L.A.S. — la section armée de la résistance grecque — recherchés par la police, ou même des pilotes anglais évadés. Il y a une belle histoire de cachette secrète derrière un placard ou dans une lingerie, et de fouille policière, de perquisition survenue le lendemain même du départ des aviateurs. Le cœur qui bat, l'angoisse folle et soudain le soulagement : si les occupants avaient trouvé ce qu'ils cherchaient, ç'aurait été, selon Evangelia, le peloton d'exécution. Plus de Maria Callas. Ou encore, sur un autre registre, il y a les malheurs et les privations de la guerre. La pauvre petite Maria qui continue à se bourrer de nourriture — du peu de nourriture dont on peut disposer — de crainte de « manquer ». Il y a les régimes maigres de tomates bouillies, les nouilles, encore les nouilles faites de mauvaises pâtes, bref tout le lot de ceux qui ont eu à souffrir les misères de l'occupation. Avec le marché noir et les grandes randonnées à la campagne pour en rapporter des vivres. Sans compter la viande de cheval, qu'on mange parce qu'on n'a pas autre chose à se mettre sous la dent. L'étonnant, dans tout cela, c'est que Maria n'ait pas maigri pour autant...

Mais il y a aussi l'autre côté de l'histoire. L'histoire vraie. Les théâtres qui ouvrent de nouveau après une très brève fermeture, et le général Speidel — frère du Speidel de l'O.T.A.N. — qui, amateur de spectacles, commande les troupes d'occupation allemandes en Grèce et encourage les arts. Il y a surtout le colonel d'artillerie Mario Bonalti, de l'armée italienne cette fois, qui prend la famille Kalogeropoulos sous sa protection. Un militaire bien correct, comme on dit... Il court même des rumeurs plus étranges — l'histoire qu'on veut forcer maintenant. Ainsi ce bruit qu'a diffusé *Die Welt* en 1970, et selon lequel Maria aurait été directement prise par la P.K. sous sa protection. La P.K.? Les *Propaganda Korps* c'est-à-dire les éléments non combattants de l'armée allemande chargés des reportages sur les opérations militaires et de la propagande dans les pays occupés. Ce serait donc un certain Friedrich Herzog qui aurait donné les quelques coups de pouce nécessaires à la mise en route définitive de sa carrière.

Rumeurs, bien sûr, que tout cela, à la limite de la malveillance, et qui font partie de ces mille et une raisons qu'on a inventées après coup pour expliquer les succès de Callas. Mais la guerre a bien marqué pourtant dans sa carrière le moment essentiel d'un départ fulgurant. Nous sommes en juillet 1941 et brusquement la Tosca de l'Opéra d'Athènes tombe malade : le rideau se lève sur Maria Kalogeropoulos.

D'abord, les racontars, les « on dit », la petite histoire. Toujours. C'est Elvira de Hidalgo qui prend l'initiative de proposer son élève pour faire un remplacement au pied levé. Les amitiés italiennes jouent aussi : Maria est acceptée. Alors, à la hâte, on fabrique une robe qui lui aille : il faut habiller cette matrone de dix-huit ans! On lui pose un chapeau sur la tête, on lui invente une longue canne très « directoire » pour donner un peu plus d'élégance à sa silhouette et on la pousse sur scène. Entre-temps — quinze ans après! — on trouve le temps d'imaginer la première petite anecdote vraiment méchante sur elle, histoire de perfectionner le personnage : elle aurait labouré de coups de griffe au visage le mari de la diva malade qui était venu en coulisse pour l'empêcher de se produire à la place de son épouse; ou encore elle aurait frappé un machiniste, un pompier de service ou un éclairagiste qui aurait commis l'imprudence de parier à haute voix devant elle qu'elle ne tiendrait pas le coup. Et c'est avec un œil au beurre noir qu'elle serait entrée en scène.. Malveillance, bien sûr, que tous ces racontars. Et pourtant on ne veut pas les passer sous silence, car le seul fait qu'ils soient là, si tôt dans le récit supposé vrai de sa carrière, fait aussi partie du personnage que nous sommes en train de voir naître sous nos yeux : Maria Callas, la *prima donna assoluta* mais aussi la *tigresse !*

Ce qui compte pourtant, ce ne sont pas les circonstances de cette *Tosca,* c'est cette *Tosca* elle-même, et elle seule. Le 4 juillet 1941, sur la scène de l'Opéra d'Athènes et aux côtés du ténor grec Antonio Delendas, une chanteuse inconnue d'à peine un peu plus de dix-sept ans remporte un triomphe. Que rapportera avec émotion le chronique de la P.K., Friedrich Herzog, dans le *Deutsche Nachrichten in Griechenland.* Ce serait cet article qui aurait ouvert à Callas toutes les portes...

Mais nous, ce que nous voulons imaginer, c'est la Floria Tosca adolescente qui crie son amour et sa haine. La chanteuse qui joue le rôle d'une chanteuse amoureuse et vengeresse. « *Come la Tosca nel teatro...* » : on se tuera à le dire et à le redire, peu de rôles ont autant épousé la personnalité de Maria Callas que celui de l'héroïne du drame de Victorien Sardou revu par Puccini et son librettiste. L'histoire de cette diva amoureuse d'un peintre dans la Rome de la réaction antilibérale : quand le nom de Bonaparte signifiait liberté. Jalouse à en perdre la raison, Floria Tosca livre sans le savoir son amant au baron Scarpia, le policier cruel qui domine tout l'opéra. Mais lorsque celui-ci veut la prendre de force ou faire un marché avec elle : sa liberté et celle de Mario, son amant, si elle se donne à lui, elle feint d'accepter pour mieux tuer celui qu'elle hait. Mario mourra quand même et Tosca, à son tour, va choisir la mort en sautant dans le vide — le plus somptueux suicide de l'histoire de l'opéra ! — du haut des remparts du château Saint-Ange.

Et pourtant, Callas, nous répète-t-on à l'envi, n'aimait pas le rôle... On reviendra à loisir sur les trente et quelques représentations qu'elle en a donné dans plus d'une demi-douzaine de pays à partir de 1950 — les dernières *Tosca* de Paris..., la dernière *Tosca* de Londres... — et sur les disques qu'elle nous en a laissé. Disons seulement qu'avec Traviata, c'est sa plus sublime incarnation, et le rôle qui a le plus marqué le souvenir qu'on peut avoir gardé d'elle. Plus encore que *Norma,* bien davantage que *Lucia.* Et pas seulement parce que Tosca c'est une tigresse éperdue d'amour et de mort, mais parce que vocalement, avec les années, Callas apprendra à mettre au service de ce rôle tous les artifices de la musique et du théâtre.

On aimerait pouvoir comparer les cris de plaisir sauvage que pousse Floria Tosca/Callas de dix-sept ans sur la scène d'Athènes en 1941 devant le corps de Scarpia mort à ceux de la Callas en pleine

38

possession de ses moyens de 1953, puis encore à la Callas artiste avant toute chose de 1964. Et on se dit que les emportements de la jeune fille qui découvre les ivresses de la scène et la folie du meurtre devaient être un bien inoubliable appel... Ou bien on imagine un « Vissi d'arte » — son imploration à Scarpia au deuxième acte : « j'ai vécu d'art, j'ai vécu d'amour », l'air qui pourrait être son emblème —, cantilène lancée à pleins poumons par une voix jeune, si jeune, et qui ne faisait encore qu'éclore...

Voilà ce qu'il nous faut retenir de la *Tosca* d'Athènes, année 1941 — le reste ne compte guère. Et Maria Kalogeropoulos qui saute des remparts du château Saint-Ange, au dernier acte, retrouve Elvira de Hidalgo qui attendait en coulisse : une carrière sans précédent dans l'histoire du XXe siècle vient de commencer.

3

Les premières étapes de cette carrière s'inscrivent pourtant encore sous le signe de l'amitié avec les autorités italiennes. Plus tard, avec toujours la même amertume, Callas se souviendra que sa mère l'exhibait devant des parterres de soldats italiens qui la gavaient de sucreries en échange des arias qu'elle leur chantait à profusion. Vrai ou faux? A demi vrai, à moitié faux plutôt : la vérité importe guère. Maria chante et on l'admire. Mais en ces années très sombres, on ne choisissait pas son public... Et le principal, pour une débutante comme la jeune Kalogeropoulos, c'est de se faire entendre. C'est la guerre, mais le public l'entend et la presse parle d'elle à l'occasion de ses *Tosca,* comme elle l'a fait pour ses concerts. Une « magnifique voix de soprano dramatique ». Elle a « électrisé le public » : unanime, la critique athénienne s'extasie devant sa découverte et applaudit un tempérament dramatique à toute épreuve, une musicalité étonnante.

Aussi, lorsque l'Opéra d'Athènes engage enfin Maria Kalogeropoulos sur une base permanente pour un cachet de 3 000 drachmes, ce n'est que l'aboutissement naturel des efforts du professeur espagnol. Pour cette seule raison, le séjour de Elvira de Hidalgo en

Grèce n'aura pas été vain. Parce que, maintenant, tout commence. Dès la saison suivante, Maria Kalogeropoulos chante une quinzaine de fois *Tosca,* mais cette fois en tant que titulaire officielle du rôle et pas simplement pour faire un remplacement. 1942 marque ainsi le début de sa carrière professionnelle régulière.

Il ne reste plus qu'à continuer. Et un an après, on l'entend de nouveau dans une série de *Tosca* puis, assez curieusement, dans le *Pays du sourire,* de Franz Lehar — bien qu'aucune critique n'existe pour nous le confirmer. En tout cas, Maria Kalogeropoulos figure sur toutes les listes des principaux solistes de l'Opéra. Puis, en 1944, on la retrouve cette fois dans quatre œuvres du répertoire de l'Opéra d'Athènes, dont deux au moins méritent une attention particulière. On passera donc très vite sur la Santuzza de *Cavalleria Rusticana,* qu'elle chantera ici pour la dernière fois, puis sur un opéra moderne de Manolis Kalomiris : *O Protomastoras* — le « Bâtisseur » — où elle tient un petit rôle.

Tiefland, en revanche, est plus intéressant. C'est une œuvre d'Eugène d'Albert, populaire en Allemagne et qui a été jouée pour la première fois à Prague en 1903. Une chanteuse de l'importance de la grande Emmy Destinn s'y est illustrée lors de sa création au Metropolitan de New York en 1908. L'histoire en est sombre et vériste, et l'amour et la mort s'y côtoient dans un drame rural : Martha, maîtresse d'un paysan riche et rapace, tombe amoureuse d'un berger. Bien sûr, à la fin, le berger tuera le riche propriétaire qui a humilié sa maîtresse, et il s'enfoncera dans la montagne avec son amour. C'est Maria qui joue Martha et on l'y voit très bien, sublime et déchirée, semblable à tant de ces héroïnes perdues qu'elle nous offrira. L'œuvre a sûrement été jouée pour faire plaisir au public allemand et c'est peut-être l'un des points de l'acte d'accusation qu'on dressera à l'encontre de la jeune Kalogeropoulos, au lendemain de la guerre.

Mais Callas jeune n'a pas chanté que la musique médiocre d'Eugène d'Albert : le 14 août 1944, au théâtre d'Hérode Atticus, à Athènes, on joue pour la première fois en Grèce *Fidelio,* l'unique opéra de Beethoven, et Callas est Léonore. Cette fois, nous entrons dans l'histoire. La vraie histoire.

Qu'on se mette dès lors à rêver de cette Léonore-là... La guerre s'achève. Quelques mois encore, et ce sera la débâcle des troupes allemandes, l'effondrement du Walhalla et la fin du Reich. Depuis un an, les Italiens ont capitulé, et *Fidelio,* Léonore, c'est l'opéra de l'espoir et de l'amour. De l'amour conjugal, mais aussi celui de l'amour de la liberté, et de la liberté tout court. Par amour, Léonore se fait passer pour un homme et s'introduit dans la prison où croupit son mari, Florestan, et elle le sauvera. De l'oppression politique, de l'injustice et de la mort. Nous l'avons tous ressentie, cette même émotion, lorsqu'au premier acte le chœur des prisonniers — ombres vivantes, morts encore debout qui un à un surgissent, livides, des entrailles de leur prison — chante à plein espoir sa joie de respirer les odeurs simples de l'air libre. Qui n'a le souvenir de l'une de ces représentations idéales où la grâce a réuni tout à la fois une Léonore vibrante, rayonnante, un Florestan sublime et un chef, un Furtwängler ou un Bruno Walter pour les porter tous — et les solistes, et les chœurs, et l'orchestre! — au-delà de ce que la musique dit pourtant déjà si bien toute seule. Ainsi ces soirées du Met de 1941, où René Maison, Belge exilé, Kirsten Flagstad, elle aussi exilée, Bruno Walter enfin, chassé de chez lui par le mal absolu, communiquent ensemble dans la même ferveur, et que la grâce du disque retrouvé a seule pu nous rendre...

Alors, la Léonore de Callas en 1944, dans Athènes occupée? Un chant ambigu qui est l'amour quand même, l'espoir aussi, et la liberté qu'on finira bien par entrevoir — servi par une voix que la presse d'occupation sera la première à saluer. Ambiguïté que cette soirée-là, mais dont les rares témoignages que l'on a pu, à trente ans de distance, en réunir, traduisent le même enthousiasme pour une technique éblouissante.

Jamais pourtant ensuite Callas n'a plus chanté l'*Abscheulicher* de Léonore, ni son appel bouleversant, qui réunit en quelques mesures tout le génie de Beethoven à la plus belle phrase jamais écrite pour voix de femme :

« *Komm, Hoffnung, lass den letzten Stern*
Der Müden nicht erbliechen... »
« *Viens à moi, espoir. Ne laisse pas la dernière étoile*
qui guide l'homme accablé s'évanouir... »

Cette Callas de 1944, à Athènes, il ne nous en reste que quelques photographies maladroites. On aimerait, au-delà du regard curieux de la chanteuse qui se tient debout entre le chef d'orchestre allemand Hans Hörner et le Pizarro à la Errol Flynn d'Evangelios Mangliveras, lire une autre inquiétude. Ou quelle certitude?... Mais

41

Callas elle-même ne nous dira plus rien de cette soirée d'août où elle chantait la liberté et l'espoir au milieu de ceux-là même qui avaient voulu tuer la liberté et assassiner l'espoir de l'Europe tout entière. Aussi, lorsque sa mère nous raconte qu'un officier allemand a voulu l'embrasser au lendemain de ces soirées, tout simplement parce qu'elle était la mère de Maria, et qu'elle a noblement refusé — « vous êtes un ennemi! » —, nous préférons nous inventer nos souvenirs à nous. Autre chose... Callas-Léonore de 1944, symbole, on le répète, ambigu, de quelle liberté?

Car les temps, brusquement, vont changer. Deux mois après *Fidelio,* et comme le reste de la Grèce, Athènes tombe entre les mains des partisans. Quelques jours plus tard, l'armée anglaise débarque à son tour au Pirée. Dans les semaines qui suivirent, ce fut un affolement général chez tous ceux qui, de près ou de loin, redoutaient le spectre du communisme. Mais les mitraillettes étrangères et les policiers grecs allaient, en deux ans seulement, bien vite éloigner l'épouvantail rouge et faire régner sur la Grèce entière la grande et noble paix des camps et des prisons... Nous sommes au Royaume de l'Opéra : c'est Posa, le Rodrigo superbe du *Don Carlo* de Verdi, qui lance à Philippe II qui lui parle d'ordre et de paix : Oui, mais « la pace del sepolcro... » — la paix du sépulcre... — Avant que ce voile ne tombe sur Athènes, il y aura pourtant quelques semaines de terreur du côté des nantis. Et la famille Kalogeropoulos en fait partie, des nantis. Madame-Mère racontera avec un luxe de détails les hauts faits anticommunistes de sa famille et, une fois de plus, l'asile donné rue Patission à des victimes de la nouvelle « terreur ». Cette fois, ce ne sera rien de moins qu'un ex-ministre de l'Intérieur, le général Dourentis. De même, elle nous explique les mille et un dangers courus par ses filles et, une fois de plus, la disette, les courses qu'on fait à la sauvette et le régime maigre de nouilles à l'eau.

Bien vite, heureusement pour ces braves gens, c'est le silence des cimetières, on écrase les mouvements communistes dans le sang et, rue Patission, on respire plus aisément. Nous l'avons échappé belle! Simplement, parce qu'elle a pris une part trop active aux dernières saisons de l'occupation, Maria Kalogeropoulos ne voit pas son contrat renouvelé à l'Opéra d'Athènes. En réalité, le talent de Callas, et surtout sa personnalité écrasante, avaient suscité tant de jalousies parmi ses collègues, et même dans l'administration de l'Opéra, qu'on a choisi le premier prétexte venu pour l'écarter. Epuration? Non, simplement mise en ordre...

Nous sommes en juillet, en août 1945. Parce qu'elle est née en Amérique, qu'elle a gardé un passeport américain et que le consulat américain le lui conseille avec insistance en ces périodes troublées — sinon elle risque de perdre sa nationalité américaine — Maria Kalogeropoulos se rend soudain compte qu'elle n'a plus rien à faire en Grèce alors que New York est à quelques jours de bateau. Son père s'y trouve déjà, et peut-être une vraie carrière internationale. Un dernier concert, dès lors, pour réunir l'argent du voyage. Une dernière apparition dans le rôle de Laura de l'*Etudiant mendiant (Der Bette Student),* une opérette médiocre de Karl Millöcker, et c'est le départ, un beau jour de septembre 1945, sur le *Stockholm :* Maria Kalogeropoulos a quitté la Grèce, Maria Callas va revenir en Amérique.

Deux mots, pourtant, sur la carrière de Maria Kalogeropoulos à l'Opéra d'Athènes. D'abord sur les rôles qu'elle a chantés. On veut ici, tout autant qu'une vie, raconter une voix, technique et légende confondues. Or, qu'avait enseigné à Maria la grande Elvira de Hidalgo, sinon qu'elle devait, *pour un temps au moins,* se considérer comme un soprano léger ou coloratura ; qu'elle devait chanter Bellini et Donizetti et surtout, surtout, ménager sa voix... Cet éclat trop sombre risquerait peut-être de se figer. Et qu'a chanté Maria Kalogeropoulos à l'Opéra d'Athènes? Santuzza, Tosca, Léonore et ce rôle du *Protomastoras* de Kalomiris, dont Evangelia Callas elle-même reconnaît qu'il a failli briser la voix de sa fille. Ainsi, dès le début de sa carrière, et parce que ses moyens sont gigantesques, Maria Callas a forcé sa voix. Chanter Léonore à vingt et un ans! On peut s'en émouvoir aux larmes, crier au génie; vocalement, c'est une folie. Il y a une quinzaine d'années, Anja Silja, l'extraordinaire soprano berlinois qui apporta la révolution dans le temple auguste de Bayreuth par sa jeunesse, sa fougue et l'ardeur avec laquelle elle voulait elle aussi tout dévorer, a su elle aussi ce que cela coûtait, et elle n'avait tout de même pas vingt et un ans! Mais Callas veut devenir la plus grande chanteuse du monde et elle ne pourra résister à aucun piège...

Et puis Elvira de Hidalgo avait prévenu Maria pendant toutes les années qu'elles avaient passées l'une près de l'autre : on peut apprendre à chanter en Grèce, mais pour devenir une grande, une vraie chanteuse mondialement reconnue, c'est en Italie qu'il faut aller. Pas en Amérique, surtout pas en Amérique! Où la machine à fabriquer les gloires au moule s'emploie aussi, si voluptueusement, à les laminer... Mais la Callas de vingt-deux ans sait déjà ce qu'elle veut, et elle n'a qu'un désir : celui de revenir d'où elle est partie. L'Amérique, ce sont peut-être les soldats américains, le chewing-gum et les bas de soie. Mais c'est aussi le Metropolitan Opera.

Si Maria laissait derrière elle les deux femmes qui avaient deviné ce qu'elle serait un jour, une seule pourtant, sur le quai du Pirée, regardait le *Stockholm* appareiller. Evangelia n'avait été invitée à assister ni au déjeuner offert par le maire de la ville, ni aux adieux dans le port. Elvira de Hidalgo, elle, était venue jusqu'au bateau. Mais l'une comme l'autre, la mère et le professeur, pouvaient être amères. L'une venait de perdre à jamais sa fille. De l'enfance familiale et de sa mère, Callas n'a gardé que rancœur et tristesse. L'autre voyait s'éloigner la plus grande voix qu'elle ait croisée au cours de sa carrière de professeur, une matière jeune et riche, vivante, qui déjà lui échappait, et qui ne suivait plus ses conseils.

4

Le deuxième séjour de Callas, en Amérique — après tout, elle y avait déjà passé treize années — ne fut pas une période heureuse pour elle. Presque étoile, prima donna en tout cas de l'Opéra d'Athènes, elle se retrouve brusquement seule sur le pavé de New York, inconnue, sans projet. Après les grands espoirs des dernières années de la guerre, c'est la déconvenue brutale.

Nous sommes en septembre. On la voit si bien, jeune fille encore épaisse engoncée dans un manteau qui ne lui va guère malgré les efforts d'Elvira de Hidalgo pour qu'elle s'habille un peu mieux, débarquer sur un quai mouillé. Elle a en poche la centaine de dollars que son père lui a envoyés quelques semaines auparavant, et c'est tout. Elle n'attend personne. C'est la douane, ce sont les longues formalités — plus longues encore en ce temps-là — d'entrée aux Etats-Unis, même avec un passeport américain. Et puis, subitement, un homme vient à elle. « Vous ne connaîtriez pas une certaine Maria Kalogeropoulos, parmi les passagers?» Il est mince, vêtu modestement, la soixantaine environ, et Maria éclate de rire : le monsieur, c'est son père. Elle avait décidé de ne pas chercher à le revoir, élevée dans l'idée du père indigne que sa mère lui avait inculquée. Mais le père et la fille tombent dans les bras l'un de l'autre. Maria a un toit pour s'abriter, un lit où dormir, un père enfin retrouvé : pour le meilleur et pour le pire, ils vont désormais, l'un près de l'autre, tenter de survivre. Et lorsque Evangelia, à son retour, rejoindra, un an après, sa fille, elle habitera avec eux — « mais dans la chambre de ma fille, précisera-t-elle : son père et moi vivions comme frère et sœur!» — dans le petit appartement du quartier grec, à la hauteur de la 30e rue. « Un quartier bien mal famé...» s'indignera encore Madame-Mère, qui doit bien sûr regretter le confort bourgeois de la rue Patission. Maria, pourtant, s'y installe du mieux qu'elle peut, décore sa chambre, y accroche quelques tableaux et se lance à l'aventure : New York, à nous deux!

Studios, imprésarios, chanteurs professionnels et amateurs, amis de rencontre, longues attentes, auditions ratées... New York vous les broie aisément, ces espoirs qui vous poussent à vouloir le dévorer. C'est New York qui dévore ou qui, indifférent, laisse passer le flot de ceux qui veulent le conquérir. Et puis, qui peut s'intéresser à une grosse jeune fille de vingt-deux ans qui voudrait chanter *Aïda?* Chanteurs, directeurs, studios, imprésarios : les portes restent closes. Alors il y a les antichambres, les rendez-vous qu'on espère toute une journée et puis le retour, épuisant, dans l'appartement minable. Découragée par tout cela, Maria Kalogeropoulos? Allons donc! Il en faudrait bien davantage.

D'abord elle va changer de nom. Une nouvelle fois. Adieu aux accents sonores et grecs de son patronyme officiel : revenue en Amérique et chez son père, elle reprend le nom de celui-ci et redevient Maria Callas. Et puis, il y a l'abondance retrouvée, les bas de soie, donc, et, sans le chewing-gum, du moins toutes les lumières que l'Amérique qui n'a guère connu de privations et de souffrances peut jeter au visage — poudre aux yeux — des petites alouettes dodues comme des cailles qui viennent — transformées en papillons : ne reculons devant aucune image! — se brûler les ailes à ses feux trop vifs. Alors Callas redevenue Américaine recommence à manger des hamburgers, des cheeseburgers, des œufs au bacon et des crêpes au sirop d'érable. Et un menu pareil, dès le petit déjeuner, ça vous soutient fameusement le moral!

45

On peut dès lors, bon pied, bon œil, entreprendre avec au cœur tous les espoirs du monde la quête du rôle, du premier rôle qui vous assurera la gloire. Et l'Opéra, alors, c'est Toscanini, et le Metropolitan : Maria Callas part à l'assaut de ces deux forteresses.

Elle commence par rencontrer le grand Giovanni Martinelli qui, pendant plus de trente ans, a figuré à peu près toutes les saisons au Met. C'est un vétéran, un personnage hors du commun. Il a chanté la première italienne de la *Fanciulla del West* de Puccini, et il a tenu à New York plus d'une quarantaine de rôles du répertoire italien. Aujourd'hui encore on écoute ses disques avec émerveillement : une voix légère, mais d'une musicalité et d'une habileté technique superbe, au service du vérisme le plus échevelé. Au crépuscule de sa carrière, il sera même Tristan aux côtés de Kirsten Flagstad : c'est dire que, pour Maria Callas, c'est une sorte de demi-dieu. Mais Martinelli l'écoute attentivement, puis, sans se compromettre au-delà, lui dit que c'est très bien ce qu'elle fait, mais qu'il lui faut prendre d'autres leçons... Tant pis, on essaiera ailleurs.

Nicola Moscona, lui, n'est pas un demi-dieu, mais cette bonne basse célèbre à Athènes que Maria avait rencontré lors de son arrivée en Grèce. A New York, pourtant, il se montre plus réservé, élude les entrevues et finalement se récuse : en fait, il craint de devoir user du peu d'influence dont il dispose auprès de Toscanini pour lui présenter une jeune chanteuse qui n'a pas fait ses preuves à New York. Là aussi, échec sur toute la ligne : pendant tout ce séjour qui va durer un peu moins de deux ans, Maria Callas ne pourra jamais rencontrer Toscanini. Bien pire : sans vraiment la connaître, Toscanini se révélera bientôt une manière d'ennemi pour elle, ardent défenseur qu'il sera toujours de Renata Tebaldi dans la querelle entre les deux chanteuses qui fera les beaux jours de la presse à scandales. Et il faudra une réconciliation spectaculaire, le geste théâtral de Callas offrant au vieux maître les plus beaux des œillets rouges qui sont tombés en pluie sur la scène de la Scala au soir de *La Vestale*, pour que Toscanini enfin l'applaudisse.

Mais à New York, en ces années de vaches maigres, nous sommes encore loin de ce triomphe, et si Toscanini est une forteresse, c'est une forteresse inaccessible. Un à un, il grave dans la cire — hélas bien souvent avec des chanteurs de deuxième ordre!... — ces enregistrements illustres d'opéra qui, dans leurs coffrets d'or — *Falstaff, Otello, Aïda, La Traviata, Un Bal Masqué...* — constituent l'un des plus précieux témoignages qui nous aient jamais été donnés sur l'art de conduire un opéra. Tandis que Callas, dans son imperméable mouillé, court toujours sous la pluie...

Et puis, soudain, c'est le coup de tonnerre. Un événement incroyable dans la vie d'une chanteuse, l'un des plus superbes refus qui se puissent imaginer. Edward Johnson, « general manager » du Metropolitan Opera, lui accorde enfin l'audition tant attendue, et, sur-le-champ, lui propose un contrat : *Fidelio* et *Madame Butterfly*, pas moins. On imagine le visage de la petite chanteuse inconnue à qui, d'un coup, le directeur du Met offre deux rôles de premier plan dans deux grandes productions du répertoire : le cœur qui bat, l'émotion, et puis le sourire extasié. Elle le signera des deux mains, notre débutante imaginaire; et elle ne lira même pas son contrat! Mais Callas n'est pas n'importe quelle débutante, et sa réponse à Edward Johnson est un incroyable *non!* Maria Callas refuse tout simplement de débuter au Metropolitan de New York à l'âge de vingt-trois ans dans les rôles de Léonore et de Butterfly. Edward Johnson, bouche bée, reprend son contrat, le plie en quatre et le remet dans sa poche. Alors, sans se démonter, Callas s'explique : elle veut bien chanter *Aïda* ou *Tosca,* si on le lui demande... Ce doit en être trop pour le general manager du Met qui, quelque temps plus tard, quittera la scène lyrique internationale. Et Maria Callas, délibérément, attendra encore huit ans pour débuter à New York.

Mais il ne s'agissait pas de sa part d'un caprice, et Maria avait de bonnes raisons de refuser l'offre qui lui était faite. Le *Fidelio* qu'on lui proposait de chanter devait être interprété en anglais et, même à New York, il lui paraissait contre nature de ne pas chanter la musique de Beethoven en allemand, sa langue originale... elle qui nous a laissé l'étonnant, le surprenant *Parsifal* de Venise en italien... Quant à chanter *Madame Butterfly,* frêle héroïne de dix-sept ans, elle Callas, avec ses quatre-vingt-cinq ou quatre-vingt-dix kilos, c'était une exhibition à laquelle elle refusait quand même de se livrer!

Sans désemparer, donc, Maria reprend la course aux rendez-vous et aux auditions. Mais que peut-elle attendre d'autre à New York, maintenant qu'elle s'est elle-même fermé les portes du Metropolitan? Un espoir, en réalité, se représente quand même au bout du chemin; une possibilité qui paraît même une certitude. Et une certitude intéressante.

Quelque temps après son arrivée à New York, Maria Callas a rencontré un couple assez curieux qui ressemble bien à ces intrigants de comédie italienne qu'on retrouve tout au long de la carrière des grands écrivains ou des artistes. Ceux qui sont là : les entremetteurs, les prestidigitateurs. Dans *le Chevalier à la Rose,* ils s'appellent Annina et Valzacchi et prennent au piège Octavian et Sophie pour le compte du baron Ochs, qu'ils trahiront tout aussitôt. A New York, sur Riverside Drive, où ils sont installés, ils s'appellent Louise Caselotti et E. Richard Bagarozy, dit « Eddie ».

Louise Caselotti, soprano à la carrière avortée, a joué à Hollywood dans des films musicaux avant de s'établir à New York comme professeur de chant, ou plus exactement comme « coach » : elle accompagne les chanteurs dans leurs exercices et les fait répéter. Son mari, Eddie, est un avocat qui s'intéresse au monde du spectacle en général, à l'opéra en particulier, et qui ne doit pas être insensible au charme de Maria : bref, entre le couple et elle, c'est l'idylle. On se voit tous les jours, Maria travaille chaque matin avec Louise et dîne bien souvent le soir avec Louise et Eddie.

Tout cela n'aurait pas débouché sur autre chose que sur une amitié plus ou moins orageuse si Bagarozy — Eddie — n'avait pas tout d'un coup décidé de jeter son froc d'avocat aux orties et de devenir organisateur de spectacles en même temps qu'imprésario. Avec un autre intermédiaire et agent italien d'un certain renom, Ottavio Scotto, il fonde ainsi une entreprise à première vue passionnante dont le propos est d'amener aux Etats-Unis des chanteurs européens. Et, pour cela, Bagorozy et Scotto décident de redonner vie à l'Opéra de Chicago en créant une nouvelle troupe permanente. Ce sera la *United States Opera Company.*

La liste des noms des chanteurs qui acceptent de s'embarquer dans cette aventure est impressionnante : on y trouve l'un des trois plus grands ténors wagnériens de son temps, Max Lorenz, le sublime Siegfried du Bayreuth des années de guerre, mais aussi Hilde et Anny Konetzni, de l'Opéra de Vienne, ainsi que toute une pléiade de nouveaux talents, tels que Mafalda Favero, Galliano Masini et surtout la jeune basse Nicola Rossi-Lemeni, qu'on rencontrera tout au long de la carrière de Callas. Et le premier projet mis en route est une série de représentations de *Turandot* de Puccini avec une débutante qu'on présente comme la révélation de l'année : Maria Callas. C'est elle qui doit chanter le rôle redoutable de la redoutable princesse aux trois énigmes dont l'amour est synonyme de mort pour qui ose l'aimer. La première représentation, remise à deux reprises, est finalement prévue pour le 27 janvier

48

1947, et toute la troupe réunie par Bagarozy répète activement sous la baguette du chef italien Sergio Failoni. Prête à toutes les audaces comme à tous les succès, Maria préfère chanter à Chicago un rôle qui l'exalte au milieu d'inconnus qu'un *Fidelio* médiocre au Metropolitan !

Et c'est l'excitation des derniers jours, la mise au point des ensembles, celle de l'extraordinaire duo du dernier acte que la mort a empêché Puccini de terminer et qu'un tâcheron vériste soudain presque génial, Alfano, a achevé pour lui. On a fait les costumes faussement chinois de Maria, la location est ouverte à Chicago, quand... Bagarozy doit déclarer forfait. Inquiet devant cet envahissement de chanteurs étrangers, le syndicat des choristes américains — et Dieu sait si les chœurs, dans *Turandot,* jouent un rôle essentiel ! — a demandé le dépôt préalable d'une garantie que ni Bagarozy, ni Scotto ne sont en mesure d'assurer : c'est la débandade. On peut tout juste organiser un concert de dernière minute pour amasser les fonds nécessaires au retour des chanteurs venus d'Europe !

L'aventure américaine de Maria s'achève : Elvira de Hidalgo avait raison, il n'y avait rien à attendre de New York. La jeune fille, pourtant, s'est liée d'amitié avec Nicola Rossi-Lemeni et tous les deux décident de retarder leur départ de quelques semaines, puis de quelques mois.

Et c'est alors que la chance tourne. Rossi-Lemeni, qui doit chanter à Vérone l'été suivant, lui fait rencontrer Giovanni Zenatello, directeur artistique du Festival de Vérone. Zenatello est à New York à la recherche d'une Gioconda pour chanter l'opéra de Ponchielli dans les célèbres arènes, et il balance entre la grande Zinka Milanov, l'une des plus belles Léonores du *Trouvère* de tous les temps et une *Aïda* bouleversante, et Herva Nelli, la chanteuse préférée, alors, de Toscanini. Zenatello, pourtant, écoute la protégée de Nicola Rossi-Lemeni, et c'est pour lui une révélation : Callas chantera à Vérone au mois d'août suivant.

Maintenant, Maria peut quitter l'Amérique : elle n'a pas réussi à s'y imposer, mais elle a un contrat en poche. Et débuter à Vérone, c'est un superbe honneur. Le 13 juin 1947, le *Rossia* lève donc l'ancre avec à son bord Rossi-Lemeni et Maria Callas. Ils sont heureux, et Maria, le jour même, a signé un contrat avec l'ineffable Bagarozy qui, moyennant 10 % de ses cachets, doit être son agent exclusif et « promouvoir sa carrière... ». Elle ne sait pas, pauvre

49

Callas, à l'aube de cette carrière, dans quel guêpier elle s'est engagée, le sourire aux lèvres, en embrassant Bagarozy sur les deux joues!

Mais, cette fois, entre l'Europe et l'Amérique, elle a choisi pour de bon : la vraie vie commence.

DEUXIÈME PARTIE

1947-1951
Une étoile est née

1

Qui n'a pas vu à Vérone une *Aïda* ou un *Trouvère* — ou même une *Gioconda* puisque c'est de *La Gioconda* qu'il s'agit — ne peut imaginer...

Les arènes, l'espace ouvert, le feu des projecteurs qui trouent la nuit et vingt-cinq mille personnes autour qui applaudissent à tout rompre, qui crient leur joie devant une note haute et tenue, qui acclament l'entrée des chœurs, qui hurlent au délire à l'arrivée de la prima donna. Vérone, donc, ou l'opéra italien absolu, la musique et la nuit confondues, la voix, les déploiements de foule et la bravoure. La bravoure surtout, et encore la bravoure. Pour chanter à Vérone dans la nuit la plus claire du milieu de l'été — mais nous connaissons Orange — il faut un coffre de taureau, des épaules de débardeur et un gosier d'acier trempé. Alors, tout en bas, toute petite sous les feux qui s'entrecroisent — jeux de lumière, sons et lumières — portée par l'acoustique la plus parfaite qui se puisse imaginer, la voix s'élève et flotte : on ferme les yeux, on se laisse porter, c'est un torrent unique que ponctuent les salves d'applaudissements qui déferlent comme une mer, à tout propos mais aussi, superbement, hors de propos.

Et c'est là qu'un soir d'août 1947, le 6 août, pour être parfaitement exact, Maria Callas, vêtue de la robe éclatante de la chanteuse de rue vénitienne Gioconda, s'avance pour la première fois vers nous. A nous, dès lors, de nous abandonner, de mettre en marche la machine aux souvenirs qui, à coup d'images et de vieux disques, nous créera notre mémoire-Callas.

La Gioconda de Ponchielli : un drame qui a toutes les faiblesses et

53

tous les élans du théâtre lyrique le plus rudimentaire mais dont l'intrigue, tirée du drame de Hugo *Angelo, tyran de Padoue,* sert de prétexte à des emportements fabuleux. Créé en 1876, de très grands noms s'y sont illustrés depuis : Caruso, Emmy Destinn la première Senta du *Vaisseau Fantôme* de Bayreuth, ou Rosa Ponselle, sur qui on reviendra. Et maintenant Callas.

La Gioconda... Bien sûr, c'est le fruit du hasard, mais il est tout de même prémonitoire que Maria Callas se soit pour la première fois offerte à nos bravos ou à nos huées sous la tunique d'une chanteuse — comme dans *Tosca* — qui meurt d'amour. Bien mieux : l'héroïne de l'opéra de Ponchielli est amoureuse d'un marin, d'un armateur, d'un hardi capitaine qui la quitte pour une autre, femme de notable, épouse de sénateur. Le hasard, donc. Douze ans plus tard, qui sera le marin? Et, quelques années après, la femme du sénateur? Et puis, c'est du poignard qui tue l'infâme Scarpia dans *Tosca* que la Gioconda se perce le cœur après avoir lancé les sublimes appels sombres et désespérés de ce « *suicidio* »..., l'air fameux du quatrième acte qui a été pour nous l'un des premiers témoignages gravés par Callas sur un disque. Hasard, bien entendu, que ce rôle qui lui colle de si près à la vie — à la voix —, mais l'un de ces hasards qui, de place en place, marqueront sa vie et sa carrière du sceau d'une trop belle fatalité.

Pourtant, lorsqu'elle s'avance au centre de l'arène, au bras d'Anna Maria Canali, qui joue le rôle de Cicca, la mère aveugle de *Gioconda,* cette demoiselle un peu grasse qui boitille parce qu'elle s'est foulé la cheville au cours des répétitions et qui n'y voit pas à un mètre d'elle parce qu'elle est myope, n'est encore rien du tout. A peine une débutante : elle est là presque par hasard. La bonne idée simplement qu'a eue un imprésario italien de passage à New York. Et ce qu'on entendra ce soir-là, on ne peut aujourd'hui que tenter de le deviner, puisqu'il ne reste rien, bien sûr, de cette première soirée. La jeune Callas, en tout cas, a une voix qui intéresse, bien sûr, puisque tout le monde l'a remarquée, mais surtout une voix aux possibilités inouïes, avec d'énormes défauts. Au premier chef, ces deux cassures dans le registre, ces deux brisures dont il lui faudra plus de dix ans d'exercices incessants, de vocalises, de travail solitaire pour se débarrasser en partie : pour l'auditeur un peu critique, il y a là un effet pour le moins gênant. Et puis le timbre reste inégal, avec ces stridences dans l'aigu qu'on lui reprochera tant par la suite, mais qui, à Vérone, ne se manifestent probablement pas encore vraiment, puisqu'elles ne deviendront gênantes que plus tard, lorsque Maria Callas, la voix déchirée par des rôles trop lourds abordés trop tôt, accusera des faiblesses. Mais ces sons, qu'on peut juger désagréables, existent déjà, latents. Tout cela, on le sent, on le devine... Mais on imagine aussi, on sent déjà ce qu'en 1947 elle peut faire du rôle de Gioconda puisqu'un enregistrement qui ne date que de cinq ans plus tard — son premier enregistrement commercial — nous l'a restitué.

D'entrée de jeu, Callas a forgé le personnage qui sera le sien pendant toute sa carrière : d'entrée de jeu, Callas joue, Callas vibre, Callas se déchaîne. Qu'on l'entende simplement, petite chanteuse de rue dans la cour du palais ducal, qui foudroie Barnaba, l'espion qui l'aime et qu'elle va si bien haïr : c'est déjà Tosca en face de Scarpia. Le mépris qu'une sorte de sifflement traduit. Et lorsqu'à la fin de l'œuvre elle s'immole devant celui qui l'a achetée, ne lui offrant que son cadavre, elle vous fait froid dans le dos : « Volesti il mio corpo, demon maledetto... » Eh bien ce corps, je te le donne! C'est un véritable hurlement qui, tout de suite, la pose et à jamais, pour nous et son public — le monde — en héroïne de tragédie. Déjà dirait-on la fameuse « tigresse » qui, dix ans plus tard, défraiera la chronique. Mais déjà aussi, cette tendresse à nulle autre pareille dans son duo avec le marin infidèle, cette *mezza voce* qui ne ressemble à aucune autre, et ces sublimes *pianissimi* qui s'envolent très haut aux domaines impossibles des si bémol aigus qui flottent comme un rêve. Nous, qui l'entendons aujourd'hui, mais qui la voyions si bien hier, nous sommes déjà sous l'effet du miracle.

« A en tomber à genoux », a dû penser le petit monsieur rondouillard, aux tempes argentées, le front dégarni, que son ami Gaetano Pomari, l'un des organisateurs du festival, avait présenté à Maria Callas quelques jours auparavant. Et il se prépare à proposer à Maria rien de moins qu'une vie commune, ensemble, tous les deux, autant qu'elle le voudra.

« Dès qu'elle a ouvert la bouche — a remarqué un autre monsieur, plus vieux encore, à la belle tête de lion fatigué — j'ai reconnu une voix exceptionnelle. » Et le plus vieux des deux messieurs imagine déjà ce qu'il pourra faire avec cette voix — la modeler; avec ce tempérament — lui faire dépasser la rampe de tous les théâtres du monde.

Le premier de ces deux hommes était déjà un amoureux, il s'appelait Meneghini; le second était le chef d'orchestre Tullio

55

Serafin, qui depuis plus de quarante ans côtoyait les grands chanteurs de son temps : après sa mère et Hidalgo, les deux personnages principaux de la vie de Maria Callas venaient de faire leur entrée en scène.

Meneghini d'abord, puisque la grande presse en a fait l'objet numéro un de ses mille et une attentions, de ses attendrissements larmoyants et de ses perfidies absurdes. Lorsque l'amoureux transi rencontre pour la première fois la jeune fille, le soir même ou le lendemain de son arrivée à Vérone, c'est un monsieur de bonne famille, un industriel fortuné et un célibataire endurci. Il fait partie de cette aristocratie des bourgeois de province qui hante les théâtres et les cafés, traîne dans les salons et dont on a fini par oublier que, vingt ans plus tôt, il avait été un beau parti. Sa carrière mesurée repose sur deux pôles bien précis : une entreprise de construction florissante, et une mère âgée et envahissante. On le couve, on le chouchoute, il dépense beaucoup sans oublier pourtant de compter et, de danseuse en demoiselle de théâtre en tournée dans la ville, il s'est bâti à peu de frais une réputation de Don Juan bedonnant. Dans la ville de Roméo et Juliette, c'est peut-être un peu maigre, mais jusque-là le signor Meneghini n'a pas été vraiment exigeant. Callas lui apportera la tempête.

Quand — au restaurant Padavena, nous dit-on — on le présente à celle qui va si vite devenir une idole, et pour lui, et pour le monde, il s'incline et salue, plus sûr de lui peut-être en apparence qu'il ne l'est vraiment. Mais quelque chose en lui vient de basculer. Des amis sont autour, qui s'affairent : il y a des serveurs empressés, un maître d'hôtel avec sa carte à la main qui attend la commande, et Maria Callas doit sourire elle aussi, gênée encore, les gestes maladroits. Parce que si plus tard, sur le plateau et face à vingt-cinq mille spectateurs, elle aura d'emblée cette splendide, cette insolente assurance qui jamais ne l'abandonnera sur une scène, là, face à ces messieurs qui s'agitent — et, qui sait? spéculent sur elle et sur son avenir —, elle est mal à l'aise, indécise. Mais Giovanni Battista Meneghini fait tout pour la rassurer. Il multiplie les compliments et alors, brusquement, quelque chose, en elle aussi, se passe.

A trente ans de distance, on peut encore s'interroger sur ce courant qui a circulé d'un coup entre eux. Sur ce lien qui, subitement, les a unis. Parce qu'enfin, quoi de plus dissemblable que ces deux êtres? Bien entendu, Maria est encore la chenille dans son cocon avec sa robe mal coupée et ses hanches épaisses, mais elle sait, elle pressent le papillon qu'elle sera — papillon flamboyant aux ailes si vite brûlées. Et puis Maria a voyagé, elle a fréquenté le monde des artistes, celui des crève-la-faim, mais aussi l'autre, celui des vrais chanteurs, comme Rossi-Lemeni, qui ont déjà connu le succès. Alors que Meneghini, monsieur âgé et portant beau qui fleure la province et le club de sous-préfecture, on le voit mal aux côtés de cette plantureuse fille aux accents new-yorkais! Et cependant, c'est une manière de coup de foudre. Un coup de foudre probablement davantage étayé par la raison et par l'envie de repos, le besoin de calme qu'a pu brusquement éprouver Maria après son aventure américaine, qu'il n'est soutenu par une passion violente, mais un coup de foudre quand même. Si bien qu'en quelques jours, la jeune femme décide de s'abandonner totalement à cet homme qui lui apporte une sécurité appréciable — presque paternelle! — mais surtout des trésors de tendresse et d'attention. En même temps que la prise en main radicale — et, semble-t-il alors, définitive — de sa carrière : Maria n'a plus qu'à chanter, il fera le reste. D'ailleurs, dès 1951, Meneghini sera officiellement son agent exclusif. Et le restera huit ans.

Ainsi, dans l'histoire après coup qu'on peut se plaire à forger de Callas, voyons-nous maintenant sa vie comme une série d'abandons successifs. Violente et passionnée, déchirante, déchirée, Maria Callas n'a qu'un désir, c'est se laisser aller. Elle cherche, elle quémande, elle attend l'influence qui pourra s'exercer sur elle, la volonté extérieure à elle qui la conduira, la main très ferme dans le gant de velours qui la prendra sous sa coupe et qui, sans retour, la dirigera. Sa mère, Hidalgo, Bagarozy, Meneghini, Onassis plus tard, ou les directeurs artistiques de ses maisons de disques : Callas la frénétique, Tosca, Médée, Norma tout à la fois, est d'abord et avant tout Traviata qui souffre de solitude en même temps que de sa beauté. Héroïne fragile, a-t-on pu dire d'elle : fragile ô combien! Il faut qu'on lui tienne la main pour qu'elle puisse marcher. Alors, et alors seulement, elle conquiert. Et c'est nous tous, son public ou les fous que nous avons été d'elle qui, sous les masques successifs de la mère ou de Hidalgo, de Meneghini, d'Onassis, lui en demanderont toujours plus. Et c'est bien nous qui finirons aussi, avec nos admirations égoïstes, nos engouements passionnés, nos ferveurs aveugles, par la tuer. Doucement. Sûrement.

Que Meneghini arrive, donc, et Callas n'a plus qu'à chanter. Elle chantera. Et pendant plus de dix ans, on les verra côte à côte, le petit monsieur et la grande chanteuse, couple étrangement désassorti qui affiche aux yeux du monde le plus conjugal des attachements. Et la presse regorge de photos attendries, de commentaires bêtement émus. Meneghini est devenu « Titta », et Callas affirme que, pour lui, elle abandonnerait sa carrière : Titta écoute et sourit doucement. Pas si bête! — mais je blasphème peut-être. Meneghini la suit de ville en ville, de concert en opéra et, rentrés le soir chez eux, fût-ce dans la plus luxueuse suite du plus luxueux palace, Maria mijote pour son Titta les petits plats qu'il aime et dont les journaux nous rapporteront scrupuleusement la recette. Meneghini la couvre de cadeaux, de fourrures, de bijoux — ces placards qu'on ouvre à la dérobée : trois cents paires de chaussures, nous affirment *Ici Paris* ou *News of the World,* mais Maria préfère à tout cela son petit chien, Toy ou un autre, qu'il lui a donné. D'ailleurs très vite, les cadeaux de Titta, c'est avec l'argent que lui gagne Maria qu'il les lui offre. Mais nous autres, devant ces gros titres de journaux, nous en bêlons d'émotion. Que c'est charmant, ces amours-là!

En réalité, Maria et Meneghini ne vont se marier qu'en 1949, à la veille du départ de Callas en tournée pour l'Argentine. Jusque-là, ensemble, ils iront d'hôtel en hôtel dans l'attendrissement général mais sous le regard courroucé de la famille Meneghini — la vieille mère! — pour qui la chanteuse gréco-américaine n'est qu'une théâtreuse. Elle qui, au fond, espérait bien que son cher Giovanni Battista ne se marierait jamais! Du côté des Callas-Kalogeropoulos, on ne manifeste d'ailleurs pas beaucoup plus d'enthousiasme : Meneghini pourrait être son père, à notre fille! — et on comprend mal cet engouement. On est jaloux, chez Madame Mère, de cet abandon. Mais, même si, a posteriori, on peut souvent juger sévèrement le rôle que jouera Meneghini dans la vie de Callas, il n'en reste pas moins que c'est lui, au départ, qui l'a faite ce qu'elle est devenue. Pour le meilleur et pour le pire. Peut-être que Meneghini a fait fortune avec la voix de Callas, mais, en bien des sens, il l'a modelée, il l'a fabriquée, cette voix. Il l'a déformée? Abîmée? Disons qu'à coups d'engagements, d'exigences, il a moulé le personnage qui allait habiter une voix. Et que ce personnage a fait sienne cette voix, avec ses défauts et ses brisures. Mais si magnifiquement, avec une telle insolence, qu'on ne peut aujourd'hui s'imaginer ce qu'elle aurait pu être d'autre, cette voix, cette femme, moins tendue à l'extrême par des rôles qu'elle n'aurait pas dû chanter.

Tout en continuant d'abord à s'occuper de ses affaires, mais de plus en plus loin, puis après avoir liquidé toutes ses entreprises pour n'avoir plus d'autre centre d'intérêt que Callas, Meneghini devient ainsi son agent, son manager, son répétiteur. C'est lui qui décide des rôles et qui signe les contrats. Maria ne discute pas. C'est lui — on le lui reprochera bien assez, après — qui fixe les cachets. « Pour entendre Callas, il faut payer! » : allégrement, Meneghini fait sonner le tiroir-caisse — « Cette année, le cachet de Maria a doublé » — et Karajan d'en sauter en l'air! Maria, elle, les yeux baissés, explique doucement que toutes ces sordides questions d'argent ne la concernent pas. « Voyez mon mari. » Tour à tour jovial, intrigant, maladroit, puis à la fin affolé, Meneghini se glisse, s'interpose, s'impose. Lui aussi, à sa manière, il est une sorte de Valzacchi selon Strauss et Hoffmansthal dans le *Rosenkavalier* : faire profit de tout.

Mais il y a autre chose. Chez le petit monsieur, et au-delà de l'intérêt, qui n'est pas discutable, il y a l'étonnement, la surprise de tous les instants : que cette femme soit à moi, qu'elle s'abandonne et me suive, moi qui ne suis que ce que je suis. dépasse l'entendement! Ainsi Meneghini exulte, et Meneghini aime. Le ver de terre amoureux d'une étoile : il est un peu ventripotent, le ver de terre, mais l'étoile file si haut au-dessus de lui que la voir consentir à l'attacher à son sillage, c'est déjà assez pour occuper toute une vie. D'ailleurs le rôle de mari — le prince consort, en somme, de cettte reine-là — n'est pas, devant tant de soumission de la part de l'épouse royale, bien difficile à tenir. Et puis, qui tient l'autre, et comment, dans cette alliance tellement contre nature qu'elle en deviendra naturelle? Et qui, de Pygmalion ou de Galatée, a davantage besoin de l'autre? J'ai dit que Maria baisse les yeux : entre son prénom et son nom, pendant dix ans, elle va afficher le patronyme de son mari, Meneghini. Callas, dont le nom a déjà changé deux fois, devient Maria *Meneghini*-Callas. Et lui, l'homme d'affaires de province promu premier ministre de la princesse jamais lointaine, il est bien la main de fer dans le gant de velours. C'est peut-être cela que nous, parce qu'il nous ressemble trop, nous ne lui pardonnerons jamais.

Mais dès son arrivée à Vérone, Maria Callas a rencontré un autre personnage qui, dans les années à venir, va jouer lui aussi un rôle

59

déterminant dans sa vie. Le monsieur très âgé qui, dans les arènes de Vérone, a remarqué : « Dès qu'elle a ouvert la bouche, j'ai reconnu une voix exceptionnelle. » Tullio Serafin. Le maestro Serafin. Avec lui, Callas va quand même avoir affaire à un homme d'une bien autre dimension. Vingt ans plus tard elle dira : « Deux chefs d'orchestre seulement au monde : Serafin et Giulini! ». Tant pis pour Karajan, Bernstein, de Sabata et tous ceux avec qui elle a aussi travaillé!

Serafin est né en 1878. Après avoir commencé une carrière de violoniste, il a dirigé à la Scala dès 1909 et, en 1913, il a inauguré le festival de Vérone. C'est d'abord et avant tout un chef d'orchestre d'opéra et sa carrière est liée aux plus grands noms de la scène lyrique. C'est lui qui a largement aidé les débuts de la plus grande chanteuse américaine des années vingt et trente, Rosa Ponselle, qu'on a déjà entrevue. Avec elle, il a repris des opéras alors presque oubliés et qu'on ne ressuscitera de nouveau que pour Callas : *Norma, la Gioconda, la Vestale* qu'a monté pour elle, d'abord et uniquement pour elle, le Metropolitan de New York... Qu'on s'en souvienne lorsqu'on comparera, comme on le fera si souvent, les carrières et les voix de Ponselle et Callas, les deux « prime donne assolute » du siècle. Mais Serafin a aussi travaillé avec Claudia Muzio, la créatrice d'une bonne vingtaine d'héroïnes de l'opéra post-vériste, et bien d'autres chanteuses devenues célèbres à ses côtés. Sa femme, Elena Rakowska, était en Italie, mais aussi à New York, un soprano wagnérien renommé. Et puis Serafin est enthousiaste, chaleureux, généreux. Il sent, il hume, il devine. Aussi, lorsqu'il entend pour la première fois Callas à Vérone et qu'il la dirige dans *la Gioconda,* c'est un autre coup de foudre. Celui du talent extrême pour le génie. Dès ce moment, la carrière de Callas — comme celle de Ponselle vingt ans auparavant — sera étayée par l'influence de Serafin, l'admiration qu'il lui porte et l'ambition qu'il a pour elle : Callas, pour Serafin, c'est Ponselle retrouvée. Et Serafin fera de Callas une nouvelle, une autre Ponselle. Une Ponselle différente : Serafin fera de Callas « la Callas ». « Serafin, commentera Callas, a été le premier grand maestro avec qui j'ai travaillé. Il a été mon guide. Il m'a connue avant mon mariage, et entre lui et moi il y a toujours eu des liens très forts. » Serafin, de son côté, disait à Callas : « Ta voix est un instrument que tu dois étudier pendant tes répétitions exactement comme un piano. Mais au moment de la représentation, oublie que tu as étudié : joue de ta voix et prends-y plaisir. Exprime ton âme à travers elle. » Et Callas, devant lui aussi, baissait les yeux et écoutait. Mais les leçons que lui donnait Tullio Serafin étaient d'une autre veine que celles de Meneghini...

Plus tard, en 1956, Callas se brouillera pour un temps avec le vieux maître. Elle lui reprochera — crime de lèse-majesté! — d'avoir dirigé Antonietta Stella, une fausse rivale. Mais la séparation ne durera pas vraiment et ce sont treize enregistrements réalisés pour E.M.I. qui nous laissent aujourd'hui dans l'oreille et dans le cœur la trace, la preuve et le témoignage vivant de cette admirable collaboration. Aussi, lorsque Serafin mourra en 1968 à l'âge de quatre-vingt-dix ans, c'est un véritable père que Callas va pleurer. Un père, un ami et, elle nous l'a dit elle-même, un guide.

Car, surtout dans cette première période de sa vie professionnelle, et jusque vers 1951-52, c'est Tullio Serafin tout autant que Meneghini qui sera responsable des choix que fera Callas et de ses nouveaux rôles. Et, dans sa joie d'avoir découvert une voix jeune et superbe, capable de se plier à toutes les sollicitations, de suivre un instinct bouleversant en même temps que les exigences de tous les rôles, Tullio Serafin poussera Callas à les chanter, tous ces rôles. Brünnhilde à vingt-cinq ans, et le lendemain l'Elvire des *Puritains :* c'est à ne pas y croire! Un tour de force, un éblouissement!

D'autres diront : un suicide.

C'est d'ailleurs là que le grand chef d'orchestre fou de sa diva peut lui aussi être considéré comme coupable : entre 1947 et 1951, si Callas n'avait pas suivi ses conseils, peut-être n'aurait-elle jamais été Callas. Mais peut-être aussi aurait-elle été plus longtemps *une autre* Callas. Car, en trois ou quatre ans, la Callas que nous connaissons a brûlé toutes les étapes. Elle a tout chanté et — nous le savons aujourd'hui — sa voix en a pris un rude coup. Mais qui s'est souvenu, pendant cette période, des avertissements de Elvira de Hidalgo? Son professeur lui avait dit de commencer par le bel canto et le répertoire coloratura : des rôles légers! qu'elle chante des rôles légers! Mais Callas chante les rôles les plus écrasants de soprano lyrique ou dramatique. Parce qu'elle en a envie, parce qu'on les lui propose, parce qu'on veut voir ce qu'elle pourra en faire. Et, en quelques mois, le destin de Callas se joue ainsi. Esclave de nos rêves, esclave des hommes qui l'ont aidée à se créer elle-même, elle nous paraît déjà meurtrie, déchirée, avant même que d'avoir été. Mais les deux fantômes du père, les deux ombres qui vont si profondément la marquer, ont fermement pris pied dans sa vie.

Si l'on prend un peu de recul et qu'on essaie aujourd'hui d'embrasser d'un seul coup d'œil toute la carrière de Callas, très vite, et étroitement liées aux développements de sa voix — on dira à ses « problèmes vocaux » —, on distingue trois étapes très nettement différenciées dans ses années de chant. Pour chacune de ces étapes les témoignages abondent, car plus que celle de toute autre artiste de ce siècle, la voix de Callas a été enregistrée. Bien sûr, elle a fait de nombreux disques « commerciaux » — la plupart pour E.M.I. — mais surtout il existe un nombre difficile à évaluer avec précision de disques — ou de bandes — « pirates » de Callas. C'est-à-dire que des amateurs inspirés — quand ce ne sont pas simplement les stations de radio qui diffusent ses opéras en direct — ont enregistré beaucoup de ses interprétations. C'est ainsi que nous connaissons par exemple au moins six ou sept *Tosca* et *Traviata* d'elle, autant de *Lucia*, quatre *Aïda.* Et chaque version nous la montre différente. Nous permet de suivre pas à pas, phrase à phrase, l'histoire d'une voix qui est la sienne. D'où les écoutes passionnées qu'on peut faire de ces disques, généralement hors commerce, mais qu'on peut se procurer avec un peu d'acharnement. Les fanatiques les connaissent bien, les adresses des disquaires spécialisés en disques pirates! Et, d'année en année, nous découvrons donc l'évolution de Callas.

Jusqu'en 1953-1954, elle chante à peu près tout. A peu près n'importe quoi. Tout ce qu'on lui demande et tout ce qu'elle s'offre. Le répertoire est vertigineux dans sa diversité. Les rôles les plus lourds : Turandot, Lady Macbeth, la Gioconda, l'Abigaïl de *Nabucco,* Isolde, Brünnhilde, Kundry de *Parsifal.* Elle aborde en vrac *Aïda* et le vérisme d'*André Chénier* et de *Fedora.* Elle triomphe dans le bel canto des *Puritains,* ou de l'*Armida* de Rossini. Elle se lance dans les rôles considérés, à tort ou à raison, comme les plus légers, telles la Gilda de *Rigoletto,* la Fiorilla du *Turc en Italie :* bref, Maria Callas, jusqu'en 1954, n'a pas un répertoire, mais trois répertoires, qui couvrent tout l'éventail de tous les registres de soprano. N'avonsnous d'ailleurs pas dit qu'elle a trois voix?

Et puis, d'un coup, à partir de 1953-1954 et à une ou deux exceptions près, elle abandonne *tous* les rôles que nous venons de citer. Plus jamais elle ne chantera Armide ni Aïda, ni surtout l'effarante Abigaïl. Plus de Brünnhilde, plus de Wagner : Maria

Callas ne peut simplement plus s'y aventurer. Longtemps, pourtant, longtemps après, elle parlera d'une Isolde retrouvée, d'une Isolde qu'elle voudrait redécouvrir et faire mourir de la plus extatique des morts, à Paris, à Milan ou à New York. Mais c'est là le domaine irréel du rêve, lorsque tout le reste est fini.

En revanche, pendant cette époque qui va durer à peu près jusqu'en 1958, Callas se concentre sur quatre ou cinq rôles qu'elle a rencontrés avant, mais souvent tard dans sa première période. Quatre ou cinq rôles et pas plus : Tosca, Traviata, Lucia, Norma et Médée. Dans le même temps, à l'occasion et dans un grand déploiement de travail, d'art et de publicité, elle aborde encore quelques personnages exceptionnels qu'elle recrée de l'intérieur, qu'elle redécouvre pour une série de représentations : *Anna Bolena,* de Donizetti, le *Pirate* de Bellini, *Iphigénie en Tauride* de Gluck. Mais ce sont des exceptions, longuement préparées.

Enfin, après 1959, la carrière de Callas prend la forme qui sera la sienne jusqu'à la fin. Des concerts, une création exceptionnelle pour une série de soirées : *Poliuto* de Donizetti, mais plus de *Lucia,* ni de *Traviata :* « Addio del passato... ». Le passé protéiforme disparaît à jamais : trois rôles et trois rôles seulement vont rester, qui feront d'elle une manière de statue murée vivante dans son chant : Médée, Norma, Tosca. Cherubini, Bellini, Puccini, le bel canto des origines, parfaitement possédé; celui de la grande époque, servi par une musicalité hors pair; le vérisme enfin de Puccini, que porte de bout en bout un sens dramatique jamais vu ailleurs. Quant à la voix, elle a ses hauts et ses bas. Un soir, c'est à s'agenouiller devant elle, un autre soir (*Médée* à Milan en 1962, sa dernière *Médée*) on s'éclipse sur la pointe des pieds. Triste à en pleurer. Mais Elisabeth Schwarzkopf, pendant quinze ans, en a-t-elle chanté plus à la scène? La comtesse des *Noces de Figaro,* la maréchale du *Chevalier à la rose* et la comtesse Madeleine du *Capriccio* de Strauss, Mozart encore avec *Cosi fan tutte* et Fiordiligi. Avec une parfaite égalité et un bonheur constant, pourtant, alors qu'avec Callas la voix devient une aventure.

Cette évolution, cette triple cadence dans la vie et la voix de Maria Callas, elle existait déjà, latente, dans cette rencontre à Vérone, un soir d'été 1947, d'une femme à la voix sublime et fragile et de deux hommes qui allaient faire vivre et cette femme et cette voix.

2

La vie dès lors, et l'amour d'une voix... Dès la fin de 1947, et avec une boulimie sans égale de rôles et de succès, Maria Callas va s'envoler, toutes voiles déployées, vers la plus stupéfiante des aventures vocales du siècle. En quatre ans, à partir de 1948, elle jouera cent soixante-treize fois dix-huit personnages différents. Dix-huit femmes qui toutes, dans la grande tradition du plus grand opéra, aimeront à en mourir ou tueront d'amour.

Car l'histoire de l'opéra italien n'est au fond que l'histoire de quelques femmes. Toujours les mêmes — et cela depuis les origines de notre opéra italien : celui qui ne commence vraiment qu'avec Rossini, Bellini, Donizetti. Jusque-là, les moules dans lesquels on coulait les livrets étaient différents : l'antiquité pour *l'opera seria,* la comédie napolitaine ou vénitienne pour *l'opera buffa,* étaient les deux sources d'inspiration. Et bien sûr dans l'antiquité et dans les opéras qui s'en inspirent, on en a, de beaux personnages de femmes! Qu'on parcoure seulement la liste des opéras composés au XVIIe et au XVIIIe siècles autour du personnage d'Iphigénie ou celui d'Ariane! Plus de 45 Iphigénie en 160 ans et près d'une vingtaine d'Ariane! De même, les mutines, les futées et autres Zerbinette venues tout droit de Goldoni et de ses contemporains sont légion, et la Rosine du *Barbier de Séville* de Paisiello — le premier *Barbier* — avait déjà un bel abattage!

Mais avec le tournant du siècle, avec Donizetti et Bellini surtout, tout change. Le drame romantique et le roman gothique font une entrée fracassante sur les scènes lyriques, Walter Scott, infortunés Stuarts et vierges gauloises confondus. A des intrigues classiques issues des stéréotypes de structure complexe dont l'héroïne principale n'est qu'un élément — Iphigénie chez les Atrides, Zerbinette dans la commedia dell'arte — succède une nouvelle vision de la femme autour de laquelle évolue toute l'action. D'où ces personnages de femmes qu'on a pu dire nocturnes, venues de la nuit des temps et de nos rêves et qui, toutes, sont à la fin victimes de nos propres fantasmes : Norma, Lucia di Lammermoor, la Somnambule, l'Elvire des *Puritains.* D'où ces longues cantilènes aériennes qui débouchent toujours sur la folie, quand bien même cette folie ne s'exprimerait pas selon les données cliniques qui la caractérisent expressément.

Après le siècle qui progresse, la Violetta de *Traviata,* Mimi, Tosca, la Santuzza de *Cavalleria Rusticana* vont se superposer aux héroïnes de Bellini, mais elles seront toutes marquées du même signe, qui est celui des victimes. Car c'est là que l'héroïne de l'âge d'or de l'opéra italien se distingue de toutes les autres héroïnes de notre héritage culturel : pour répondre à une sensibilité précise, ces femmes que nous voyons chanter devant nous sont *toutes* des victimes. Victimes accablées — Lucia, Traviata — ou victimes vengeresses : Turandot, Tosca. Mais qu'elles lèvent le fer ou se contentent d'offrir leur gorge, ce sont les mêmes femmes. La tigresse et l'immolée peut-être, mais avant tout l'amante victime de son amour. Et qui en périra. La jalousie au centre avec, autour — et occupés à regarder, commenter, exiger, faiblir ou tuer — les hommes que nous sommes. Les Serafin, les Meneghini, le public.

Elle est bien différente de cette femme-là, l'héroïne de l'opéra allemand ! Epouse ou mère, vierge, rédemptrice même si pécheresse, sœur enfin — Sieglinde, dans *la Walkyrie,* les résume toutes — elle est enveloppée d'une aura irréelle, quasi mystique, quand notre soprano italien est toute chair, toutes larmes. Elizabeth de *Tannhäuser,* Agathe du *Freischutz,* sont d'abord et avant tout des bourgeoises — des petites bourgeoises bavaroises ou viennoises ! Et quand bien même Violetta serait aussi une bourgeoise, elle est d'abord femme marquée. Comme Elvira, Tosca, ou toutes les héroïnes de Puccini. Et c'est cette chair pantelante et blessée que chaque fois, de rôle en rôle, Callas va nous faire entrevoir. Jusqu'à ce qu'elle s'identifie pour nous — vie privée et rôles inextricablement mêlés — aux espoirs les plus fous et aux déceptions les plus cruelles des femmes qu'ainsi, au sens le plus précis du mot, elle *incarne.* Allant toujours plus loin pour que, d'œuvre en œuvre — jusqu'à la fin, jusqu'au silence —, l'identification soit plus complète, plus irréversible.

Les quatre années qui vont venir seront ainsi une orgie, une débauche, de ces amours-là. Une soif insatiable de rôles nouveaux. Et cette période, où l'étoile naissante deviendra lentement une figure de légende, s'achèvera par ses débuts officiels à la Scala le 7 décembre 1951.

Pourtant, immédiatement passé le succès appréciable de *la Gioconda* de Vérone, Maria Callas, dont la destinée est désormais entre les mains de Giovanni Battista Meneghini, commence par rester quelques semaines inactive. Comme si cette *Gioconda* n'avait rien déclenché...

En réalité, la presse de l'époque a certes salué la nouvelle artiste, mais c'est bien certainement Serafin lui-même qui a surtout été le héros de la fête. Serafin qui, dès la nuit retombée sur les arènes de Vérone après un *Faust* où Renata Tebaldi — dont le chemin croise ainsi pour la première fois celui de Callas — chante Marguerite, s'emploie pourtant activement à placer sa protégée. Mais rien ne semble venir. On parle vaguement — quel miracle ? — d'un *Bal masqué* à Milan, et puis on n'en parle plus. Maria Callas n'a pas encore la stature nécessaire à la Scala. Mais Serafin ne s'estime pas battu et continue à manœuvrer en coulisse pour l'imposer. Il parle d'elle dans les théâtres où il dirige, il vante sa découverte, la présente un peu comme « sa » chanteuse à lui. N'oublions pas : renouveler le miracle Ponselle... Et ce sera Noël à Venise. Comme dans une chanson. Après Vérone, une autre fête. Et un pas essentiel de franchi vers le succès. *Tristan et Isolde* puis *Turandot*. Wagner et Puccini.

Nous connaissons une « Mort d'Isolde » enregistrée par Callas en 1951 sur le premier disque *Cetra* qu'on a pu trouver dans le commerce. C'est devenu un classique, l'une de ces bibles où nous avons déchiffré nos passions. Le timbre de Callas y est clair — plus clair que chez nos Isoldes habituelles — et uniformément régulier, sans aucune de ces cassures qui font tressaillir chez elle les puristes. Avec une sensualité inhabituelle, qu'on aurait trop vite fait de dire seulement italienne simplement parce que l'air y est enregistré en italien. L'orchestre, dirigé sans nuances par Arturo Basile, soutient mal l'intensité chaleureuse de la voix qui s'envole par moments, comme parfaitement désincarnée.

Il est vraisemblable que ce que Callas a fait à Venise du rôle d'Isolde doit ressembler à cette plage de disque : une Isolde touchante et fragile qu'anime une passion frémissante et, dès le début, mortelle. Aux côtés d'un Tristan sans éclat, mais de deux chanteurs qu'on retrouvera par la suite si souvent à ses côtés — Fedora Barbieri qui chante Brangaene, la suivante d'Isolde, et Boris Christoff, le roi Mark — Callas remporte le 30 décembre, puis trois fois encore en janvier 1948, un succès cette fois considérable. Ce succès, elle le renouvellera au mois de mai suivant à Gênes, avec, cette fois, le cher Rossi-Lemeni dans le rôle de Mark. Cinq soirs encore, en 1950, mais à Rome, Callas chantera *Tristan,* puis ce sera fini. Dans ce rôle qui tranche tellement avec tout ce que nous savons d'elle, il n'y a donc pour nous la raconter qu'un extrait des vieux disques *Cetra...*

Mais la saison 1947-1948 à Venise n'est pas finie pour autant, et à peine Callas a-t-elle replié les voiles d'Isolde qu'elle coiffe le diadème de Turandot.

On a déjà parlé de l'opéra de Puccini, que la troupe de Scotto et Bagarozy avait failli monter en janvier 1947 à Chicago. Tiré d'une pièce de Gozzi, elle-même issue d'une légende des *Mille et une nuits,* le livret d'Adami et Simoni raconte l'histoire d'une princesse chinoise, la somptueuse et cruelle Turandot, qui ne donnera sa main — et son royaume! — qu'au prince qui répondra à trois énigmes qu'elle lui posera. Et qui ne sait répondre en a la tête coupée. Mort et sang, chinoiserie superbement réinventée, la musique de Puccini atteint là une beauté formelle et une complexité d'une incroyable modernité. Et cette fois, nous trouvons un rôle qui ressemble vraiment à la Callas que nous apprendrons à connaître. La figure altière et terrible de l'impératrice transformée en femme par l'amour mais qui, sur son passage, écrase la touchante, l'innocente esclave Liu, amoureuse de l'homme qui conquiert Turandot, est l'une des plus violentes du répertoire italien. La plus dure, en tout cas, de toutes celles qu'a dessinées Puccini, en même temps que la plus difficile et la plus périlleuse sur le plan vocal. L'extraordinaire déclamation de la scène des énigmes au deuxième acte, avec, juste avant, le terrible avertissement de la princesse : « *In questa Reggia...* » et ses moments d'ineffable douceur que coupent des vociférations surhumaines, sont capables de briser les voix les plus solides. L'opéra avait été créé à Milan en 1926 par Rosa Taisa, sous la direction de Toscanini, mais c'est Tullio Serafin, précisément, qui l'avait joué pour la première fois à New York avec Maria Jeritza, artiste elle aussi protéiforme, et créatrice de l'*Ariane à Naxos,* de Strauss, et de sa *Femme sans ombre.*

Callas, elle, et en l'espace de quelques mois, entre 1948 et 1949, va chanter vingt-quatre fois le rôle. Mais elle a rencontré à Venise un tel succès que c'est l'Italie tout entière qui va vouloir l'y entendre : Udine, Rome, Vérone, Gênes et Naples. En 1949, elle chante encore quatre fois Turandot à Buenos Aires, puis, comme Isolde, elle abandonne le personnage. A Venise, pourtant, ce n'était pas Serafin qui la dirigeait, mais un chef également intéressant mais moins brillant, Nino Sanzogno. Heureusement Serafin était avec elle lorsqu'elle a enregistré *Turandot,* dix ans plus tard, pour la marque E.M.I. Et le résultat est stupéfiant, même si on devine que les moyens, encore formidablement déployés, ne sont plus ce qu'ils étaient lors des représentations de la Fenice. On imagine que la Turandot de 1949 était plus agressive encore, plus sombre, moins douce malgré la menace qui transparaît dans la voix, jusque dans les moments de suprême abandon. Chanter plus longtemps *Tristan* ou *Turandot* aurait cependant été suicidaire. Dès les premières représentations de Venise, Louise Caselotti, qui est venue de New York, a mis Callas en garde. Et si Callas s'est fâchée et a renvoyé Caselotti-Cassandre à son mari — cette brouille allait avoir des conséquences ubuesques! — elle n'en a pas moins retenu la leçon : « Je dois me consacrer au bel canto », remarque-t-elle, bien décidée pourtant à n'en rien faire!

Après Venise, c'est l'avalanche des propositions. *Turandot,* donc repris aux Thermes de Caracalla, à Rome, puis à Vérone, où chaque fois la voix se déploie avec une hardiesse bouleversante. Ensuite deux Verdi : *Aïda* à Rovigo — cette Aïda qu'elle voulait tellement chanter à New York! Et auparavant, *la Force du Destin* à Trieste.

Mais pour nous, et en dépit de la constance avec laquelle Callas a chanté *Aïda* de 1948 à 1953, et malgré les quelque trois ou quatre enregistrements complets — dont un coffret « commercial » dirigé par Serafin — qui nous permettent d'apprécier ce qu'elle faisait du rôle, Callas n'a jamais vraiment été une Aïda. Elle met trop de flamme, trop de véhémence, à la limite trop d'intelligence dans ce qui ne doit être qu'une plainte sans vraie passion. Mais peut-être qu'au fond, Aïda n'est pas un rôle! Avec un impossible mi bémol à la fin de la scène du triomphe, elle n'en soulèvera pas moins les enthousiasmes en Europe et au Mexique. Nous la voyons pourtant mal, face à la redoutable Amnéris, jouer les esclaves malheureuses. Et il n'y a guère que dans la scène finale, lorsque avec Radamès, son amant condamné pour elle, elle va mourir murée vivante au sein d'une chambre de pierre, que son dernier chant : « *O terra addio, addio valle di pianti* » — nous touche soudain et que, sans discuter plus avant ce qu'elle fait de ce non-rôle, nous devinons les pierres une à une qui glissent et la chambre de granit qui se referme sur elle. C'est bien Callas, dès lors, emmurée vivante dans sa légende — « O terre adieu, vallée de larmes... ».

Sa Léonore, en revanche, dans *la Force du Destin,* est une femme éperdue, marquée par la fatalité, qui aurait mérité de nous rester par autre chose que son enregistrement commercial de 1954, avec un Richard Tucker à bout de forces et un Rossi-Lemeni en piètre forme. Nul livret de Verdi ne représente un plus somptueux mélo. Comme *le Trouvère,* c'est un drame espagnol de revanche et d'amour éperdu. Alvaro, voulant enlever la femme qu'il aime, en tue accidentellement le père. Dès lors le frère de Léonore, Carlo, recherche l'assassin dans l'Europe entière déchirée par les guerres. Sans savoir qui ils sont, Carlo et Alvaro vont combattre côte à côte, se lier d'amitié pour mieux s'affronter à la fin de l'histoire. La prière de Léonore recluse, ermite, égarée, au dernier acte, « *Pace, pace, mio Dio* », est un grand moment de chant pur et pourtant haletant. Il y a peut-être d'autres Léonores plus sensuelles ou, au contraire, plus religieuses, aucune n'est, comme Callas, tandis que son frère et son amant vont s'entre-tuer, plus déchirée.

Mais les rôles se succèdent à une cadence vertigineuse et, en novembre 1948, Callas chante pour la première fois *Norma* au Théâtre communal de Florence. Fedora Barbieri est Adalgise et Serafin, l'éternel Serafin, la dirige, réalisant ainsi pour la deuxième fois son rêve : après Gioconda, rôle mascotte de Rosa Ponselle, Callas chante la druidesse de Bellini, que la grande chanteuse américaine avait déjà marquée de son empreinte. On dira plus tard un peu à la légère qu'on a ressuscité le rôle pour Callas. En fait, il n'était pas mort depuis bien longtemps puisque, par le disque, l'interprétation de Ponselle était encore présente à toutes les oreilles.

Mais *Norma,* pour nous tous, c'est beaucoup plus que toutes les *Force du Destin* et toutes les *Aïda* ou *Trouvère,* lorsque nous nous souvenons de Callas. C'est aussi le chef-d'œuvre de Bellini, qui l'a composé en 1831, à moins de trente ans! On pourrait parler à l'infini de *Norma,* dont l'air le plus célèbre, le limpide, mouvant, fluide « *Casta diva* » — « Chaste déesse » — aurait influencé l'atmosphère même des *Nocturnes* de Chopin. Tout y glisse, tout y ondoie, dans une richesse mélodique et orchestrale inégalée dans l'opéra de la première moitié du XIXᵉ siècle. L'histoire même en est d'une simplicité exemplaire. La druidesse Norma aime un « soldat d'occupation » romain — Pollione — dans la Gaule ancienne. Elle a eu deux enfants de lui et garde cet amour — coupable selon sa religion — secret. Lorsqu'elle découvre que Pollione aime désormais Adalgise, sa sœur, elle pense d'abord à se venger, voire à tuer ses enfants; mais elle décide au contraire de se sacrifier, et Norma se laissera immoler à la place d'Adalgise. A la dernière seconde, Pollione la rejoindra sur le bûcher.

Mais *Norma,* c'est aussi beaucoup plus qu'une histoire d'amour, beaucoup plus même qu'une musique pourtant divine. C'est, on l'a dit, l'un des cinq grands rôles de Callas. L'un de ces cinq rôles qui la marquèrent tout au long de sa carrière — et après : Dieu sait combien après aussi! — autant qu'elle les marquera elle-même. L'avant-dernier opéra qu'elle chantera sur une scène; avant la dernière *Tosca* de Covent Garden en 1965, ce sera *Norma* et à Paris. Venue de la nuit des temps — une nuit bleutée, sereine, givrée aux couleurs pâles du gui que la déesse tranchera de sa serpe d'argent — la voix de Callas dans *Norma* y est aérienne, flottante. De la douceur de l'amour au sacrifice de l'amour, Norma est le type même de la femme selon l'opéra italien. Après *Tosca,* la tigresse jalouse mais si sublimement amoureuse, c'est cette fois l'amour brisé qui offrira sa gorge à notre épée, bourreaux que nous sommes d'elles toutes...

Outre le rôle de Norma, celui d'Adalgise, sa sœur, est un des plus beaux du répertoire italien. Un grand rôle de mezzo coloratura et dramatique dans lequel se sont illustrées les plus célèbres chanteuses du XIXe siècle. Lors de la création, à la Scala, c'était la Pasta et Giulia Grisi qui chantaient respectivement Norma et Adalgise, mais très souvent, par la suite, elles intervertirent leurs rôles, puisque à cette époque les caractéristiques des voix n'étaient pas aussi figées qu'aujourd'hui. A la fin du XIXe siècle, l'une des dernières grandes Norma avait été Lilli Lehmann — mais la plus célèbre des temps modernes était bien, jusqu'à Callas, Rosa Ponselle. Ponselle avait repris le rôle en 1927, avec Giacomo Lauri-Volpi et Ezio Pinza, deux des plus grands noms de l'art lyrique que l'enregistrement électrique à ses débuts nous a fait connaître. Pinza, ou Don Juan plus sûr de lui que nature!

On s'est plu à comparer Callas et Ponselle dans le rôle de Norma. Et si la beauté intrinsèque de la voix de Ponselle est évidente, si sa « *Casta diva* » ne ressemble donc à aucune autre tant par l'aisance déployée que par la clarté et la constante beauté du timbre, si la cabalette qui suit est d'une légèreté inouïe en même temps que d'une infinie noblesse — oui : une cabalette noble! — Callas pourtant a une couleur, une humanité, un lyrisme — et un amour — qu'on ne trouve nulle part ailleurs. Certes, nous avons d'autres exemples que Ponselle : Adelina Patti, Marcella Sembrich, dont le témoignage

70

dans la cire nous est resté; ou, plus près de nous, Sutherland et Caballé; mais Rosa Ponselle était la plus grande, et Callas nous touche plus que Ponselle. Aussi cette *Norma* qu'on entend pour la première fois à Florence à la fin de 1948 est-elle l'une des dates essentielles de la vie de Callas : c'est peut-être sur elle que reposera tout ce qui va suivre. Et, d'une année sur l'autre, jusqu'en 1965, soit quatre-vingt-huit fois en dix-huit ans, elle nous en laissera une preuve évidente. C'est à peine si le disque (elle a enregistré commercialement deux fois *Norma* : en 1954, avec Serafin, Mario Filipeschi et Ebe Stignani; puis en 1960, de nouveau avec Serafin, mais cette fois Christa Ludwig est une Adalgise, bouleversante mais contestable, et Franco Corelli est un bien meilleur Pollione) est un peu moins vivant que l'enregistrement pris sur le vif (Mexico 1950 et 1952, Rome et Milan 1955, Paris en 1965), tant Callas a mis au point un personnage et a catalysé une densité d'émotions que, de représentation en représentation, elle peut soulever de passion et agiter avec la même aisance.

Ecouter les *Norma* de Callas, plus peut-être que ses *Lucia* ou que ses *Tosca,* pourtant plus spectaculaires, c'est découvrir le moment précis, l'instant unique où le beau chant véritable rencontre l'émotion la plus bouleversante « *I figli uccido!* » dit-elle en levant un poignard sur ses enfants : il y a un tremblement dans la voix qui, sans que jamais pourtant la musicalité ne faiblisse, est le signe le plus évident du génie.

Le génie de Callas! Les années 1948 et 1949 en débordent, parce qu'on le sent là, vivant, qui ne demande qu'à s'épanouir. Toujours dans le sillage de Serafin, 1948 va donc s'achever à Venise en une apothéose. Et en tour de force. L'artiste sur la corde raide : funambule parvenue au-delà de la témérité, Callas, les yeux grands ouverts, joue sans filet avec sa voix.

L'anecdote est de celles qui ont le plus contribué à asseoir sa réputation de chanteuse intrépide. Tullio Serafin l'avait retenue, depuis longtemps déjà, pour chanter *la Walkyrie.* L'opéra de Wagner, avec les formidables « *Ho-jo-to Ho!* » de la vierge guerrière, mais aussi ses longues déclamations, ses énormes phrases lyriques lancées avec un maximum de puissance? Mais c'était une folie! Et elle l'a pourtant chanté six fois. Avec une distribution italienne totalement inintéressante, mais elle a longuement travaillé le rôle et s'estime satisfaite. C'était une folie dont elle ne retirera d'autre gloire que la prouesse qu'elle accomplira dans le même

71

temps. Car à peine a-t-elle commencé à chanter ses Brünnhilde, que Tullio Serafin lui demande de remplacer au pied levé Margherita Carosio, qui devait incarner l'Elvira des *Puritains* et qui est tombée malade. Margherita Carosio, qui a chanté l'œuvre dès 1942, jeune encore, est déjà un soprano très connu. La remplacer est un défi. On est à six jours de la première, et aucune doublure, aucune remplaçante ne peut se trouver en un délai si court. D'ailleurs, qui connaît la musique des *Puritains,* elle-même à peu près oubliée depuis plusieurs années? Bien sûr, il y a eu quelques reprises notables, et une chanteuse comme Caspir s'y est illustrée en 1933, et Tetrazzini avant elle, en 1909 — mais en ces années de dégradation du chant italien, peu de sopranos possèdent *les Puritains* dans leur répertoire. D'ailleurs, de cette histoire échevelée de folie, d'amour qui se croit trahi et de raison retrouvée dans le meilleur des mondes possibles, Stuart et partisans de Cromwell réconciliés dans une bien hasardeuse Angleterre du temps des guerres de religion, c'est bien souvent le rôle du ténor — créé en 1835 par le grand Rubini, qui est le plus marquant. Remplacer Carosio dans ces conditions? Une impossibilité matérielle absolue. Maria, qu'on a tirée de sa chambre d'hôtel pour voir si elle pourra sauver les soirées prévues, chante pourtant, à tout hasard devant Serafin et ses amis réunis à la hâte. un air de l'opéra de Bellini, « *Qui la voce* », le seul air, en fait, qu'elle en connaisse; elle l'a appris grâce à Elvira de Hidalgo lors de sa jeunesse athénienne. Elle le chante « pour voir » : sait-on jamais? On l'a surprise au saut du lit, ou presque, mais elle s'est exécutée, sans l'ombre d'une hésitation. Quand elle a fini, tout le monde, autour d'elle, se regarde : elle a été superbe. « Il n'y a plus qu'à apprendre le rôle entier pour le 19 janvier », conclut Tullio Serafin, transporté! La voix de Callas était celle-là même de la plus idéale des Elvira!

Il reste encore deux *Walkyrie* à chanter les 14 et 16 janvier. Le séjour à Venise a commencé par une folie, il tourne à la démence. Mais Callas accepte sans sourciller la gageure et, passant sans prendre un instant de repos des appels de Brünnhilde, sur scène, aux trilles et aux roulades d'Elvira, en salle de répétition, elle obtient un triomphe. Il faut remonter à Lilli Lehmann — que quelques très vieux enregistrements font à peine sortir d'un brouillard mythique, avec 170 rôles derrière elle en une carrière de plus de cinquante ans — pour trouver un soprano, au tournant du siècle, capable de chanter un soir une œuvre du répertoire bel canto, le lendemain

Wagner. C'est-à-dire forcer sa voix dans deux moules différents, aux tonalités et aux intentions diamétralement opposées. Mais Callas le fait, et avec une facilité déconcertante. De la plus haute coloratura au récit dramatique le plus largement étendu. Comme Lilli Lehmann, Callas est en train de devenir un mythe.

D'abord, il fallait apprendre le rôle : Maria Callas a été pour cela à bonne école avec Hidalgo. On n'a pas oublié comment elle dévorait — « l'éponge » qui absorbait tout, même le bel canto le plus résistant! — une partition en une nuit. Conscience, intelligence, méthode : c'est une artiste complète, équipée de tous les moyens nécessaires à son art; et, en six jours, elle connaît entièrement la musique de Bellini.

Quant à ce qu'elle en fera... Pour tous les chanteurs modernes qui s'attaquent au bel canto, la manière dont Callas a travaillé et façonné le personnage d'Elvire constitue une extraordinaire leçon. C'est un modèle de conception moderne du chant le plus figé dans un classicisme déjà hors de propos en son temps. Par Callas, les vocalises chromatiques les plus difficiles de Bellini retrouvent une valeur musicale qu'on leur avait oubliée et qui dépasse, et de loin, leur virtuosité. Sans jamais renoncer aux règles élémentaires du legato parfait tel que toutes les grandes interprètes de Bellini au début du siècle dernier — les Pasta, les Grisi, autant de noms qui sont en eux-mêmes une légende dans le lieu clos des amateurs de bel canto — l'avaient perfectionné et mis au point, elle y insuffle une vitalité, une vibrance qui sont tout l'acquis d'un chant nouveau enfin sorti de l'ornière de l'après-vérisme. Pour la première fois, c'est une tragédienne qui chante du Bellini, mettant dans le flot ininterrompu de musique aérienne, presque rêvée, juste ce qu'il faut de soupir pour transformer la prouesse technique en appel venu du cœur, en moment de doute issu du plus profond des entrailles et qui nous serre, à nous, la gorge. Les dernières phrases à la fin de son « *Qui la voce* »..., au deuxième acte, les quelques mots : « *Vieni a nozze. Egli piange...* » puis la cabalette, tout entière : « *Vien diletto* », constituent, par leur tendresse, puis par leur entrain désespéré, un feu d'artifice d'une densité émotionnelle pourtant sans égale.

Qu'on ne nous parle pas de Joan Sutherland, ou de n'importe qui, après l'Elvira de Callas... Joan Sutherland chante — ou a chanté — divinement, mais elle ne fait que chanter!

Le résultat de la démonstration de Callas à la Fenice a été un

73

triomphe. On a discuté de ces *Puritains* dans l'Italie entière, en Europe, en Amérique; cette fois tous les directeurs d'opéra du monde savaient qu'une nouvelle étoile était née. Quant à Callas, elle allait porter à Bellini une dévotion jamais remise en question. Et, quant à nous, il y a l'enregistrement pirate de Mexico City, en 1952, et celui réalisé l'année suivante par Serafin pour E.M.I. à la Scala, pour nous permettre de l'écouter et de la réécouter : Elvira des *Puritains,* ou la folie tendre et sublime. Même la folie de Lucia di Lammermoor ne nous touchera pas à ce point.

3

Poursuivre le récit de la vie de Maria Callas, dans ces années-là, c'est d'abord continuer à accumuler les rôles et à rendre compte de cette fringale de musique nouvelle et de personnages qui est sa façon à elle, désormais, de vivre.

Après *les Puritains,* l'année 1949 sera marquée par *Parsifal* à Rome en février, puis par l'extraordinaire Abigaïl de *Nabucco* au théâtre San Carlo de Naples en décembre. En outre, et entre les deux, d'avril à juin, il y aura la première tournée internationale : Maria Callas, avec Serafin, Mario del Monaco, Fedora Barbieri et Nicola Rossi-Lemeni, chante au théâtre Colon de Buenos Aires.

La pécheresse repentante, celle — la seule — par qui la grâce et la guérison peuvent arriver, la déchirante Kundry de *Parsifal,* sera la dernière interprétation wagnérienne de Callas. Après cela, et après les cinq *Tristan* de Rome l'année suivante, elle renoncera à jamais à Wagner. Quel que soit l'intérêt historique, anecdotique, vocal même — sur le plan de l'inattendu — des disques qui ont été pressés à partir des bandes du *Parsifal* de Rome, il faut bien reconnaître que Maria Callas n'est pas une héroïne de Wagner. Sa mort d'Isolde nous a touchés, sa Kundry, aux nuances inattendues, trop dramatiques en tout cas, nous surprend surtout, ou amène sur nos lèvres une forme de sourire : ainsi Callas chantait *aussi* Wagner? Oui, mais c'était quand elle ne reculait devant rien et ne refusait rien. Pourtant, qu'elle ait fait ses débuts à l'Opéra de Rome avec *Parsifal,*

74

cet opéra de Rome qu'elle devait quitter dix ans plus tard d'une manière si fracassante, est l'une de ces miraculeuses absurdités qui sont elles aussi sa carrière. Son Abigaïl, en revanche, est l'une de ses incarnations les plus saisissantes. L'opéra, dont le librettiste Solera, auteur de presque tous les opéras « patriotiques » du maître, a fait une sorte de chant de liberté, est l'un des plus intéressants de Verdi « première manière » par l'affrontement et la surenchère dans la cruauté et la folie d'un soprano et d'un baryton : Abigaïl, la princesse terrifiante, ivre de guerre et de mort, et son père, Nabucco, Nabuchodonosor, le roi déchu. Le rôle terrible d'Abigaïl, crée par Giuseppina Strepponi, qui devait épouser Verdi en 1859, traîne derrière lui une légende de voix qui s'y seraient brisées. Mais si Turandot, princesse également cruelle, est une héroïne toute refermée sur elle-même, — le mal, certes, mais mal venu d'ailleurs, de Chine et des profondeurs d'un traumatisme personnel — Abigaïl est au contraire un personnage politique, entièrement tourné sur l'extérieur qu'elle veut dominer. L'amour est bien présent, ressort de l'action immédiate et de la jalousie : jalousie d'Abigaïl pour sa fausse sœur Fenena qui lui a volé l'homme qu'elle aime — mais l'amour n'est qu'un prétexte. Abigaïl veut dominer le monde et les Juifs réduits en esclavage. D'où, en face d'elle et contre elle, la foule de Juifs opprimés dont le chant sera pendant toute la deuxième moitié du XIXe siècle synonyme de liberté en Italie, avec le célèbre chœur « *Va pensiero...* ». Cette musique qu'on chantait en sourdine ou qu'on clamait à pleine voix contre les occupants autrichiens à l'époque où le seul nom de Verdi signifiait aussi Victor-Emmanuel, roi d'Italie.

Tout de suite, Maria Callas a compris et assumé le personnage d'Abigaïl. Et dans les disques pirates de 1949 aujourd'hui diffusés commercialement — l'un de ces trésors qu'il y a si peu de temps encore, nous convoitions, recherchions, écoutions et repiquions sur cassettes, pour nous garder un « peu plus » de Callas! —, le contraste entre son arrivée au premier acte en face des deux amants qui la bernent — querelle privée — et sa méditation *politique* du deuxième acte est étourdissant. Dans son cri de rage : « *Qual Dio vi salva?* » — « Quel Dieu vous sauvera? » — suivi de la terrible menace, susurrée dans une manière de cri très longtemps soutenu : « *Talamo la tomba a voi sara* » — « Votre tombe sera votre lit nuptial! » — il y a un élan de jalousie irrépressible et diabolique qui s'achève en un vrai rugissement, mais le rugissement d'une

75

femme blessée dans son orgueil de femme et d'amoureuse. Alors qu'au deuxième acte, quand elle lance son appel : « Emplis-moi tout entière de toi, ô colère fatale », avec un hurlement pourtant aussi terrible, ce qu'on entend, au-delà des mots et de la fureur, c'est le souffle latent d'une prophétesse qui annonce, et pour elle seule, la prise du pouvoir. L'intimisme échevelé du premier acte — Abigaïl face au couple qui l'a trompée — fait place à une déclaration de guerre où les cris et le chant qui les soutiennent (dans l'intimité cependant d'une chambre close) dépassent le palais de Babylone et prennent une portée universelle. Amante trompée, Callas devient visionnaire par la vertu de sa seule façon de moduler sa jalousie. Et l'extraordinaire montée au septième ciel de la rage, palier par palier, dans l'un des plus beaux cris jamais poussés sur une scène, son « *O fatal sollegno* — Ô colère fatale » est à la fois la démonstration fulgurante d'une technique jamais égalée, en même temps que la preuve que Callas à vingt-six ans possédait déjà ce don inné du théâtre et de l'appropriation d'un rôle sur lequel, quinze ans plus tard — et, diront les détracteurs, n'ayant plus que cela pour chanter — elle devait fonder son art.

Pour nous, qui entrons dans ces sonorités foudroyantes, montées de la masse confuse d'une palette orchestrale voilée par la mauvaise prise de son, qui les percevons comme surgissant de l'ombre et des craquements du temps, ce *Nabucco* de Naples 1949, le plus ancien témoignage intégral de l'art de Callas qui nous soit parvenu (avec le grand Gino Becchi, baryton de la belle époque vériste, dans le rôle de Nabucco, et Vittorio Gui, le chef italien bien-aimé des Anglais, au pupitre), est plus qu'un document irremplaçable, c'est un moment suprême de la vie du chant mondial.

Neuf ans plus tard, Callas enregistrera en studio les mêmes airs d'Abigaïl, et nous pourrons les écouter à loisir, plus colorés encore, avec une sensualité, une attention à la musique peut-être plus profonde — et pourtant les disques de 1949 sont d'une énergie inventive et dramatique qui ne ressemble à rien d'autre. Mais jamais Callas, après ces représentations de Naples, ne chantera de nouveau le rôle d'Abigaïl sur une scène. Plus encore que celui de Turandot, c'était un rôle à casser à jamais une voix fragile.

Car Callas est *fragile*. Sa santé, sa voix, son personnage. De la fragilité de la voix, on a déjà parlé ; sur celle du personnage, on s'étendra largement lorsque des crises personnelles la secoueront durement ; de sa santé, il importe maintenant de dire quelques mots.

UNE ÉTOILE EST NÉE

Depuis son plus jeune âge, Maria Callas a été de santé délicate. Il est bien évident que cette véritable obésité, qui l'afflige encore lorsqu'elle est Kundry à Rome ou Abigaïl à Naples, a des origines glandulaires. A New York comme à Athènes, lorsqu'elle vivait chez sa mère, Callas ou Kalogeropoulos, la petite Maria avait sans cesse des fatigues, des vertiges. Très vite, lorsqu'elle deviendra une jeune fille, puis une femme, on fera état de sa tension souvent faible et, plus tard, de chutes de tension réellement inquiétantes. On se rendra compte aussi qu'elle est facilement sujette à des infections de toutes sortes, et les terribles sinusites dont elle souffrira dans les dernières années de sa carrière en seront la preuve la plus évidente. Dès la fin de 1950, ce sera une très mauvaise jaunisse dont elle mettra longtemps à se relever qui l'empêchera de chanter *Don Carlo* à Naples. De même, dans le courant de 1951, elle interrompra en partie la tournée qu'elle fait en Amérique du Sud et ne chantera pas à São Paulo les *Aïda* qui y étaient prévues, car elle n'en aura pas la force. Aussi tôt que 1951! A cette époque, ses jambes avaient tellement enflé qu'elle avait presque du mal à se déplacer! Avant même, donc, de faire dire aux journalistes en mal de papier qu' « elle y a laissé sa voix », Maria Callas était d'une forme physique presque toujours inégale. Ce qui expliquera ensuite bien des refus de chanter, des forfaits, des humeurs, que l'on prendra pour des caprices.

Ajouter à cela que, sur scène, Callas est aveugle. On l'a dite formidablement myope : qu'elle retire ses grosses lunettes à verres épais, et elle n'y voit plus rien. D'où l'extraordinaire effort d'attention que représente pour elle, outre son chant, outre ses gestes et ses mouvements de comédienne, sa seule présence dans un théâtre. D'où aussi une nouvelle raison de dépense nerveuse qui a, elle aussi, ses répercussions sur l'état physique général de Maria. Une Callas aveugle qui doit agir avec la même aisance que si elle y voyait parfaitement normalement...

Au cours de l'année 1949, entre Kundry et Abigaïl, elle montre déjà quelques signes de fatigue. Il est certain qu'elle en fait trop. Ce qui ne l'empêche pas d'entreprendre la tournée en Argentine — où elle chante *Turandot* et *Aïda* et surtout une triomphale *Norma*. Mais après cela, tandis que Meneghini — qu'elle a épousé avant de partir pour Buenos Aires — installe un appartement pour elle à Vérone, Maria elle-même se repose. C'est pendant cette période, en attendant *Nabucco,* qu'elle enregistrera ses premiers disques, avec la

77

mort d'Isolde dont on a parlé, « *Casta diva* » et des airs des *Puritains*. Plus tard, on retrouvera ces disques en microsillon avec le « *Suicidio* » de *la Gioconda* et de larges extraits de *Traviata*.

Mais, immédiatement après *Nabucco*, Maria Callas, devenue Maria Meneghini-Callas sur tous les programmes et pochettes de disques — et apparemment encore en grande forme — se lance dans une succession de nouvelles apparitions qui, toutes, ne feront que confirmer son étoile grandissante.

C'est d'abord une série de *Norma* à la Fenice de Venise puis un époustouflant va-et-vient entre Brescia et Rome, au cours duquel elle renouvelle l'exploit du début de l'année précédente à Venise. Avec, cette fois, les déplacements en plus : en six jours, elle chante deux *Aïda* à Brescia et autant de *Tristan* à Rome ! Avec un égal bonheur et pour enchaîner sur d'autres *Tristan* puis sur des *Norma,* à Rome encore et à Catane ensuite, berceau de Bellini, où le succès touche au délire. Maria se saoule de musique et s'enivre de ses propres succès : elle est prête à en faire, et à en faire encore. D'ailleurs Meneghini la pousse : il la tient, sa voix de bronze et d'argent, qu'elle devienne vite d'or ! Il n'y a qu'à chanter un peu plus... Et les contrats affluent !

Alors, bien que rien ne l'ait laissé prévoir, accidentellement, en somme, ce sont les faux débuts à la Scala. Des débuts entre deux portes, pas vraiment faux mais pas tout à fait vrais, mais des débuts quand même. En dépit de son immense et soudaine réputation, Maria Meneghini-Callas était encore une étoile toute fraîche et on n'avait guère envisagé, dans les milieux proches de la Scala, de l'engager pour un rôle principal dans la Mecque, l'Eglise première du Beau Chant italien, en dehors d'un projet avorté de Verdi. Il faudra dont — le sort, encore, le sort toujours ! — une indisposition de Renata Tebaldi — que Toscanini y avait imposée dès 1946 — pour qu'on lui demande de remplacer dans *Aïda* sa future rivale. C'est l'occasion attendue. Devant un parterre imposant, puisque le président de la République italienne est lui-même dans la salle, et aux côtés de Del Monaco, de Barbieri et de Cesare Siepi, Callas s'attend à un triomphe : c'est un succès d'estime, sans plus. A Milan, les triomphes sont calculés à partir de bien d'autres éléments que la seule personne ou même que la beauté des accents, l'intensité de l'émotion et de la voix ! Milan est une femme capricieuse qui ne se laisse pas surprendre : on doit la mériter. Et même lorsqu'elle a été gagnée, elle reste sans pitié pour qui ne répond pas totalement et en toute humilité à ses désirs et ses passions, voire à ses plus mesquines exigences. Disons peut-être aussi que Meneghini avait oublié d'arroser la redoutable claque qui, du haut du paradis, au dernier balcon, dispense ses *bravi,* ses *lazzi,* mais aussi le plus lugubre des silences.

Ce silence, pourtant, que la presse milanaise ne rompt que pour quelques commentaires prudents, n'empêche pas Maria d'aller de l'avant. Elle a fait un faux début à la Scala : elle attendra pour y revenir d'en être suppliée. Et, pour le moment, ce sera, au cours de l'été, la première de ces trois extraordinaires tournées qu'elle fera, trois années de suite, au Mexique...

Les séjours de Maria Callas à Mexico City sont importants pour l'histoire de l'opéra contemporain, car, sur les huit opéras qu'elle y chantera en trois ans, tous seront diffusés à la radio et enregistrés, et certains d'entre eux plusieurs fois — ce qui constitue pour nous le plus précieux témoignage de l'art de Callas en ces premières années. De plus, c'est à Mexico City qu'elle chantera pour la première fois *le Trouvère, Lucia* et *Rigoletto.* C'est également à Mexico City qu'elle reprendra le rôle de Tosca qu'elle n'avait pas joué depuis sa jeunesse à Athènes. La collection des disques de Mexico City, avec leurs imperfections techniques, mais aussi leurs extraordinaires tours de force, leur incomparable beauté — le célèbre *mi* bémol de la scène du triomphe d'*Aïda* soutenu pendant six secondes; l'intensité jamais aussi insoutenable dans la douleur du cri de Tosca à Scarpia qui torture Cavaradossi : « *Non è ver! Sogghigno di demone!* », musicalité et sens dramatique confondus — forment un ensemble homogène, une sorte de bloc à part dans la carrière de Callas, comme on n'en retrouvera plus par la suite.

En 1950, lors de ce premier séjour, elle chante tour à tour *Norma* et *Aïda,* avec le ténor Kurt Baum, puis *Tosca* et, de nouveau avec Kurt Baum, *le Trouvère.* On connaît ses trois premiers opéras; *le Trouvère,* au contraire, lui apporte un rôle nouveau. Mais chaque œuvre est déjà un moment capital de notre histoire de l'opéra. Qu'on se souvienne seulement de cet accent d'une extraordinaire tendresse, presque de coquetterie amusée — un filet de voix qui susurre une invitation qui est pourtant plus qu'un ordre — lorsque Tosca jalouse demande à Mario de peindre aussi noirs que les siens les yeux de la sainte Madeleine dont il décore l'église Saint-André-de-la-Vallée. « *Ma falle gli occhi neri!* » : c'est une ligne aérienne, ténue et d'une innocence qu'on ne retrouvera jamais plus. Immé-

CALLAS

diatement, la première Tosca que Callas nous ait léguée en disque, grinçante de bruits de fond, nébuleuse, évanescente, est déjà un coup au cœur. Quant à ce qu'elle fait du *Trouvère*...

C'est peut-être pour elle la première de ses grandes interprétations du Verdi de la maturité. L'œuvre a toujours été l'une des plus populaires du répertoire italien. Touffu, mélodramatique à souhait, le livret y trace des caractères sans grandes nuances, mais dont la solidité même, la rugueuse et brutale simplicité ont fait à la fois la beauté et le succès. Entre Manrico, le trouvère qu'elle aime, et le comte di Luna, le grand seigneur espagnol qui veut la posséder, Leonora louvoie : elle n'en aime qu'un, mais pour ne pas le perdre feint de se rendre à l'autre. Sur le trio plane encore la superbe ombre d'Azucena, la sorcière vengeresse, et la malédiction qui pèse sur deux frères qui ne savent pas qui ils sont. On pense aux *Burgraves,* de Victor Hugo. « C'était ton frère! » crie Azucena à la fin de l'opéra, lorsque le Comte a fait exécuter le Trouvère. Mais Callas s'en est déjà suicidée! Sa Léonore est très jeune, pleine d'une beauté peut-être pas encore vraiment totalement contrôlée. Et parce que ses moyens vocaux le lui permettent, elle en rajoute et obtient un succès considérable. Mais il faudra attendre quelques années pour qu'elle déploie dans « *Tacea la notte* » l'éblouissante palette de couleurs et le lyrisme fervent qu'on lui trouve dans l'enregistrement de 1956, sous la baguette de Karajan. Et pourtant quelle intensité, quel emportement d'adolescente amoureuse dans ses appels à la clémence au comte di Luna! Nous réécoutons les disques pirates d'alors : son « *Miserere* » du dernier acte avec Kurt Baum la révèle au maximum de moyens qui font de toute la superbe scène — Manrico en prison, Leonora qui se lamente, le chœur des âmes mortes qui prévoit l'issue fatale — un moment de fulgurante angoisse.

Mais quatre rôles et dix représentations en un mois, des vocalises de Norma au lyrisme de Leonora en passant par le déferlement dramatique d'une Tosca dans la fougue de sa jeunesse, tout cela constituaient une épreuve de force et, à la fin de son séjour à Mexico City, Callas est épuisée. Son dernier *Trouvère,* le 27 juin, traduit des signes de fatigue évidents. La séparation d'avec Meneghini, qui n'a pas pu la suivre au Mexique et qui sait, lui, lui faire mesurer ses efforts, l'encourager ou lui conseiller le repos — parce qu'on doit tout de même ménager le matériel! —, semble l'avoir aussi, et progressivement, affectée. Elle rentre donc en Europe dans

80

un état de fatigue nerveuse et physique certaine, et n'a qu'un désir : retrouver le calme de Vérone. Pendant trois mois, de juin à septembre 1950, Callas ne chante pas. Ce sera l'une de ces plages de silence où elle se remet au piano. Callas aime le piano, elle en joue superbement et s'y réfugie souvent. D'année en année, cet amour pour le piano va d'ailleurs aller grandissant, plus qu'un violon d'Ingres. Mais, dans les derniers mois de 1950 elle devra pourtant s'aliter quand même, victime d'une jaunisse longue à guérir et qui remettra à 1954 sa création du rôle d'Elisabeth de Valois dans *Don Carlos*. Nous devrons encore attendre pour entendre les plus noirs de ses accents de douleur pour chanter l'appel au fantôme de Charles Quint « *Tu che la vanità...* »

4

La saison 1950-1951, la dernière de Callas avant la consécration officielle de la Scala, est marquée par la même exploration de rôles nouveaux. La même rage à en faire encore plus. Callas, qui sent, Callas qui sait qu'on la remarque, se dépense sans compter. Plus encore, sûrement, que sa voix et sa santé ne devraient normalement le permettre. Mais Meneghini, emporté par le succès de sa femme, semble l'encourager à aller de l'avant.

Après quelques *Tosca* et *Aïda,* c'est alors sa première rencontre avec un autre homme qui, lui aussi, aura pour elle dans les années à venir un rôle capital. Un homme qui marquera une étape dans l'orientation de son art, et dont le nom deviendra synonyme d'une certaine forme de beauté et de recherche formelle : Luchino Visconti.

Il existe alors à Rome un groupe d'artistes et d'intellectuels romains réunis au sein de l'association « Anfiparnasso ». Intéressés par la personnalité et par le sens dramatique de Callas, ces écrivains, ces journalistes, ces gens de théâtre vont vouloir la rencontrer et lui proposer de travailler avec eux. Il s'agit de monter un des premiers opéras de Rossini, *le Turc en Italie,* qui n'a pas été joué en Italie ni dans le monde depuis près d'un siècle. Visconti fait partie des

81

animateurs de l'association Anfiparnasso. Il a vu Maria à deux ou trois reprises dans des rôles aussi divers que Norma et Kundry, et il lui propose de jouer Fiorilla, la jeune et volage épouse du barbon napolitain Geronio et amoureuse du Turc en goguette Selim. C'est le premier rôle comique qu'on ait jamais offert à Callas. On la persuade qu'elle saura y être drôle, et elle relève le défi qu'elle se lance ainsi à elle-même : faire rire et renouer avec le répertoire comique du bel canto. Ainsi, et pendant plusieurs semaines, Visconti et Callas vont-ils vivre côte à côte, la prima donna se trouvant subitement intégrée à un groupe d'intellectuels de gauche bien différents de tous les chanteurs et chefs d'orchestre ou des metteurs en scène de routine qu'elle a pu croiser sur son chemin. Rencontre étonnante, improbable, miraculeuse : notre opéra est sorti de là! Maria parle, écoute, elle est ravie. Visconti et ses amis sont eux aussi enchantés et Visconti lui-même se promet bien de travailler personnellement une autre fois avec elle. Ce seront les années de gloire de la Scala, et l'éblouissante saison 1954-1955... En attendant, et pour la première fois, Maria Callas participe à une mise en scène spécialement conçue pour elle, et elle s'y amuse beaucoup.

La première du *Turc* a lieu le 19 octobre 1950 au théâtre Eliseo. Sesto Bruscantini, Cesare Valletti et Mariano Stabile — le grand Falstaff de Toscanini, le sublime Don Juan du premier *Don Juan* jamais gravé sur microsillon — constituent avec elle une impressionnante distribution que dirige Giannandrea Gavazzeni, dont la réputation de chef d'orchestre commence à s'affirmer après plus de vingt ans de carrière de critique et de musicologue. Et Callas y remporte un franc succès. Sur un plan purement vocal, elle réalise des prodiges comme on imagine que seuls les artistes de la création, entraînés à ce genre de prouesses techniques, pouvaient en réussir. Du même coup, elle démontre avec éclat qu'elle peut passer des rôles écrasants de Turandot ou d'Abigaïl aux fioritures fines et légères du plus léger Rossini sans l'ombre d'une difficulté. Quatre ans plus tard, au disque et sur la scène de la Scala, elle renouvellera l'expérience du rôle de Fiorilla avec la même aisance. Un critique italien de l'époque rapporte sa surprise devant un *mi* bémol d'une douceur enchanteresse et parfaitement placé à la fin d'un air difficile et très orné : que ce soit la même voix qui, quelques semaines auparavant, chantait les admirables et immenses plaintes de *Tristan* dépasse l'entendement. Et c'est bien là qu'on voit que Callas n'est pas seulement une artiste dramatique à la musicalité souveraine : qu'on le veuille ou non, Maria Callas est aussi un phénomène vocal. Après cette démonstration éclatante de ses possibilités, Callas va entrer, coup sur coup, dans la peau de trois nouveaux personnages, et l'un d'entre eux, plus que tout autre, donnera un sens et une lumière tragique et nouvelle à toute sa carrière : la Violetta de *la Traviata*. Les autres seront Elena des *Vêpres siciliennes* et Euridyce de l'*Orphée et Euridyce* de Haydn. En outre, il s'en faudra de peu qu'elle joue un autre rôle qui sera seulement deux ans plus tard une autre étape décisive de sa vie de tragédienne, celui de Lady Macbeth dans l'opéra de Verdi. Ce *Macbeth,* c'est un regret. Pour Callas et pour nous. On se dit : dommage! ç'aurait été si beau... Toscanini avait eu en effet l'idée de monter un dernier *Macbeth* à Bussetto, la « patrie » de Verdi, puis à New York. Ensuite, il l'aurait enregistré sur disque. Avec Callas, qu'il ne connaissait pourtant pas et envers qui il était plutôt mal disposé. Mais l'affaire a traîné en longueur, Toscanini se sentant vieillir et décliner rapidement : finalement le projet a échoué, et nous ne l'aurons jamais eu, le couple formidable Toscanini-Callas.

Mais la vie de l'opéra est faite de ces déceptions-là. Et puis de saisons triomphantes, d'ouvertures de galas, de festivals. Le Mai de Florence, *le Maggio fiorentino,* en est un. Et l'un des plus fameux. Invitée à s'y produire, Callas y chante pour la première fois le 26 mai 1951.

Dans *les Vêpres siciliennes,* sous la conduite du célèbre chef mozartien Erich Kleiber et aux côtés de Boris Christoff, elle se révèle à nous une Elena sensible, subtile, aussi intéressée — et cela mérite d'être relevé — par une expression dramatique collant à l'action du drame que par des prouesses vocales que le rôle exige aussi. L'histoire, pourtant, en est des plus improbable. Elle repose bien sur un fait réel : le massacre des troupes françaises en Sicile au XIIe siècle, mais la fantaisie de Scribe — puisque l'œuvre a été écrite pour l'Opéra de Paris en 1855 — en a fait un de ces éternels conflits entre l'amour, la fidélité familiale et l'amitié dont l'opéra du XIXe siècle était si friand. Peu de drames musicaux se terminent aussi absurdement que les *Vêpres,* qui laissent leurs personnages au bord d'un massacre, sans savoir qui sera tué. Dans les décors de Svoboda, au Palais Garnier, ils sont debout sur un escalier... Et le rideau tombe. Cependant, sur le plan vocal, l'œuvre fourmille en superbes moments. Erich Kleiber en avait d'ailleurs dirigé à Berlin, en 1932, de légendaires représentations en allemand, avec une distribution qui fait elle-même partie d'une légende : le Danois de Berlin Helge Roswaenge — l'un des meilleurs ténors lyrico-dramatiques du monde —, le baryton Heinrich Schlusnus, la basse Emmanuel List et Anny Konetzni, qui devait rejoindre Callas et Bagarozy à Chicago en 1947. Dans les *Vêpres,* il y a un superbe air de basse « *O tu Palermo* », l'invocation à Palerme du proscrit Procida, et une cabalette destinée au principal soprano « *Vostro fato è in vostra man* » où nul ne peut oublier Callas après l'y avoir entendue. Jamais coloratura n'a atteint dans Verdi à cette légèreté, cette transparence pourtant solide. De même que son air du dernier acte, le célèbre boléro « *Merce, dilente amiche* », c'est une parfaite démonstration de tout l'art de Callas au sommet de sa forme. Tant par la façon dont le sens profond du théâtre qu'elle possède plie et moule l'utilisation de toutes les techniques du bel canto auxquelles Verdi a assez exceptionnellement voulu recourir, que par la superbe musicalité dont elle fait preuve jusque dans ses faiblesses — un *mi* inutile qu'elle croit bon de rajouter, et qu'elle trouve le moyen de rater, mais pour le rattraper tout aussitôt! A ce titre, les disques pirates qui nous restituent ces quatre représentations de mai et juin 1951 constituent une véritable anthologie : on y déchiffre tout ce que Callas a appris chez Hidalgo, plus cette autre chose que le théâtre, de jour en jour, lui inculque, et qu'aucune autre cantatrice de sa génération n'osera démontrer aussi généreusement.

Mais après la série de représentations qu'elle donnera encore des *Vêpres* en ouverture de la saison 1951-1952 Callas ne chantera plus le rôle d'Elena. Assez curieusement, elle acceptera, de concert avec le ténor Giuseppe di Stefano, de mettre en scène le même opéra à Turin en 1973. Ce sera son seul essai de mise en scène et le résultat sera décevant. En tout cas, et en dépit des prouesses qu'elle y réalise en début de carrière, l'Elena des *Vêpres* n'est pas un rôle qu'on associe généralement à Maria Callas. Et c'est certainement dommage.

Pas plus que celui d'Euridyce dans l'*Orphée et Euridyce,* de Haydn qu'elle chante également au mai musical de Florence en juin 1951. Nous n'avons gardé aucune trace enregistrée de ces deux représentations que la presse a néanmoins accueillies favorablement. Kleiber conduisait de nouveau, et l'opéra n'avait jamais été joué, même du vivant de Haydn. C'était donc un événement, mais un événement sans lendemain, voire une simple curiosité. De tous les rôles de Callas, c'est probablement celui dont on a le moins parlé. Simplement peut être parce qu'à peu près personne ne l'a vu.

Sa Violetta en revanche... Comme Tosca et Norma déjà, comme bientôt Lucia et Medée, c'est le troisième des cinq rôles clef. Les rôles qui expliquent tout, par l'intensité qu'elle met à les jouer et à les chanter, et aussi par le nombre des fois où elle les chantera : on a dit 89 *Norma,* il y aura 63 *Traviata,* 45 *Lucia,* 33 *Tosca* et 31 *Medée.* Et, de Florence, à l'aube de 1951, jusqu'à Dallas en 1958, c'est un rôle qu'elle approfondira. Sa Violetta, elle la transformera : Traviata évoluera avec elle et avec sa vie. Tosca tue parce qu'on l'y contraint. Victime, elle se tuera. Norma est à proprement parler immolée : victime encore, elle a baissé la tête. Aujourd'hui Violetta : nous allons la voir renoncer par amour à l'amour pour en mourir aussi. Bien plus : Violetta meurt épuisée, minée, vidée de sa substance par tous ces hommes qui l'ont dévorée parce qu'ils en ont fait leur proie. Souvent, parlant de Callas et de Traviata, de Callas dans *Traviata,* je dirai : exsangue. Car Callas, c'est d'abord *Traviata.* Aucun autre rôle ne semble se plier aussi bien à l'idée qu'on peut se faire — Callas aujourd'hui disparue — de la Callas victime des hommes et de la fatalité que nous nous employons à retrouver. Callas, la tigresse? la Tosca meurtrière et la Medée jalouse? Allons donc! notre Callas, la vraie Callas, c'est la Callas fragile. Celle qui tremble, celle qui meurt de consomption — Callas malade qui voit la maladie venir —, et qui nous fait trembler. Violetta que les hommes déchirent à force de vouloir la posséder. La Traviata que l'argent éblouit et finalement assassine. Les trois cents paires de chaussures dans un placard et la mort solitaire, en peignoir de soie, veillée par une seule servante.

Mais aussi la Callas qui jamais n'a tant *joué* un rôle que celui de Violetta. Celle qui faisait *exprès* de chanter faiblement et d'une voix *brisée* parce que la Violetta du quatrième acte est faible et brisée. Un rôle vécu, donc, et joué : on y reviendra souvent, sur la *Traviata* de Callas, dont il nous reste au moins sept enregistrements complets pour nous permettre d'en apprécier tous les progrès, toutes les nuances, depuis Mexico City en 1951, précisément, sous la direction d'Oliviero de Fabritiis, jusqu'aux représentations de Covent Garden en 1958, dirigées par son chef favori d'alors, Rescigno. Avec deux sommets : les disques *Cetra* de Santini, en 1953, et les « pirates » de 1955, réalisés au cours de la sublime production de Visconti, re-commercialisés par *Cetra* en 1977, avec di Stefano et Giulini à la

Scala, qui, calqués sur la mise en scène de Visconti — sont un monument.

Pour le moment, on dira seulement qu'en 1951, à Florence, où elle chante le rôle pour la première fois, puis à Mexico City — dont nous avons gardé la trace — elle semble encore se laisser dominer par la passion qu'inspire le personnage. L'enregistrement de juillet 1951 (Mexico) est un peu en deçà de ce qu'on entendra d'elle ensuite, mais là aussi quelle jeunesse, quelle fragilité acceptée! Quelle violence dans la tendresse! D'ailleurs ses représentations de Bergame, la même année avec Giulini, puis de Parme, avec Fabritiis, sont des triomphes. En un an, Callas a chanté 15 *Traviata* et en a fait l'un de ses rôles mascottes.

Cependant qu'elle a effectué sa tournée désormais, presque rituelle au Mexique, où elle a chanté, outre *Traviata,* une nouvelle *Aïda.* D'ailleurs, poussant plus loin en Amérique latine, cette année Callas ira jusqu'en Argentine et au Brésil. Mais on reviendra sur les mésaventures de ce séjour. Enfin, c'est pendant la même période qu'elle a finalement signé le contrat qui lui ouvre toutes grandes les portes de la Scala. Elle doit y commencer la saison suivante au cours du gala annuel du 7 décembre, et y apparaître en tout trente fois dans trois rôles différents. Une phase nouvelle de sa vie : Callas, reine de Milan, va commencer. Un règne qui constitue à lui seul un chapitre qu'on pourrait intituler la conquête du pouvoir.

5

Qu'on ne se méprenne cependant pas : la Maria Callas qui va s'avancer le 7 décembre 1951 sur la scène de la Scala dans le rôle de l'Elena des *Vêpres Siciliennes,* et que nous allons retrouver fêtée, adulée, jalousée, est déjà une artiste âprement discutée et dont certains amateurs de belles voix traditionnelles n'aiment ni les sonorités, ni le style. Dans le même temps, c'est aussi une vedette qui commence à défrayer la chronique avec ses éclats et ses fureurs. En fait, et dès 1951, Maria Meneghini-Callas est devenue le personnage qui divisera les foules et ameutera les journalistes, l'artiste et la femme contestée que, pendant vingt ans, nous allons désormais voir occuper le devant de la scène internationale.

A plusieurs reprises, on a relevé les défauts majeurs de sa voix. Les cassures entre les registres, les stridences de l'aigu, les sonorités presque caverneuses des graves les plus profonds. Pour qui le chant doit être pur et toujours uniformément beau, Callas peut passer pour un véritable monstre vocal. En face d'elle, des artistes comme Renata Tebaldi pendant presque toute sa carrière, Joan Sutherland également, témoignent d'une régularité et d'une constance à toute épreuve. Chaque son de Tebaldi, de Sutherland, ou même encore de Caballé est, pris isolément, *beau*. Et le legato qui unit ces sons est toujours parfait. A les entendre, on flotte allégrement au septième ciel de la béatitude extasiée et rien ne vient jamais gâcher ce plaisir sans surprise. Alors qu'écouter Callas, c'est l'aventure. On se lance à sa poursuite dans les escalades sonores les plus phénoménales — ah! les crescendos de *Nabucco!* — sans savoir ce qu'on trouvera au bout — encore qu'en ces années de début de carrière, les accidents notables soient chose rare. Mais ce qu'il y a de prodigieux avec elle c'est que, lorsque ces accidents se produisent, la musicalité de Callas est telle qu'elle les rattrape et finit par en tirer des effets qui sont eux-mêmes le comble de l'art. Callas, ou l'art de toujours retomber sur ses pieds. Et les stridences soudaines qui affectent parfois ses aigus sont une qualité *autre* de musique, qu'elle module à plaisir, comme si elle avait inventé non seulement des accents dramatiques nouveaux, mais également une voix nouvelle. C'est cela : une voix nouvelle. Une nouvelle *qualité* de chant, bien à elle, et qu'on ne pourra oublier. La suivre, c'est parcourir un itinéraire haletant à travers les multiples facettes d'un rôle toujours parfaitement possédé mais qui semble cependant toujours remis en question.

On conçoit que semblable expérience — suivre Callas... — ne soit pas du goût de tout le monde!

C'est ainsi que dès les premières années, à côté des succès qu'elle rencontre, elle connaît aussi des demi-échecs, voire de vrais défaites. Ainsi son *Turandot* de 1949 au théâtre Colon de Buenos Aires, avec Mario del Monaco, est-il accueilli dans l'indifférence. De même, on l'a vu, sa première *Aïda*, à la Scala : on a surtout parlé de son art de tragédienne, peu de sa voix. De même, ses *Tosca* de 1951, à Rio, ont suscité des mouvements divers dans la salle — dus d'ailleurs probablement à la jalousie d'une artiste locale — une grande chanteuse pourtant — qui avait sa claque de supporters. Quant au *Trouvère* qu'elle a donné au San Carlo de Naples en 1951, il a été si mal accueilli que le grand ténor Lauri-Volpi, qui chantait Manrico à ses côtés, a écrit une lettre à la presse napolitaine pour protester contre son chauvinisme. A écouter aujourd'hui les disques que *Cetra* a fait ressortir de cette représentation du 27 janvier 1951, à entendre la beauté du timbre de Callas, on peut se demander ce que les Napolitains ont pu avoir à lui reprocher. Il est vrai qu'on avait hué Lauri-Volpi lui-même après son air de bravoure, le « *Di quella pira* », qu'il n'avait pas particulièrement réussi...

Callas donc, et dès le début, ne sera pas une chanteuse universellement acceptée. Et nous sentons bien, nous, aujourd'hui, qu'il aurait été anormal — dans un univers lyrique qui était celui de l'opéra à cette époque — qu'une voix si peu orthodoxe, aussi éloignée des canons traditionnels du beau chant désincarné qu'elle l'était des sanglots dégénérés de l'après-vérisme qui faisaient encore fortune en Italie, ne choque ni ne gêne pas.

Mais Callas elle-même, personnage, femme vivante, ne faisait rien pour arranger les choses. Pour arrondir les angles. Qu'elle ait été un ange de douceur et de soumission, l'une de ces chanteuses dont on se réjouit de les engager parce qu'avec elles on sait où on va — et nous aurions perdu, d'ailleurs, une partie de l'intérêt, peut-être malsain, que nous lui portons quand même. Aussi les détails héroï-comiques de ses démêlés avec ses partenaires, s'ils lui ont valu l'attention du grand public, n'ont pas attendri, loin de là, l'agressivité de ses détracteurs.

Il est hallucinant de parcourir aujourd'hui un dossier de presse de plusieurs centaines, voire de plusieurs milliers de coupures de journaux consacrées à Maria Callas. Pour une vingtaine d'articles fondamentaux qui nous renseignent vraiment sur elle — ceux de Derek Prouse dans le *Sunday Times,* 1961, le « Profile » réalisé la même année par l'*Observer,* l'interview de Sylvie de Nussac dans l'*Express* en 1970 —, pour environ deux cents critiques sérieuses et réfléchies de sa voix conservées tout au long de sa carrière à l'occasion de ses représentations en Europe ou en Amérique, tout le reste n'est que ragots, potins, scandales. A commencer par l'ignoble article de fond de *Times Magazine* qui salua (?) ses débuts à New York en 1956. Et c'est avec une lamentable continuité qu'alternent les gros titres du style « la tigresse frappe encore » avec les manchettes qui annoncent « j'ai rencontré Maria Callas, elle est douce comme un agneau ». Plus tard, et ce ne sera pas plus gai, ce sera Onassis, Onassis, Onassis...

Ainsi ce qui frappe l'opinion dans ces premières années, ce sont les premiers « incidents » sur lesquels, par la suite, on reviendra avec une délectation morbide. En 1950, à Mexico City, elle se brouille avec Kurt Baum, qui chante à ses côtés Radamès, Pollione et Manrico dans *Aïda, Norma* et *le Trouvère.* Pourquoi? Parce qu'elle aurait voulu venir saluer seule après le baisser du rideau. Cette question des « rideaux » jouera un rôle déterminant dans les querelles de coulisse et les bagarres d'après le chant — comme on dit d'après-boire! — qu'alimenteront la malveillance et les petits mensonges. Selon les théâtres, les habitudes varient : on vient seul, ou on vient tous ensemble saluer à la fin de la représentation. A Paris et à Londres, par exemple, les rideaux individuels sont monnaie courante, mais pas à New York. Ainsi, un soir, au sortir de scène, Kurt Baum — ténor à la voix oubliée! — lui jure bien qu'elle ne chantera jamais au Metropolitan de New York, d'où il vient. Ce qui ne les empêchera pas de se retrouver quelques années après ensemble, à Londres, et même en Amérique!

Avec Mario del Monaco, l'année suivante et toujours à Mexico City, ce sera la dispute des *mi* bémol dans *Aïda.* En Mario del Monaco, avec qui elle chantera si souvent, Callas a rencontré l'un des trois ou quatre ténors — Giuseppe Di Stefano et Franco Corelli seront les principaux autres — qu'elle passera sa vie à croiser et avec qui, à intervalles presque réguliers elle aura de ces querelles qui feront le bonheur des échotiers. Del Monaco, à la voix d'une superbe vaillance, au tempérament dramatique toujours plus ardent, est un ténor qui peut entraîner l'enthousiasme des foules par son héroïsme jamais démenti — mais dont l'absence de finesse, souvent la brutalité sont quelquefois prodigieuses. Comme Callas — et comme Ponselle! — il a été un protégé de Tullio Serafin. La première rencontre Callas-Del Monaco se fera d'emblée sous le signe de la colère et de la fureur. Sur la scène du Palacio de Bellas Artes, à Mexico City, l'un comme l'autre voudra empêcher son partenaire de faire une note aigue et difficile, longtemps soutenue, et on ne sera pas loin, nous dit-on, d'une véritable empoignade en coulisse. Vrai ou faux? Le bruit va en courir, c'est là le principal.

De même, avec Boris Christoff, y aura-t-il une altercation très violente à la fin d'une représentation des *Vêpres siciliennes* et la gigantesque basse bulgare menacera d'écraser Callas — dont la stature est pourtant elle aussi formidable! — si elle insiste pour venir saluer seule. La presse, d'ailleurs, se complaît dans ces incidents et, plus tard, elle en rajoutera, enjolivera ses récits de détails plus piquants encore.

Enfin, il y a déjà la querelle avec Tebaldi qui commence à se profiler à l'horizon de la carrière des deux chanteuses. Renata Tebaldi est d'un peu moins de deux ans l'aînée de Callas. C'est un soprano extrêmement policé, dont la voix est à peu près sans défaut, jusque dans un registre élevé qu'elle peut soutenir longtemps dans la plus grande douceur. Très vite, elle est devenue l'une des plus célèbres chanteuses du monde. Dans le répertoire vériste comme chez Verdi, elle fait des merveilles et ses partisans sont aussi absolus dans la ferveur qu'ils ont pour elle que ceux de Callas. Au disque, et de même que Callas fera équipe avec Di Stefano chez E.M.I., Renata Tebaldi sera le principal soprano de l'écurie Decca avec Mario Del Monaco. Notons enfin que c'est Toscanini qui l'a choisie pour la réouverture, en 1946, de la Scala, détruite par la guerre. Face à Callas, elle sera bientôt la seule rivale de stature internationale. Lorsqu'elles se retrouvent en Amérique latine, leurs chemins se sont plusieurs fois croisés : à Vérone, à la Fenice de Venise pendant l'hiver de 1947... Par deux fois, Callas a remplacé Tebaldi défaillante : à la Scala dans l'*Aïda* de 1950 et à Bergame, dans une *Traviata* en octobre 1951. Au printemps 1951, elle a d'ailleurs refusé de recommencer pour la Scala ce qu'elle avait déjà fait et d'y chanter de nouveau *Aïda,* à la place de Renata Tebaldi, entendant bien ne revenir à Milan qu'avec un contrat en bonne et due forme — ce qu'elle aura peu après — et non pas par la petite porte. Mais surtout, pour en terminer avec la première phase de cette querelle, pendant la courte saison que Callas a effectuée au Brésil à la fin de l'été de la même année, la presse a rapporté les commentaires désobligeants que Maria aurait faits sur Tebaldi, qui chantait en alternance avec elle le rôle de Violetta à São Paulo : quelques jours après, à Rio, les deux chanteuses se disputent vraiment, échangent des paroles déplaisantes, et la brouille est consommée. Au cours d'un concert où elles se produisaient ensemble, et sans prévenir sa partenaire — Renata Tebaldi très applaudie par le public a en effet donné deux bis sur lesquels les deux chanteuses ne s'étaient pas entendues au préalable. Dans l'affaire, il semble bien que ce soit Tebaldi qui ait eu tort, mais c'est Maria Callas qui est furieuse et qui rompt les ponts.

D'ailleurs le séjour à Rio, qui marque la conclusion de la tournée sud-américaine de Callas en 1951, sera tout entier traversé de disputes, agité de fureur, mais aussi marqué par l'épuisement de Maria. Déjà à São Paulo, l'étape précédente, elle n'a pas chanté les *Aïda* qu'elle devait « faire » et on le lui a reproché. Lorsqu'elle est arrivée à Rio, elle était à bout de nerfs et de forces. L'incident avec Tebaldi l'a irrité au plus haut point et voilà que là-dessus, le soir du 24 septembre — et peut-être soumis à des pressions de la part des ennemis de Callas — le directeur de l'Opéra de Rio, Barreto Pinto, lui annonce qu'elle a été très mauvaise dans sa dernière *Tosca,* et qu'en conséquence elle peut rentrer chez elle : son contrat est rompu!

La discussion s'envenime, Callas exige d'être payée même si elle ne chante pas, et finalement impose à Pinto de lui laisser jouer les deux *Traviata* qui sont encore à son programme. Tant pis pour la dernière *Tosca :* si Pinto ne l'aime pas, il peut toujours se consoler avec Tebaldi! Furieux, le Brésilien doit quand même accepter. Belle tempête dans le bureau directorial! Sur la table de cuir-bureau-ministre, un lourd encrier de bronze... Mais Callas chante ses deux *Traviata* et se fait applaudir frénétiquement. C'en est trop pour Pinto, qui lui a prédit une catastrophe et qui perd la face : du coup, il remet en question l'arrangement financier prévu. On ne brave pas Callas impunément...

D'où la trajectoire hyperbolique de l'encrier de bronze du bureau de Pinto au visage de Pinto. Vrai ou faux? D'où, en tout cas, la geste de l'encrier de bronze — devenu bouteille de cognac dans une partie de la presse — et du directeur de théâtre, qui s'inscrit en lettres infamantes dans le cahier toujours plus que tenu à jour des méfaits que l'on prête à Callas... D'où la légende qui s'établit, pernicieuse, tenace, dévorante...

Cependant Callas, fatiguée, rentre en Europe faire du piano. Le Brésil est bien loin de nous, et trois mois après, le jour traditionnel de la Saint-Ambroise, ce sera l'ouverture de la Scala. Une étoile est née. Un mythe commence.

TROISIEME PARTIE

1951-1954
La conquête de la Scala

Lorsque le rideau de la Scala se lève sur la nouvelle production des *Vêpres siciliennes* qui ouvrira la saison 1951-1952, la chanteuse qui affronte pour la première fois, avec tous les honneurs de la prima donna, le public le plus difficile du monde, est une artiste consommée. En quatre ans, profitant de la moindre journée de loisir, du plus petit intervalle entre deux représentations — ou des vacances forcées que lui a à deux ou trois reprises occasionnées sa santé —, elle a travaillé et travaillé encore. Les exercices vocaux, le piano — qu'elle continue à pratiquer avec passion — figurent à l'emploi du temps de presque toutes ses journées. Si bien que les progrès qu'a pu faire Callas sur le plan vocal sont considérables.

Avec une énergie farouche dans son effort, elle s'est essentiellement fixé deux buts : corriger les imperfections de sa voix, et parvenir à une musicalité plus grande encore.

Elle veut tout d'abord porter remède à ces fameux passages à vide entre ses trois registres. Pour qui écoute attentivement un enregistrement de 1949, et un enregistrement de 1951 — *Nabucco,* par exemple, la deuxième *Aïda* de Mexico City — la différence n'est cependant pas très sensible. En réalité, ce sera plus tard dans sa carrière, lorsque ses moyens vocaux seront plus réduits, que sa technique hors pair lui permettra de franchir avec plus d'aisance les zones dangereuses. Quant aux aigus stridents, au vibrato trop accentué des notes hautes, ils commencent au contraire à se manifester de manière plus évidente : Callas paie déjà le prix des Abigaïl et des Turandot.

Le combat de Callas pour la possession de sa voix a donc déjà

95

commencé. Et lorsqu'elle travaille pour corriger des imperfections, c'est bien d'une lutte de tous les instants qu'il s'agit, pour maintenir envers et contre tout un instrument toujours en lui-même exceptionnel — qu'on se souvienne de cette Elena conservée à Naples, ou de la Fiorilla du *Turc en Italie!* — au service d'une musicalité qui, elle dépasse tout ce qu'on peut imaginer.

Aussi est-ce en ce domaine que, depuis ses débuts à Vérone, Callas fera les progrès les plus éclatants. Et c'est là qu'à comparer l'*Aïda* de 1950 à celle enregistrée en 1955 sous la baguette de Serafin, ou le *Trouvère* du San Carlo à celui de Votto, en 1953, ou de Karajan, en 1956, on peut découvrir avec ravissement l'extraordinaire déploiement de couleurs, d'harmoniques, de nuances qu'indépendamment de toute efficacité dramatique — et Dieu sait si son sens dramatique touche au génie! — elle sait apporter. Car même si la voix de Callas est parfois irrégulière, même si certains sons peuvent surprendre, la musique pour la musique, l'intensité des *images sonores* est d'une somptuosité inégalée. Rosa Ponselle, peut-être... Caballé, dans quelques moments de génie... Le mezza voce de Mirella Freni dans *Simon Boccanegra*... Le « *Tu che la vanità* » du *Don Carlo* de Salzbourg, par Sena Jurinac... : bien sûr, d'autres ont été aussi touchées par la grâce et il ne s'agit pas ici de faire l'hagiographie d'une seule en oubliant toutes celles qui l'ont précédée ou suivie, mais Callas possède un don, un art et une science du travail vocal — c'est l'expression qui convient le mieux : une *science du travail vocal* — qui fait appel à la fois à la voix, à la technique, au cœur et à l'intelligence, et que nul ne semble avoir égalée.

La description par Callas elle-même des différents moments de l'approche d'une partition rend assez bien compte de cette forme de génie-là : appliqué, laborieux, mais de bout en bout inspiré. Et ce qu'elle nous dit là, dans plusieurs interviews, et tout particulièrement dans l'article que Derek Prouse lui a consacré dans le *Sunday Times* en 1961, constitue l'abrégé de toutes les leçons magistrales qu'elle donnera par la suite, en public, aux Etats-Unis, en privé dans son appartement de Paris.

« D'abord, explique-t-elle, une fois confrontée à un rôle, vous vous demandez si vous en aimez la musique, et si cette musique a un sens pour vous. Très bien, finissez-vous par vous dire, dans l'ensemble j'aime bien cette œuvre, faisons donc l'opéra. Puis vous commencez à étudier la musique. A ce stade, vous ne vous laissez

96

pas entraîner dans le monde merveilleux de la création : vous redevenez simplement une élève du Conservatoire. Vous apprenez la musique exactement comme elle est écrite. Vous ne prenez aucune liberté, pas même avec les récitatifs écrits. Seul le rythme compte à ce point : *ça, vous devez le respecter...* »

On voit l'élève d'Elvira de Hidalgo qui écoute la leçon de son professeur. La petite étudiante du Conservatoire d'Athènes qui, jour après jour, dévore ses partitions. Elle travaille la nuit, dans son lit, le nez chaussé de grosses lunettes qui glissent et que, du bout des doigts, elle remet en place. Musique, d'abord, et musique seulement. Les notes écrites, jusque dans leurs plus vertigineux détails...

« Puis vous revenez aux mots. Que disent-ils? Si vous deviez *parler* ce récitatif, comment le diriez-vous? Et vous vous le répétez en vous-même, notant les accents, les pauses, les petites tensions qui créent le sens. Ce que vous essayez de faire, c'est réussir une combinaison parfaite entre les différents accents du discours et de la musique.

« Naturellement, ce n'est pas quelque chose qui se fait en un jour. Ça vient au fil des répétitions et ça continue à se mettre en place même pendant les représentations. Quelquefois, c'est la technique purement vocale qui vous empêche de faire ce que vous voulez. Aujourd'hui, vous pouvez ne pas réussir une phrase, mais demain, à votre grand plaisir, vous y arrivez. Puis, graduellement, la familiarité que vous avez avec la musique et avec le rôle vous permet de développer les plus petites nuances, qu'au début vous pouviez seulement suggérer...

« Mais c'est après seulement que les vraies difficultés commencent. Ou plutôt, que la partie réellement passionnante du travail commence... »

Et c'est ici que la leçon de Maria Callas devient un enseignement sur lequel devraient méditer tous les chanteurs...

« Après que vous avez appris la musique rythmiquement, vous vous dites : « D'accord. *Ça* c'est le tempo de Bellini. Donizetti l'aurait senti comme ça, et Wagner de cette autre manière. » Chacun d'entre eux peut avoir écrit *allegro* ou *adagio,* mais chaque compositeur a son rythme particulier, qui est à lui, et qui est trop élusif pour être réglé au métronome. Les éléments les plus nécessaires, à ce stade, sont l'instinct scénique, l'expérience et le bon goût.

« Mais pour revenir aux mots et à la musique : vous commencez

97

par vous libérer vous-même, et vous faites la part de ce qui vous paraît être l'emphase correcte pour chaque phrase. Vous vous mettez d'accord là-dessus avec le chef d'orchestre et les autres chanteurs. Ensemble, vous décidez de la forme musicale de chaque passage et comment le mettre en harmonie avec le tout. C'est comme l'analyse d'un ensemble architectural complexe.

« Quand vous avez le sentiment que vous l'avez trouvé, alors vous devez voir à quoi ça ressemble chanté à pleine voix : voir où vous pouvez vous laisser aller pour quelques phrases et où vous devez, au contraire, vous donner au maximum pour que l'opéra ait son maximum d'impact et de sens.

« Puis le comédien qui est en vous se met à juger à son tour, et vous vous dites : « Une seconde! Si je fais ceci comme ça, exactement comme le compositeur l'a voulu, le public va tout simplement mourir d'ennui! » Alors vous devez vous mettre à prendre les libertés nécessaires, à assumer un peu le personnage, à ajouter une touche ici ou là.

« Finalement, après tout ça, qui vous a pris deux ou trois semaines, vous avez l'esprit tellement embrouillé et bourré de choses différentes que vous devez simplement vous échapper un jour ou deux. Ainsi, vous disparaissez de la circulation. Moi, je reste toute seule chez moi, puisqu'à ce stade-là je connais la musique et que je n'ai plus besoin d'un accompagnateur. La musique, je l'ai dans la tête, je peux donc commencer l'opéra et le lire de bout en bout en moi, comme je ferais d'un livre. Et, avec la musique qui joue dans ma tête, j'essaie de *parler* les mots à voix haute... »

Mais ici, Callas en arrive à la composition même de son personnage, à son jeu, à ses attitudes, et là, c'est une autre histoire, même si c'est pourtant toujours la même. L'histoire de cette jeune femme de vingt-huit ans qui, en trois ans, va conquérir la Scala et s'imposer dans le monde entier — par ses disques mais aussi par sa seule présence — comme l'une des premières artistes — en tous les sens du mot — de son temps. L'histoire d'une jeune femme, aussi, qui est en train de changer de peau...

1

La conquête de la Scala par Callas va se faire en trois ans. Trois années au cours desquelles la glorieuse débutante qui s'avance sur la scène fameuse dans le rôle de l'Elena des *Vêpres siciliennes* va s'imposer en dix rôles. Et, en trois ans, Maria Callas s'affirmera comme la vedette incontestée du grand théâtre milanais. Dès lors, elle pourra régner. Ce sera la fameuse saison 1954-1955, la plus grande peut-être de sa carrière.

Pour sa première saison, Maria posa seulement les premiers jalons de cette ascension. Mais quels jalons! *Les Vêpres siciliennes, Norma et l'Enlèvement au sérail.* Un succès récent dans une nouvelle mise en scène, l'un de ses plus grands rôles, un rôle nouveau enfin, qui la révélera sous un jour inhabituel. Trois aspects, en tout cas, de son talent. Le soprano dramatique, la coloratura classique et le soprano dramatique mozartien : lentement Maria Callas définit son territoire.

Le 7 décembre, c'est donc la première des *Vêpres*. Aucun enregistrement ne nous est resté de ce qu'elle a fait ce soir-là du rôle d'Elena, mais il est vraisemblable que son interprétation ressemblait, à quelques mois de distance, à celle des *Vêpres* de Florence. La distribution était d'ailleurs à peu près la même, avec deux notables différences pourtant : Victor De Sabata au pupitre et le ténor américain Eugene Conley dans le rôle d'Arrigo, l'amant de Elvira.

Immédiatement après la série des sept *Vêpres siciliennes,* Callas enchaîne sur huit *Norma,* où elle obtient encore un énorme succès personnel. La critique signale quelques stridences dans l'aigu, mais elle est unanime à souligner sa musicalité, son habileté technique et, plus encore, son sens dramatique. C'est la trentième fois que Callas chante *Norma,* et elle s'approprie le personnage de la druidesse amoureuse et trahie avec une noblesse, une beauté d'attitudes que chaque enregistrement, chaque série de photographies — Callas drapée de blanc qui lève le bras, Callas qui menace ou Callas qui va mourir — nous permet de suivre, de voir évoluer et mourir...

Enfin, en avril 1952, Callas chante le rôle de Constance de l'*Enlèvement au sérail* — ou plutôt, du *Ratto dal seraglio,* puisque l'opéra est donné en italien.

Assez curieusement, c'est aussi la première représentation de l'*Enlèvement* à la Scala. Le public milanais n'a jamais été particulièrement mozartien, et Maria Callas elle-même ne manifeste pas un grand intérêt pour les opéras de Mozart. Elle en a, d'ailleurs, une conception bien personnelle : « On joue trop souvent ses opéras sur la pointe des pieds, dira-t-elle un jour. Il faut les chanter avec la même franchise que *le Trouvère ;* mais dans le style de Mozart ».

Les deux extraits de *l'Enlèvement au sérail* que nous nous possédons, enregistrés en 1954 et 1957, ne traduisent peut-être pas exactement cette opinion. Maria Callas chante avec une vaillance redoutable le célèbre — et diaboliquement difficile — « *Martern aller Arten* » —, elle y fait sans l'ombre d'une difficulté tout ce qui est écrit dans la partition, mais elle le fait en italien et dans un style tendu, dramatique, avec des couleurs sombres, qui ne sont pas vraiment celles de Mozart. D'ailleurs, lorsqu'on lui demandera plus tard de chanter de nouveau du Mozart, elle se dérobera. Tout au plus enregistrera-t-elle encore des airs séparés de *Don Juan*.

Les représentations de Milan, dans les fabuleux costumes de Leonor Fini, ont pourtant été une réussite, et toute la presse a admiré l'agilité d'une voix qui se mouvait avec une voluptueuse aisance aux royaumes aériens où Constance jongle avec les difficultés accumulées par un Mozart qui a rarement demandé à ses sopranos autant d'adresse. Aussi cette première saison se termine-t-elle pour Callas avec tous les éloges qu'elle pouvait espérer.

Mais Callas n'est encore — à la Scala — qu'une étoile parmi d'autres. La même année, et avec un succès comparable, Tebaldi y a chanté le *Mefistofele* de Boito et le *Falstaff* de Verdi. Les deux chanteuses se sont simplement évitées dans les couloirs. Et puis, à côté de Callas et de Tebaldi, Rosanna Carteri, Clara Petrella, et Margherita Carosio — celle-là même qui, par sa défaillance, avait permis à Maria de chanter ses premiers *Puritains* à Venise — sont déjà aussi des vedettes, et de première envergure. Mais c'est la querelle entre Tebaldi et Callas qui intéresse, passionne déjà, divise et fait couler de l'encre. Les incidents de Rio ont été bien vite connus des Milanais et le public de la Scala s'est retrouvé, dès 1951, réparti en deux camps qui, pendant plusieurs années, vont s'affronter sans répit à coups de bravos, d'applaudissements, de huées et de silences, sous l'arbitrage équivoque du chef de la claque officielle du théâtre, qui ne répugne pas à louer — cher — ses services aux deux factions à la fois.

100

Pendant cette première année, pourtant, les discussions restent limitées à quelques connaisseurs, et la grande foule ne suit pas encore vraiment. On oppose le timbre d'or de Tebaldi à la musique, à la force expressive de Callas et on discute tard après les représentations. Dans les bars de Milan et dans les boîtes à la mode, on parle aussi de la guerre de Corée, ou de la guerre froide tout court, mais entre cravates de soie et étoles de vison, c'est quand même un sujet de discussion moins intéressant.

Pour la deuxième saison de Maria à la Scala, et pour calmer les esprits que la rivalité des deux principaux sopranos risquerait de finir par trop échauffer, le superintendant Ghiringhelli a essayé de trouver une solution de compromis. Car il ne faut tout de même pas que la querelle dépasse le cadre des salons et des après-dîners mondains. Ghiringhelli a donc eu l'idée de faire chanter Maria Callas pendant la première moitié de la saison, et Renata Tebaldi pendant la seconde. En Chine, de la même façon, et même après le temps de la princesse Turandot, il y avait une impératrice de l'Ouest et une impératrice de l'Est. L'une d'entre elles finissait bien parfois au fond d'un puits, mais c'étaient les lois d'une jungle différente...

Maria Meneghini-Callas va donc ouvrir la saison avec le *Macbeth* de Verdi, puis elle chantera *le Trouvère* et *la Gioconda*. Et, déjà, la soirée du 7 décembre 1952 laisse deviner ce que seront les grandes nuits de cette saison-apothéose de 1954 vers laquelle, maintenant, Maria s'avance à grands pas.

Lady Macbeth est peut-être le rôle le plus ambigu de tout le répertoire italien. Il exige des moyens puissants, une voix capable des plus beaux moments, mais Verdi lui-même avait en substance affirmé que, plus la voix de sa femme fatale serait déplaisante et laide, plus grand serait l'effet qu'elle produirait. On associe donc volontiers le rôle de Lady Macbeth à des timbres très sombres — Elisabeth Höngen en Allemagne, Galina Vichnevskaya — ou même à des mezzos — Grace Bumbry, Christa Ludwig dans le splendide *Macbeth* de 1970 avec Karl Böhm. Ce qui n'empêche pas de vrais sopranos plus clairs comme Leonie Rysanek, Anja Silja ou Inge Borkh de s'y attaquer. Parce que c'est un des rares rôles du répertoire italien où tous les excès semblent permis. Quelle fête, dès lors, des sens et de nos plus obscurs rêves, qu'une Lady Macbeth bien noire qui déploie des trésors de haine, d'ambition et de cruauté!

Pour Callas, cependant, Lady Macbeth sera un rôle maudit. Elle

101

ne le chantera jamais plus ailleurs après cette saison à la Scala. Et ce n'est pas l'envie, pourtant, qui lui en manquera ! Déjà, il y avait eu l'espoir déçu d'un *Macbeth* dirigé par Toscanini, deux ans auparavant. Mais la maladie du vieux maître avait arrêté ce projet, qui aurait pu déboucher sur l'un des enregistrements phonographiques les plus somptueux de l'époque. Et plus tard, par deux fois, ce sera *Macbeth* qui sera au cœur des disputes qui fermeront à Callas deux des opéras les plus importants des États-Unis : l'opéra de San Francisco pour lequel elle déclarera forfait en raison de sa fatigue, en 1957, et le Met l'année suivante, où elle refusera de chanter le rôle terrible de la « Lady » en alternance avec des *Traviata* aux couleurs et à la tessiture trop différentes.

Le 7 décembre 1952 sera pourtant une grande date dans la vie et la carrière de Callas, qu'un enregistrement pirate, réédité par *Cetra*, nous a conservée. Sous la direction artistique de Carl Ebert — Carl Ebert qui a « fait » en partie le festival de Glyndebourne, en Angleterre — et dans des décors de Nicola Benois, qu'on retrouvera tout au long des grandes productions callasiennes de la Scala, Maria Callas a longuement travaillé son personnage, et la soirée, longtemps à l'avance, a été présentée comme un événement. Le théâtre entier a été décoré d'œillets rouges et un chemisier ingénieux a fait cadeau à tous les abonnés de la première de coupons de tissus pour se faire des chemises de soirée assorties : déjà la publicité, les fanfares extra-musicales et la grande presse sont en train de s'emparer de l'âme de Callas.

Mais ce qu'elle sera ce soir-là... L'œuvre de Verdi est un univers chaotique, rocailleux, aux couleurs les plus noires. On suit de près la tragédie de Shakespeare, mais d'une manière hachée. Les scènes se succèdent sans vrai lien logique et c'est, d'acte en acte, une surenchère dans la violence froide, la terreur et la véhémence la plus déchaînée. Toutes les voix, d'ailleurs y doivent être sombres : Macbeth est un baryton, Banco une basse, et les seuls ténors, Macduff et Malcolm, n'ont que des rôles épisodiques. Callas, qui joue des possibilités extra-ordinaires de sa voix — comme on dit *extra-lucide* — y est plus une chanteuse : elle est *autre chose*. Un démon habité par la peur, un soprano surhumain capable tout à la fois de délires monstrueux et de suprême douceur... Un fantôme qui hurle des notes brisées et une grande dame qui invite à boire chez elle ceux dont elle veut endormir la confiance. Enveloppée dans ses voiles, Callas-Lady Macbeth brûle éperdument de haine et d'ambi-

tion... C'est un tonnerre d'applaudissements, sept ou huit rideaux pour elle seule et, le lendemain, une presse foudroyée d'admiration. En un soir, Callas aurait conquis Milan...
Conquis Milan? Allons donc! Les cabales sont toujours vivantes, et les haines de coulisse, et Tebaldi et ses admirateurs, dans l'ombre, qui attendent. On a eu un peu trop tendance, avec les années, à parler de l'innocente Tebaldi, de l'agneau face au loup qui voulait le dévorer, et de Callas la tigresse. Mais on ne doit pas perdre de vue que, sur le champ de bataille de la Scala, ce sont les tebaldiens qui ont jeté la première pierre.

Car, après *Macbeth*, on attendait une éblouissante *Gioconda*, et ce fut une déception. C'est pourtant dans ce rôle que Callas avait fait ses débuts à Vérone, et les très beaux décors de Nicola Benois faisaient de cette mise en scène une production presque digne de celles qu'on taillera plus tard à la mesure de Maria. Mais si la presse fut réservée pour elle — malgré la présence, à ses côtés, de Di Stefano, de Stignani et de Carlo Tagliabue — le public fut plus dur encore, et il y eut des huées et des cris désagréables. Un triomphe se paie, et se paie parfois cher. Mais Callas, qui venait juste d'achever la série de ses *Macbeth,* n'était pas en grande forme, et Di Stefano encore moins qu'elle. Il fallut en fin de saison un *Trouvère* exceptionnel pour faire regagner à Maria Callas toutes les faveurs de la critique. Et, face à la somptuosité du chant de sa Léonore, on voit mal comment les plus fanatiques de ses ennemis auraient pu la siffler.

Mais le combat pour la suprématie à la Scala n'était pas fini pour autant. Et c'est au cours de la saison 1953-1954 que les hostilités allaient se cristalliser. C'est au cours de cette saison aussi que les ennemis de Maria Callas allaient créer contre elle cette image de fauvesse assoiffée du sang des autres.

Quelle saison, pourtant, et quel combat!

D'abord, Callas va chanter la *Médée* de Cherubini, où on l'a entendue pour la première fois à Florence au printemps précédent. Ainsi, comme elle l'a fait avec *les Vêpres siciliennes,* Callas débute-t-elle dans un rôle au Mai florentin pour s'y affirmer quelques mois après la Scala. Et cette Médée de Florence, puis de la Scala, va devenir l'une de ses plus grandes incarnations. Lorsqu'elle n'aura gardé, à côté de ce qu'il lui restera de voix, que sa musique et son sens de la tragédie, Callas chantera encore *Médée,* en même temps que *Tosca* et que *Norma*. Sa dernière apparition à la Scala, en 1962, sera d'ailleurs en Médée : une Médée au bord de la chute et que ses moyens, maintenant, ont trahie. Mais lorsqu'elle a voulu renouer avec éclat avec la Grèce de ses origines, c'était déjà le rôle de Médée qu'elle avait déclamé, statuesque et superbe devant les gradins immémoriaux d'Epidaure. Médée, pourtant, l'étrangère parmi les Grecs, le démon venu d'ailleurs et qui secoue tout l'édifice classique d'ordre et de logique, d'amour et de beauté, que la plus hypocrite des Corinthes veut imposer malgré la princesse magicienne. Un personnage au-delà de l'humain qu'Euripide a forgé dans le plus noir des métaux et que Cherubini, le doctoral et pesant Cherubini, grand maître italien de la musique française, persécuteur de Berlioz et de toute innovation, a brusquement, par un de ces coups de génie dont sont parfois — une fois dans une vie! — capables les médiocres, transformé en un flot déclamatoire de lave glacée.

Médée, c'est la tragédie antique dans sa véhémence la plus sombre. Abandonnée par Jason, qu'elle a pourtant sauvé et qui l'avait épousée, la magicienne Médée vient jusqu'à Corinthe pour le retrouver. Là, au royaume de Créon, Jason est sur le point d'épouser la princesse Glauce. Le formidable désespoir de Médée deviendra haine : elle va user de tous les subterfuges pour tenter de regagner Jason puis, lorsque plus rien ne sera possible, pour se venger, mort de Glauce, mort de ses propres enfants : Médée la sorcière accomplit jusqu'au bout le destin qui est le sien avant de brandir un couteau sanglant dans le temple qui s'écroule.

Créé à Paris en 1797, l'opéra de Cherubini *Médée* est vite devenu *Medea* et a surtout été donné dans sa version italienne. Souvent joué pendant tout le XIXe siècle, il avait été complètement oublié de 1909 jusqu'à la reprise de Florence avec Callas. *Médée* constitue bien l'un de ces opéras que Callas, et elle seule, a ramenés à la vie.

Le rôle lui-même est un des plus éprouvants de tout le répertoire. La légende veut que sa créatrice, madame Scio, soit morte de l'avoir trop chanté! Après Callas, d'un coup, l'opéra est redevenu populaire. Gerda Lammers en 1958, Rita Gorr en 1962, Leyla Gencer en 1968, Gwynneth Jones en 1969, puis Magda Olivero, Anja Silja, Leonie Rysanek enfin — à Vienne et au Théâtre antique d'Arles — l'ont notamment chanté : comme si Callas avait senti quelque chose qui était dans l'air, et qu'après elle tout le monde avait suivi le chemin par elle tracé!

Médée fait partie des cinq personnages — de ces cinq femmes selon l'opéra italien — que Callas marquera de son empreinte

104

indélébile. Cette fois, la victime devient louve et elle tue — pour sauver sa peau, c'est-à-dire ce qu'il lui reste d'amour. Mais elle est *aussi* victime. Et d'abord victime. C'est la trahison de Jason — l'homme qui la quitte pour une autre — et l'ignoble façon dont Corinthe la traite qui fait de la magicienne une meurtrière : elle ne tend pas la gorge, elle qu'on a humiliée, elle brandit son couteau. Mais, c'est nous, une fois encore, qui lui avons donné cette rage de mort : « *Nere furie, volate a me!* » — Volez vers moi, noires furies! — s'écrie-t-elle au troisième acte, et la voix s'élève d'un seul élan, formidable appel, superbe airain solide, jusqu'à la plus terrible des menaces. Pour soudain ensuite trembler : et si Médée avait été aimée?

Comme tous les rôles qu'elle choisit désormais parce qu'ils laissent son tempérament s'exprimer avec toutes ses outrances et ses élans puissants — mais aussi parce qu'ils permettent à sa voix d'atteindre des sommets toujours maîtrisés, aux limites du chant classique et du bel canto — Médée est donc un rôle impossible. Aussi bien, ce qu'en fera Callas ne ressemblera à rien de vocalement humain. Comme si un démon à produire les sons avait inventé ces montées phénoménales vers les plus noirs des aigus, coulés dans un timbre jamais défaillant, au sommet d'une puissance toujours renouvelée.

Les enregistrements sont nombreux, qui nous restituent une Callas dans un rôle où faiblir ne peut être pardonné — on le verra bien à la Scala, en 1962 — mais le plus bouleversant est probablement le « pirate » de Dallas, réalisé en 1958 avec Teresa Berganza et Jon Vickers aux côtés d'une Callas-Médée soudain saisie par le doute. Comme si sa magicienne assassine et diabolique s'était regardée dans une glace et avait eu peur de ce qu'elle y avait découvert. Pourtant, en 1953, à la Scala, où elle inaugure une collaboration qui se poursuivra dans les années à venir avec Leonard Bernstein, Callas est déjà superbe. C'est un torrent, c'est un délire, l'illustre théâtre croule sous les applaudissements. Et, si c'est Renata Tebaldi qui a ouvert la saison dans *La Wally* de Catalini, chantée en présence de Toscanini, lui-même, dans une avant-scène — Toscanini qui a appelé sa fille Wally en hommage à Catalini! —, le triomphe de Callas est sans commune mesure avec le simple succès de sa rivale.

C'est que la querelle entre maintenant dans sa phase féroce... Chacune des deux chanteuses surveille ce que fait l'autre, et on compte les points. Ainsi, la pluie d'œillets rouges qui salue Callas au dernier rideau de *Lucia di Lammermoor,* quelques semaines après, est-elle pour Tebaldi le signe venu du ciel — ou plutôt du paradis! — que l'emporte aujourd'hui celle que les cabales et les commérages — beaucoup plus qu'une réelle inimitié personnelle — ont faite son ennemie.

Il faut dire que *Lucia,* c'est le dernier de ces cinq rôles sur lesquels la gloire tout entière de Callas va s'appuyer. Elle l'a déjà chanté en 1952, à Mexico City, puis à Florence en janvier 1953, à Gênes, à Catane et à Rome : de Florence, tout naturellement, *Lucia* devait gagner Milan. Et après Bernstein, Callas travaille cette fois avec Karajan. En l'espace de trois semaines, deux des plus grands chefs d'orchestre du monde réunis pour la seule Callas avec, trois mois plus tard, Carlo Maria Giulini encore à venir qui conduira l'*Alceste* de Gluck : la troisième saison de Maria se présente déjà comme le -somptueux prélude d'une entrée en fanfare dont la quatrième saison sera l'allegro triomphant.

Et pourtant, cette *Lucia di Lammermoor,* non seulement dirigée mais aussi mise en scène par Karajan, n'était guère du goût des Milanais, pas plus que ne l'était la véritable « invasion » à laquelle ils assistaient de leur scène chérie par des « étrangers » débarquant en rangs serrés. Leonard Bernstein, Herbert von Karajan : on commençait à trouver que Ghiringhelli et le personnel de la Scala auraient pu faire davantage confiance à des chefs italiens. Mais la voix de Callas, sa présence scénique, balayèrent tout : ce fut la pluie d'œillets. Et puis Callas était presque devenue italienne. Et, plus encore, milanaise.

Tant de disques, tant de photos cette fois pour nous dire ce que fut Callas dans *Lucia...* Vêtue d'une longue robe de nuit blanche que recouvre un manteau de nuit également blanc aux immenses manches ouvertes comme des corolles à mille plis, la traîne du manteau aux mille plis aussi qui la suit dans un frôlement de soie, Callas folle dans la scène de la folie sort de la nuit. Les cheveux dénoués, les bras qui s'ouvrent lentement le long du corps en un geste de terrible impuissance, elle s'offre en holocauste, la voix à jamais perdue dans les mille volutes qui font du rôle de Lucia le plus beau dans l'œuvre entier de Donizetti. Le plus divers, le plus sombre et le plus coloré. Toutes les douceurs du bel canto, cantilène élancée, subtile, qui se redit et se dit encore, avec des écarts profonds que seule la voix de Callas sait animer d'une vie soudain noire —

comme on dit un « roman noir » en parlant de ces contes gothiques et de ces sombres légendes inventées par Walter Scott ou Mary Shelley — au cœur de la plus sereine douceur.

En chantant *Lucia di Lammermoor*, Callas ne « découvrait » pourtant pas cette fois un opéra oublié. Seul peut-être de toutes les œuvres de Donizetti — avec *Don Pasquale* —, *Lucia* est constamment restée au répertoire de tous les théâtres lyriques du monde, depuis sa création à Naples en 1835 avec Fanny Persiani — pour qui Donizetti avait composé l'œuvre — et le formidable Duprez, le premier *Benvenuto Cellini* de Berlioz. De Julia Calvi à Lily Pons — la grande Lily Pons, le « rossignol français » du Met —, la liste des Lucia est impressionnante : c'est le type même du rôle de coloratura romantique. Quant à l'histoire, tirée du roman de Walter Scott, elle raconte les malheurs de Lucia, qui aime Edgardo — mais que son frère Enrico oblige à épouser Arturo — tous les noms écossais ayant bien entendu été italianisés! Lucia en devient folle : c'est la plus célèbre scène de folie de toute l'histoire de l'opéra. Les vieux disques rayés de Toti Dal Monte ont bercé nos sept ans...

Lucia, cinquième rôle clef, c'est l'ouverture vers le néant : cette fois, nous l'avons persécutée jusqu'au stade d'au-delà la mort, Callas-héroïne. Elle ne peut plus que balbutier les bribes de souvenir que nous avons bien voulu lui laisser — puis ce sera le silence, qu'elle chante doucement au son d'une flûte qui joue avec elle à ne pas la laisser s'échapper. Cette flûte qui peu à peu l'enserre de toute part, la capture, la retient et ne nous la laisse que pantelante, épuisée — elle rêvait de ses noces : « *A mi ti donna un Dio* » — « C'est un Dieu qui te rend à moi » — pour nous lancer alors son ultime cri : « Ne me regardez pas d'un air si dur! » « *Non mi guardar si fièro...* » C'est bien à nous, et à nous seuls, qu'elle parle. La raison que nous lui avons fait perdre bascule. Il ne reste plus que la tombe obscure, la nécropole hantée des Ravenswood — ou la chambre murée d'Aïda, l'appartement trop grand avec tous ses rideaux tirés : le silence.

Folie donc, que celle de Callas dans *Lucia*, qui représente un des grands moments du bel canto de la deuxième moitié de notre siècle. Et folie de Callas tellement lumineuse, agitée de tant de spasmes trop humains, — pulsations, ondoiements, balancements, battements : un cœur —, qu'elle enregistrera plus tard un disque tout entier consacré à des airs de folie : *Lucia, les Puritains, l'Hamlet* d'Ambroise Thomas... Avec aussi, dans nos mémoires, Lady Macbeth somnambule qui épelle une autre forme de folie.

On a dit Callas et Bernstein en décembre 1953, Callas et Karajan en janvier 1954 : c'est Callas et Giulini en avril 1954, dans *Alceste*. Et désormais Callas, au cœur de la Scala, divise les foules, suscite les enthousiasmes les plus délirants, mais aussi les critiques lès plus cinglantes. C'est sans l'ombre d'une hésitation qu'on commence à entendre proclamer dans certains milieux que sa voix est laide, qu'elle est incapable de maintenir un son égal et de qualité constante. Comme on parlerait d'un produit congelé sans emballage antiseptique...

Alors qu'avec *Alceste,* pourtant, l'histoire de cette reine antique prête à sacrifier sa vie pour sauver celle de son roi de mari que les dieux ont condamné, Callas nous prouve — et un disque-témoin est là pour nous le faire entendre — qu'elle est capable du chant le plus classique et le plus sobre, de l'énonciation la plus rigoureuse qui se puisse imaginer, sans cesse sous-tendue par ce quelque chose en plus, ce sens du tragique — Euripide est là, derrière Gluck, présent à chaque mesure — qui est et sera l'apport de Callas, même lorsque sa voix la trahira. L'œuvre, moins populaire qu'*Orphée,* est pourtant probablement la plus belle, la plus lyrique en même temps que la plus constamment noble et déclamatoire de Gluck. Là, et avec une hardiesse éclatante, Gluck apporte à l'opéra français sa plus authentique et sa plus radicale révolution. Quant à la mise en scène de Margherita Wallmann — encore elle, compagne des premiers jours de Callas à la Scala — et aux décors de Piero Zuffi, ils sont d'une beauté étourdissante. Sur un ciel qui ressemble à un lavis superbement irrégulier se détachent simplement des foules ou des colonnades austères qui soutiennent une frise imitée de l'antique. Et là, avec une aisance et un naturel « antique » qu'on ne lui retrouvera plus tard qu'avec Visconti ou le grec Minotis, Maria se meut fabuleusement. Et sa voix... Son air « Divinités du Styx » — chanté bien sûr en italien, mais c'est quand même l'un des chefs-d'œuvre absolus de la musique lyrique de son temps — est la plus claire invocation à la mort, et dans le même temps à l'espoir, qui se puisse imaginer. La reine de Pharae, drapée de noir et comme acculée aux colonnes brisées qui l'écrasent face à la foule de ses sujets, est une image d'une telle majesté que Callas peu à peu prend sa place en ce royaume que nous lui avons fait sien, où voix et visage se confondent, rôles et personnages, vie publique et vie privée. De ces soirées, il nous reste un enregistrement au son épouvantable mais où Maria resplendit dans ce qui aurait pu être l'un de ses fameux rôles si elle avait gardé *Alceste* à son répertoire. Si bien que lorsqu'elle achève cette saison exceptionnelle par une série de cinq *Don Carlo,* c'est en reine incontestée qu'elle quitte la Scala pour Vérone, l'Angleterre, l'Amérique, six mois d'enregistrements et d'activités fébriles.

De ce *Don Carlo,* pourtant, nous ne savons pas grand-chose, puisque si le bruit court depuis quelque temps qu'il en existe un enregistrement, celui-ci ne nous est pas encore parvenu. Nous ne connaissons Callas dans le très beau rôle d'Elisabeth de Valois selon Verdi et du Locle — qui écrivit le livret français original — que par les deux airs : « *Non piange...* », au deuxième acte, et surtout le sublime « *Tu che la vanità* » du cinquième acte, qu'elle a enregistré à deux reprises. Hors de tout contexte, il est difficile d'apprécier sa conception du rôle. Et puis il faut dire qu'Elisabeth ne constitue pas, et de loin, le rôle pivot de *Don Carlo* qui est, à bien des égards, un opéra d'hommes. Plus encore que dans la pièce de Schiller qui a inspiré Verdi, l'affrontement entre les diverses couleurs d'un éventail politique qui va du « gauchisme » de Carlo à l'intégrisme totalitaire du Grand Inquisiteur, en passant par le libéralisme du marquis de Posa et l'absolutisme de Philippe II d'Espagne, est autrement plus intéressant que les chagrins de la malheureuse reine trop aimée par le fils de son père. Et pourtant *Don Carlo* est peut-être un des deux ou trois plus superbes opéras de Verdi, même si son Elisabetta n'y est finalement vraiment mise en valeur que dans le premier acte — « l'acte de Fontainebleau » —, généralement supprimé dans presque tous les opéras du monde. Dès lors, si l'accueil qu'a reçu Callas en Elisabeth a été moins frénétique qu'après ses *Alceste* et surtout ses *Lucia,* ce qui compte pour elle, c'est l'ensemble d'une saison. Et, à l'issue de cette saison, Callas a gagné.

Et Tebaldi, suprêmement belle dans *Otello* ou *Eugène Oneguine,* voire même dans cette *Wally,* que Toscanini s'était déplacé pour applaudir, ou encore dans une série de *Tosca,* Renata Tebaldi, donc, dont on a voulu faire l'ennemie de Callas, va bientôt battre en retraite. Le terrain se dégage...

On a raconté les phases ultimes de ce combat. Callas qui venait assister aux premières de sa rivale, qui l'applaudissait à tout rompre quand Tebaldi, au contraire, refusait de se montrer lorsque Maria

Callas chantait. On est même allé plus loin : on a imaginé une Callas non plus frénétique mais impassible, tapie au fond d'une loge et qui guettait sa « victime » pour lui jeter le mauvais œil. Callas la sorcière, la Médée, la Lady Macbeth qui lançait des sorts... Callas et son œil noir... Elle s'en défendra en riant : « J'assistais bien sûr aux représentations de Renata Tebaldi, mais c'était tout simplement parce que je voulais voir comment elle chantait ! » Bien entendu, c'est trop simple. Ni « œil noir », ni leçon de chant, il est probable que Maria Callas voulait affirmer sa présence à la Scala même lorsqu'elle n'était pas en scène. De là, pour une chanteuse qui se sent épiée par qui lui souhaite, au fond du cœur, tous les insuccès du monde, à en devenir obsédée... Tebaldi chantera une saison encore à la Scala, cette même saison 1954-1955 où Callas triomphera comme elle ne l'a jamais fait. Et Tebaldi, aux dires de ses admirateurs les moins chaleureux, sera superbe. Puis, avec une coquetterie bien digne de sa rivale, elle refermera doucement la porte derrière elle. On a élu une reine à la Scala, et ce n'est pas elle? Eh bien, elle chantera ailleurs, voilà tout! Renata Tebaldi n'apparaîtra de nouveau à Milan que lorsque Callas en sera partie.

Je ne veux pas être injuste : à tant vouloir parler de Callas, j'ai quand même tenté de retrouver Tebaldi. Et soudain son image nous apparaît, avec le recul du temps, comme celle d'une mal aimée. Malgré ses partisans du moment, ses enthousiastes et sa claque — avec les années Tebaldi lentement s'efface. Qui recherche ses disques aujourd'hui? Ponselle est une légende, Callas est une légende, Milanov est presque une légende : pas Tebaldi. On parle de « l'exquise qualité de sa voix », d'une « beauté douce et rayonnante », et on passe — on pense — à autre chose. Alors que Tebaldi, brusquement retrouvé dans sa Desdémone, la Leonora de *la Force du Destin,* sa Mimi ou l'extraordinaire *Jeanne d'Arc* de Verdi, qu'elle chanta en 1951 à Milan aux côtés de Bergonzi, nous apparaît soudain irradiant une tendresse, malgré la mode d'un autre chant plus déclamatoire à laquelle se rattachait Callas — qui brusquement nous comble et nous ravit. A trop adorer Callas, je ne veux pas ne pas me souvenir que Tebaldi, ce n'était pas seulement un chant trop doux, un vérisme joliment agonisant. L'or de la voix de Renata Tebaldi était lui aussi de celui dont on fait les plus précieux joyaux. Bijoux différents que ceux de Callas : meilleur genre et moins baroques — mais chatoyants, très purs...

Le spectateur ou le journaliste moderne qui en fait ses beaux jours ne devrait pourtant pas s'étonner outre mesure de ces humeurs et de ces rivalités : depuis l'origine de l'opéra, depuis que le premier castrat s'est avancé sur la première scène, il y a eu querelles et crépages de chignon en musique et sur sur les airs du temps. Ne cite-t-on pas le cas de ces deux reines de Londres, Francesca Cuzzeni et Faustina Bordoni — Faustina tout court, *la* Faustina, adulée, dévorée, déchirée — qui, en 1727, s'arrachèrent à proprement parler les cheveux sur scène au cours d'une représentation de l'*Astianatte* de Buononcini où on avait eu la malheureuse idée de les faire paraître ensemble? Alors que, trois ans auparavant, les mêmes grandes dames avaient provoqué une véritable émeute et divisé un public qui en était venu aux mains après *Ottone* de Haendel...

Pour Callas et Tebaldi, on s'est pas vraiment battu si noblement dans les couloirs de la Scala... Discrètement, Tebaldi s'est retirée : Callas peut régner.

2

N'était-ce pas Elvira de Hidalgo qui avait dit autrefois à Maria que, l'Italie conquise, le monde lui appartiendrait? A partir de la « prise » du bastion Scala — ou même des premières conquêtes de la première saison —, Callas est en bonne place, et parcourir l'Italie en tous sens ne fait que confirmer cette gloire. Les arènes de Vérone, les thermes de Caracalla, le somptueux théâtre de la Fenice à Venise, le San Carlo de Naples, le Mai musical de Florence, l'Opéra de Rome, enfin, où elle donne *les Puritains* en mai 1952, constituent des étapes presque annuelles où elle revient désormais toujours avec le même succès.

Ses retrouvailles avec le rôle de la Gioconda à Vérone sont ainsi, en 1952, une sorte de triomphe personnel presque total. Cinq ans après, et payée douze fois ce qu'on lui avait donné en 1947, elle peut faire le bilan de sa carrière et se dire qu'elle est enfin parvenue à un sommet qui lui paraissait encore, du temps de ses premières rencontres avec Meneghini et Serafin, si lointain. On discute bien sûr, et plus que jamais, les qualités intrinsèques de sa voix, on la

111

préfère dans le rôle d'Elvire ou dans celui de Gioconda, mais nul ne remet plus en question sa stature de première place sur la gigantesque scène lyrique du monde.

Si bien que la tournée de 1952 sera la dernière qu'elle fera à Mexico City. Quand on est devenu Maria (Meneghini) Callas, on ne passe plus quatre semaines au Palais des Beaux-Arts de Mexico City... Pour le plaisir des Mexicains, c'est cependant là qu'elle créera le rôle de Lucia. Contre sa propre volonté, car elle est fatiguée et a bien le sentiment qu'elle commence à trop en faire — mais son contrat le lui impose —, elle chantera aussi à deux reprises et pour la seule fois de sa vie sur une scène, la Gilda de *Rigoletto*. Cette fois, pourtant, si le disque réalisé trois ans plus tard par Serafin nous la montre au sommet de sa forme vocale et parfaitement apte, avec ses éclats très sombres, à varier l'image qu'on se fait d'un personnage habituellement laissé à tort aux sopranos plus légers, à en croire la presse locale ces deux apparitions mexicaines ne sont guère convaincantes. Avec trop peu de répétitions et un Giuseppe Di Stefano à la forme incertaine, Callas, malgré de très beaux moments, ne s'est pas imposée dans ce rôle, qu'elle ne reprendra plus.

Curieusement, beaucoup de ses partisans les plus acharnés — ceux toutefois qui ne la connaissent que par ses enregistrements « commerciaux » — considèrent que ses disques de *Rigoletto* et du *Barbier de Séville* — deux rôles qui ne lui ont pas réussi à la scène — sont parmi les plus intéressants qu'elle nous ait laissés.

Lorsque Callas quittera le Mexique au début du mois de juillet 1952, ce sera pour ne jamais revenir dans une ville où elle avait pourtant connu l'un des premiers de ses très grands succès. Mais ce n'est plus au Mexique ou au Brésil qu'elle veut désormais se faire entendre. Londres l'attend, et les Etats-Unis.

Et lorsque Maria Callas fait ses débuts à Covent Garden avec tous les artistes de la Scala en novembre 1952, elle constitue déjà, pour le public britannique que la presse avait tenu en haleine avant sa venue, avec mille informations et détails inutiles sur sa vie publique ou privée, un personnage de légende.

L'arrivée au *Savoy,* donc, le fabuleux hôtel au bord de la Tamise, les douze bouquets de roses rouges qui l'attendent et la suite qui l'accompagne, le mari et la secrétaire... On commence à deviner Maria Meneghini-Callas telle que la presse, bientôt, va la déchirer à plaisir sous nos yeux. Ses entrées en fanfare, ses apparitions majestueuses et les portes qui claquent si bellement derrière elle lorsqu'elle n'a plus rien à dire. Au-delà de l'image toute faite, il y a pourtant et surtout la voix. Et ce sont peut-être les cinq *Norma* de Londres, sous la direction de Vittorio Gui et en compagnie de Ebe Stignani — une débutante aussi chantait Clotilde, la nourrice de Norma : elle s'appelait Joan Sutherland... — qui vont donner à sa carrière la dimension internationale dont elle avait besoin. Devant un public de connaisseurs mais qui ne demande qu'à être conquis, Maria Callas se donne à fond et elle conquiert. On aime Vittorio Gui, à Londres, on connaît Ebe Stignani, qu'on admire : pour cette Callas de vingt-neuf ans que la presse présente comme une « déesse païenne », ce sera d'un coup de l'adulation. Et, d'année en année, ce coup de foudre de Londres pour Callas se confirmera. Si Paris, à son tour, va l'admirer quelques années plus tard avec d'extraordinaires déploiements de fastes et de drapeaux, de cocardes et de cocoricos, président de la République en tête, et Rothschilds ou ministres dans toutes les loges, ce sera lorsque le monde entier l'aura déjà découverte, et peut-être pour de mauvaises raisons. Elle sera la superstar dont on voudra toucher le bas du manteau pour en être ébloui, quitte ensuite à en rapporter aussi un morceau à la maison. En souvenir... Londres est moins fantasque et plus sûr dans ses amours.

Au cours de ce premier séjour de 1952, le public londonien retrouvera également avec Callas un opéra qui n'avait pas été chanté en Angleterre depuis Rosa Ponselle. « Ce n'est pas Ponselle... », murmure telle voix critique. Mais, c'est, quand même, un coup de foudre. Dans le célèbre « Crush Bar » de Covent Garden, devant les barmen impassibles qui battent le record de l'heure au nombre de verres de champagne servis, tout un nouveau public s'extasie et s'enflamme. Et, le dernier soir, la reine est dans la salle... Tant pis si la reine ne connaît pas grand-chose à la musique, encore moins à l'opéra, son cousin, lord Harewood, l'un des fondateurs du renouveau lyrique anglais et le principal responsable du succès actuel de l'école de chant anglaise, est là lui aussi, et il peut lui expliquer. Hymne national italien et « *God save the Queen* » confondus, on a fait, en une soirée, une découverte dont rien ne viendra ébranler ensuite l'admiration qu'on lui porte. Et, rentrée dans sa suite du *Savoy,* avec la Tamise sous ses fenêtres et les feux du grand Festival Hall qu'on vient de bâtir de l'autre côté de la rivière, les guirlandes d'ampoules électriques de l'Embankment et

113

tout Londres à ses pieds qui en demande et en demande encore, Maria peut bien se dire qu'elle vient de gagner une bataille cruciale.

Nous avons retrouvé les numéros de la revue *Opera* d'alors qui ont salué ces soirées. Les mots de « fabuleuse » « incroyable » et « surhumaine » reviennent sous la plume du chroniqueur avec une aisance qui traduit bien l'impression que Callas a pu laisser. Aussi, lorsqu'elle s'envole à la fin du mois de novembre pour Milan, Maria Callas a promis de revenir. Et de fait, c'est cinq fois qu'elle reviendra à Londres, dans six rôles différents, et c'est là qu'après ses extraordinaires *Médée* de 1959, elle retrouvera Aristote Onassis et que son destin changera de camp.

En réalité, dès le mois de janvier 1953, Maria Callas aurait déjà dû apparaître en concert au Festival Hall de Londres dans le *Requiem* de Verdi. Le vétéran Beniamino Gigli aurait chanté avec elle les ineffables appels du ténor, cette musique si aérienne et enchantée qu'on n'a voulu y voir que du théâtre, mais une épidémie de grippe qui sévissait à Milan a interdit — quarataine oblige — aux artistes prévus de se faire entendre. Pas plus que le *Macbeth* Toscanini-Callas, nous ne connaîtrons le *Requiem* Gigli-Callas. En fait, nous ne connaîtrons jamais le *Requiem* de Verdi par Callas, puisque jamais l'occasion ne se représentera pour elle de le chanter. A Londres ou ailleurs, bien qu'on l'ait un moment annoncé à Paris pour 1959. L'histoire d'une voix, c'est aussi celle d'occasions manquées.

Mais aussitôt l'été venu, en juin 1953, soit moins de six mois après ses *Norma* triomphales, Callas est déjà de retour à Londres. Elle y chante coup sur coup *Aïda* et *le Trouvère*. En face d'elle, dans *Aïda,* le médiocre Radamès n'est autre que le triste Kurt Baum, qui l'avait cruellement insultée à Mexico City trois ans auparavant. Mais Amneris, la princesse égyptienne jalouse, est chantée par la très grande Giulietta Simionato, qui fait aussi ses débuts à Covent Garden et qu'on entendra aussi, toujours aux côtés de Callas, dans *le Trouvère.* Cette fois, Callas est arrivée en vraie vedette. Et elle commence, nous dit-on, ses caprices... Elle se plaint de mises en scène usées jusqu'à la corde, des décors médiocres... Ce qui ne l'empêche pas de triompher, surtout dans *le Trouvère,* avec une facilité déconcertante. Et, une fois encore, le public comme la critique anglaise s'émerveillent d'une chanteuse qui sait aussi, sur scène, être plus belle que belle...

Il manque cependant encore à Callas les Etats-Unis. Il y a de vieux souvenirs à effacer : New York et les débuts ratés à Chicago. Aussi, lorsque les sirènes du Met font entendre leur chant, Callas prête-t-elle une oreille attentive. Mais les sirènes, en l'occurrence, s'appellent Rudolf Bing, et si Maria Meneghini-Callas écoute Bing, c'est à Meneghini d'entendre ce qu'il a à proposer. Mais pour le mari-imprésario-homme d'affaires, les conditions qu'offrent Bing et le Met de New York ne sont pas satisfaisantes. La devise de Meneghini tout au long de ces années pourrait être : « Pour entendre ma femme, il faut payer.» D'ailleurs on prête à Bing cette remarque tout aussi charmante à propos de Callas : « Un éléphant qui se serait mis dans la tête de chanter Butterfly... » Mais c'est peut-être cette rapacité de l'époux que la presse new-yorkaise — et tout particulièrement *Time Magazine* — ne pardonnera pas à Callas, lorsqu'elle effectuera enfin ses débuts au Met en 1956. Aussi, faute de New York qui s'est imposé de ne pas payer plus de 1 000 dollars par soirée à un chanteur, fût-ce Callas, c'est à Chicago qu'elle chantera pour la première fois aux Etats-Unis.

Le personnage clé de cette tournée à Chicago est Lawrence Kelly, un jeune organisateur de concerts qui deviendra vite un ami personnel de Callas et, dans les mauvais jours, l'un de ses plus ardents défenseurs. Kelly et son associée, Carol Fox, avaient décidé de redonner vie au célèbre Lyric Theatre de Chicago qui, dans les débuts du siècle, avait connu des heures de gloire. Les noms de Mary Garden — qui l'a même dirigé pendant un an — et de Galli-Curci y étaient attachés, et c'est là que Lotte Lehmann a fait ses débuts américains. Mary Garden, la première Mélisande, Amelita Galli-Curci, l'une des rares et superbes Elvire des *Puritains* avant Callas, Lotte Lehmann enfin, la plus sublime des Sieglinde de *la Walkyrie,* la plus célèbre des maréchales du *Chevalier à la rose :* le nom de Callas ne pouvait que s'ajouter à cette liste prestigieuse, et Fox et Kelly étaient disposés à payer à Meneghini le prix qu'il en exigeait. Lawrence Kelly n'a pas trente ans, il est prêt, lui, à tous les engouements.

La saison de Chicago avait commencé brillamment avec un *Don Juan* où l'on trouvait côte à côte Rossi-Lemeni, Eleanor Steber et Bidu Sayao — l'une des plus bouleversantes Mimi du Met —, ainsi que Léopold Simoneau, le meilleur ténor mozartien de sa génération. Le chef était Nicola Rescigno, dont le destin allait, lui aussi, se trouver lié à celui de Callas. Après ce *Don Juan,* qui avait été couvert d'éloges, Kelly et Fox avaient présenté un *Barbier de Séville*

115

avec Simionato, Tito Gobbi et Rossi-Lemeni, puis une *Bohème* avec Rosanna Carteri : le moment était venu pour Maria Meneghini-Callas de s'avancer sur une scène américaine.

Le 1er novembre 1954, elle portait les voiles de Norma : ce fut un nouveau triomphe. Son premier triomphe américain. Une tempête. Un délire. « Elle n'est peut-être pas, note *Time Magazine,* la plus belle voix du monde (un titre que l'on réserve plutôt à Renata Tebaldi en Italie ou à Zinka Milanov au Metropolitan Opera!) mais elle est à coup sûr la chanteuse la plus excitante du monde. » La presse musicale est conquise et la presse à ragots, les grands journaux du soir, sont sous le charme. Maria leur apparaît subitement comme l'enfant prodige, la petite Américaine de Washington Heights (New York) revenue à la maison : c'est à qui dépassera son confrère dans l'éloge attendri ou l'anecdote émue. On la photographie à l'envi, on lui pose mille questions absurdes, et Callas se laisse faire, Callas sourit, Callas répond. Entre la presse américaine et elle, c'est le printemps radieux d'une idylle qui va vite connaître des heures plus sombres. D'ailleurs il n'y a pas que la presse pour célébrer à l'envi Maria Callas : ses collègues, le chef d'orchestre Nicola Rescigno, Lawrence Kelly, tout le monde s'extasie et s'entre-congratule. Et Meneghini lui-même, qui ne parle pas bien anglais et qui se sent un peu « en dehors du coup », se félicite de l'opération publicitaire géniale qui a consisté à commencer à conquérir l'Amérique par le biais de Chicago : les New-Yorkais sont intrigués, alléchés, eh bien, qu'ils attendent! Meneghini, froidement, fait monter les enchères.

Tandis que, sur la scène du Lyric Theatre de Chicago, Maria continue à se dépenser sans compter. Après les tempêtes d'applaudissements de *Norma,* c'est une mer d'enthousiasme qui déferle sur sa *Traviata,* un raz de marée sur sa *Lucia :* vingt-deux fois on relève le rideau sur elle lors de la dernière représentation, et le public n'en a pas assez. Les fleurs, comme les critiques favorables et passionnées, s'abattent à ses pieds en une pluie drue et serrée : Maria se baisse, les ramasse et sourit, et le public hurle de joie. Meneghini et Kelly se frottent les mains; Callas, elle, a vaincu la presse américaine, sa stature est maintenant mondiale.

3

Dans cette prodigieuse ascension de la petite soprano gréco-américaine au rang de star, un élément a joué un rôle déterminant et qu'on a peut-être trop passé sous silence jusqu'ici. Il s'agit du disque. La carrière de Maria Meneghini-Callas commence avec l'avènement incontesté du microsillon. Peu de chanteurs jusque-là ont eu à leur disposition, pendant la totalité de leur activité, ce moyen de diffusion et de pénétration qui nous paraît aujourd'hui tellement entré dans les mœurs musicales qu'on se rend mal compte de ce qu'était la vie d'un amateur de disques et d'opéra avant le 33 tours. Lorsqu'il fallait se contenter de quelques airs, de récitals ou d'extraits — ou quand il fallait acheter très cher de lourds et embarrassants albums qui, sur vingt ou trente faces fragiles, pouvaient seuls contenir un opéra complet.

Or dès 1951, c'est-à-dire alors précisément que le microsillon commence à ne plus être seulement une curiosité mais soudain le moyen exclusif de reproduction musicale, Maria Callas enregistre son premier disque. Et le premier contrat qu'elle conclut avec la firme italienne *Cetra* prévoit trois opéras complets dans les mois à venir. Ce seront sa *Gioconda,* dirigée par Votto, avec Gianni Poggi et Fedora Barbieri, puis sa *Traviata,* dirigée par Santini, avec Francesco Albanese et Ugo Savarese : deux albums qui, lancés sur le marché mondial l'un au début de 1953, l'autre plus tard, en 1954, par le directeur pour l'Amérique de *Cetra,* Soria, causeront d'un coup une surprise et une émotion sans pareilles dans le public pourtant blasé des amateurs d'art lyrique. On imagine ce que peut être pour un auditeur qui n'y est pas préparé d'entendre pour la première fois les accents de Callas dans *Traviata.* On ne sait rien d'elle et soudain on découvre quelque chose qui ne ressemble à rien. Vingt-cinq ans encore après cette première *Traviata,* qu'aucune, pas même celle de Giulini à la Scala en 1955, n'a pu vraiment remplacer pour nous... On peut peut-être la haïr mais aussi en défaillir de plaisir. Précisément parce qu'elle était la première... Alors, en 1953...

Un autre enregistrement restait encore à faire sur la base du contrat *Cetra.* Mais Maria, qui est maintenant artiste à part entière de la Scala, entend bien profiter de l'accord que la firme E.M.I. (*Electrical and Musical Industries,* dont les produits seront diffusés en France tour à tour sous les étiquettes *Columbia, Angel, Pathé-Marconi, Seraphin...*) a conclu avec l'Opéra de Milan. Il s'agit de réaliser en coproduction une série d'enregistrements majeurs d'une vaste part du répertoire lyrique italien, destinés à supplanter toutes les vieilles prises de son que *Cetra* a effectuées, en toute hâte et, il faut bien le dire, souvent sans grand discernement, à l'aube du microsillon.

Et c'est là qu'intervient, dans la vie de Callas, un autre homme dont le coup de génie sera de réunir sur la base d'une collaboration quasi permanente le trio Callas-Di Stefano-Gobbi — le plus souvent sous la baguette de Serafin, mais également sous celle de De Sabata, voire de Karajan —, et de faire avec eux un ensemble de microsillons qui constituent une étape sans précédent dans l'histoire du disque. Parce que Giuseppe Di Stefano et Tito Gobbi sont tous les deux, comme Callas, à peu près les meilleurs chanteurs de leur génération. Et les entendre ensemble est sûrement une des plus grandes émotions d'un amateur d'opéra.

Di Stefano d'abord. Il a deux ans de plus que Callas et a débuté un an avant elle, en 1946. Après avoir commencé par chanter des rôles légers, il a progressivement étendu son répertoire à tous les grands rôles de ténor italien. Son Des Grieux, dans *Manon* de Massenet — un vieux « pirate » de Mexico City, avant même le temps de Callas — est bouleversant : mais son Alfredo alors, avec Callas et Giulini dans la *Traviata* de 1955? Et son Riccardo du *Bal masqué?* Un merveilleux chanteur aux sonorités de velours et à l'intelligence musicale hors pair!

Quant à Tito Gobbi, il est tout bonnement le plus fantastique baryton italien des années 50 et 60. Qu'il soit le Falstaff ou le Simon Boccanegra de Verdi, qu'il soit Scarpia ou le Gianni Schicchi de Puccini, chaque fois c'est une interprétation si profondément personnelle, si différenciée, qu'il fait du rôle qu'il affronte, que nous sommes médusés par cette versatilité toujours servie par un don d'acteur et une musicalité incomparable.

L'équipe Callas-Di Stefano-Gobbi? La plus formidable qui se soit jamais rencontrée dans le domaine de l'opéra et, à plus forte raison du disque. Et celui qui l'a réunie et l'a maintenue active le temps de produire les coffrets les plus célèbres de toute l'histoire du chant italien, c'est Walter Legge, directeur artistique de E.M.I., qui se trouve également être le mari d'Elisabeth Schwarzkopf. De la collaboration Legge-Callas—avec Di Stefano et Tito Gobbi plus ou moins toujours présents — vont naître tous les disques les plus admirables de Callas, la fabuleuse collection « Teatro alla Scala ». Ainsi commence le 21 juillet 1952, date à laquelle le couple Callas-Meneghini signe avec E.M.I. et Walter Legge, notre histoire à nous de l'opéra italien. Ou du moins une certaine histoire... Et, dès 1953, ce seront les enregistrements de *Lucia,* de *Tosca,* de *Cavalleria rusticana* et des *Puritains.* En 1954, il y aura encore *Norma, Paillasse* et le *Turc en Italie.* Comme une autre marée, les disques de Callas déferlent sur le monde des amateurs de lyrique et c'est l'effarement, l'admiration. On déteste parfois, bien sûr, mais quand on aime, c'est passionnément. Et nous savons bien, nous, à vingt-cinq ans de distance, que rien n'a remplacé cette première *Tosca,* cette première *Lucia,* ces *Puritains* de 1953. Dans le domaine du disque, l'année 1953, représente le sommet de l'art de Callas.

Si bien que celle qui va, le 7 décembre 1954, ouvrir à Milan une saison inégalée, est une artiste parvenue au point suprême de son développement vocal et musical — et qui ne ressemble à aucune autre. Et c'est aussi une femme nouvelle.

Qu'on regarde seulement quelques photographies de Maria Callas à la fin de 1954. Qu'on feuillette l'un de ces deux ou trois albums somptueusement édités qui nous la montrent tout au long de sa carrière et de ses rôles : la femme qui se tient debout sur la scène de la Scala, dans l'attitude de la reine indignée de *Don Carlo* devant Nicola Rossi-Lemeni-Philippe II ressemble bien peu à la grosse jeune fille qu'on a suivie d'année en année depuis les premiers jours d'Amérique et de Grèce — ou même d'Italie.

On raconte que lorsqu'elle chantait *Tristan* à Gênes en 1948 au théâtre Grattacielo, c'était quand même un spectacle absurde que ces quatre colosses qui venaient saluer ensemble sur une scène étroite : Max Lorenz, Rossi-Lemeni, Elena Nicolai et Callas elle-même. Et plus tard, aussi tard que 1952 lors des débuts de Callas à Covent Garden, Ebe Stignani-Adalgise et Callas-Norma ressemblaient, sur la vaste scène de la Royal Opera House, aux deux colossales colonnes de quelque temple ancien formidablement debout. Bien sûr — et nous ne parlons même pas de la voix —, il y avait le visage de Callas, et déjà ses gestes, ses attitudes : tant de noblesse et de vraie beauté qui faisaient oublier qu'elle pesait quatre-vingt-dix kilos.

119

Or, de 1952 au printemps 1954, Maria Callas passera de 92 kilos à 64 kilos le 12 avril 1954, lors de ses débuts dans *Don Carlo* à la Scala. Ce sera cette célèbre cure d'amaigrissement dont tout le monde entier parlera : « Vous savez bien? *La* Callas a voulu maigrir? Eh bien, elle y a laissé sa voix! » Rumeurs de coulisses, potins de la presse du soir et sourires amusés. Quand on sait pourtant ce qu'a été cette cure et ce que Callas a réussi grâce à elle... Aidée, soutenue, portée à bout de bras par Meneghini, Maria Callas prend un jour la décision de maigrir. Elle sait ce qu'elle est, ce qu'elle vaut, elle sent bien la comédienne passionnée qui bouillonne en elle tout autant que la chanteuse : elle veut ressembler enfin à l'image qu'on a d'elle, qu'elle a d'elle-même et que, fermant les yeux, nous avons tous d'elle. Belle, elle se veut belle, c'est tout. Alors, elle se met à un régime draconien. Avaler un ver solitaire? Pourquoi pas? Et, de mois en mois, Callas maigrit. Elle chante la *Gioconda* à 92 kilos, *Médée* à 78, *Lucia* à 75 — la grande *Lucia* de Karajan — et *Alceste* à 65 kilos... Et c'est le bouleversement que représente cette transformation dans l'idée que nous nous faisions d'elle. En un an et demi, Callas devient l'une des femmes les plus belles du monde. On se souvient alors du visage de la petite Turandot de vingt-quatre ans, si rond, mais qui cachait quelle secrète et sublime beauté? La beauté de Callas en 1954 existait bien avant Callas de 1954. A fleur de peau... Et ceux qui croisaient son chemin ne s'y trompaient pas, qu'elle subjuguait si aisément. Aussi, lorsqu'elle chantera *la Somnambule* à la Scala au début de 1955, Visconti qui la dirige remarquera « que sa taille est plus fine que celle de n'importe quelle pin-up de cinéma ». Une ballerine saisie en flagrant délit de grâce suprême.

Et dans le même temps, et pour quelques années au moins, les douleurs, les enflures, les peines qui venaient de ces trop abondantes graisses qu'elle portait avec elle — qu'on se souvienne de la « mauvaise » saison de Rio en 1951 — disparaissent aussi. Toute sa vie, Maria Callas a cru que si sa santé était délicate, c'était en grande partie en raison de son poids — d'où encore la rancune pour sa mère, qu'elle accusait de l'avoir trop fait manger — : brusquement, Maria Callas belle et mince retrouve une santé et, avec elle, une seconde jeunesse.

Sa voix, dans tout cela? On a raconté beaucoup de choses. Toujours cette sacrée légende qui lui colle à la peau... Il est certain qu'autour de 1954, la voix de Maria Callas est différente de ce qu'elle était lors des *Turandot* de 1948 ou, pour nous tenir aux témoignages que le disque nous a laissés, des *Nabucco* de 1949 et des premières *Aïda* de Mexico City. Elle est devenue plus légère, plus transparente, comme si les prédictions d'Elvira de Hidalgo se réalisaient et que le bel canto pur devenait son vrai répertoire. Ce qui ne l'empêchera pas de continuer à chanter des rôles dramatiques ou même véristes où elle excellera toujours par les nuances qu'elle peut apporter à son timbre. Pourtant, les élans gigantesques d'Abigaïl ou de Turandot sont désormais hors de sa portée. Du moins à la scène ; car en concert, en disque, elle continuera de les donner ou de les enregistrer avec un bonheur certain. Mais différent. La couleur infiniment diversifiée, le chatoiement du timbre remplacent la force pure.

Est-ce que son amaigrissement est responsable de cette évolution ? En partie probablement, mais en partie seulement. Car il faut aussi faire la part de la fatigue naturelle de la voix après les rôles lourds qu'elle a assumés trop tôt, ainsi que d'une transformation physique de la voix même par le répertoire auquel elle s'est exercée par priorité depuis deux ou trois ans. Mais dire que Callas a perdu sa voix avec ses kilos, c'est ignorer tout de l'aventure de cette voix. Les vraies « crises » viendront plus tard.

Ce n'est d'ailleurs pas son poids seulement qui a changé dans son apparence physique : comme si elle avait voulu devenir réellement une autre femme, la Callas qui revient de Chicago à la fin du mois de novembre 1954 est une Callas blonde — elle s'est fait teindre les cheveux — et le blond lumineux, pâle, qu'elle a choisi lui va bien. Et c'est une Callas qui s'habille avec art et recherche. Là aussi, on reconnaîtrait difficilement la grande carcasse mal attifée que la malheureuse Hidalgo s'évertuait à faire sortir des sacs de pommes de terre dont elle faisait ses robes de tous les jours, pour lui faire adopter des jupes un peu moins larges, des corsages taillés à sa mesure.

Si on part du postulat que Callas a été « faite et modelée » par ceux qui, tour à tour, l'ont approchée, l'une de celles qui jouera à cet égard un rôle déterminant sera Mme Biki, l'une des couturières les plus célèbres d'abord de Milan, puis d'Europe. Callas l'a rencontrée au milieu de 1952. Biki s'est frottée aux milieux musicaux, et plus particulièrement de l'opéra, puisqu'elle est la petite-fille de Puccini. Entre la couturière et la chanteuse, c'est le coup de foudre. Et Biki s'attelle à la tâche de redessiner la silhouette de Callas. Dans une large mesure, ce sont ses conseils qui amèneront Maria à se décider à maigrir et à ressembler enfin à son image. Peu à peu, sous la conduite de Biki, Maria Callas va donc retrouver cette image d'elle-même. Ses costumes de scène d'abord — pour la saison 52/53 de la Scala, *Macbeth, Gioconda...* — seront dessinés par Biki, puis ses robes, ses manteaux, ses toilettes de tous les jours. Ainsi Mme Biki devient-elle à son tour l'un de ces Pygmalions qui ont créé Callas-Galatée.

Une Callas, pourtant, qui voit déjà les nuages noirs s'amonceler au-dessus d'elle. Et ce sera le dernier trait de ce portrait de la chanteuse à l'orée de la plus belle année de sa carrière. Callas belle, Callas mince, Callas blonde et au port de déesse commence à se trouver en butte à l'une de ces cabales qui joueront dans sa vie un rôle si étrangement néfaste pour elle. La rumeur, encore une fois, la pire... La vision qu'on se plaît à donner d'elle d'une fille ingrate qui renie sa famille et lui refuse tout soutien.

Madame Callas mère était une femme impossible. Georges Callas lui-même n'était sûrement pas un ange — « un papillon qui butine... » — mais il était effacé, modeste. Et son épouse n'avait pas hésité à le quitter, d'abord pour des raisons maternelles et familiales, ensuite, simplement, parce qu'elle ne pouvait plus le supporter. Maria, dans ces querelles, avait bien suivi sa mère en Grèce, elle avait même à peu près oublié son père. Mais dès son retour en Amérique, en 1945, elle l'avait retrouvé avec joie, s'était installée chez lui et, à plusieurs reprises, le père et la fille allaient se trouver réunis. Georges Callas était sûrement fasciné par le succès de sa fille et Maria s'était mise à aimer tellement ce grand monsieur pâle, au port de vieux diplomate à l'ancienne.

Comment, dès lors, ne pas prendre son parti dans les disputes entre le père et la mère? Et comment ne pas se souvenir des incidents de son enfance, de l'acharnement d'Evangelia à « priver sa fille de son enfance »? Ainsi les ponts entre la mère et la fille, et entre Maria et sa sœur, devaient bien finir un jour ou l'autre par être coupés. Evangelia avait bien suivi Maria au Mexique en 1950, mais en 1951 Maria lui a refusé de s'associer plus étroitement à sa gloire. Mère possessive et abusive, Evangelia se fâche : c'est la rupture. Et Evangelia a beau brandir la carrière de la sœur Jackie que, par piété filiale et confraternelle Maria devrait favoriser —, Maria s'en moque éperdument.

D'où la fureur d'Evangelia. Mais jusque-là il ne s'agit que d'une simple dispute privée. Et Evangelia ravale sa colère de voir l'année suivante Georges Callas aller seul au Mexique avec sa trop célèbre fille. On s'écrit des lettres auxquelles on ne répond pas, ou peu ; et les choses en restent là. Quand, brusquement, au début de l'été 1952, c'est la crise.

Aux lettres plus pressantes encore de sa mère, Callas répond cette fois pour refuser de lui verser une pension : Evangelia est encore assez jeune pour travailler, aurait écrit Maria. Maria refuse d'ailleurs aussi de soutenir la carrière de pianiste de Jackie qui, selon maman, a au moins autant de talent qu'elle ! Et *Callas la tigresse* — encore assez calme : on verra plus tard ! — va bien vite devenir *Callas la fille indigne,* celle qui vit dans le luxe, croque des diamants et dort dans du vison, tandis que sa mère en est presque à se tuer à faire des ménages ! Médée est un monstre, qui égorge ses enfants, et « la Callas » n'est pas loin de ressembler à cette mégère frénétique : qu'on pense aux trois cents paires de chaussures dans les placards doublés de soie ! Bientôt, cette querelle « privée » deviendra « publique » et la presse qui s'en emparera en fera ses beaux jours. Nous n'en sommes pas encore là, mais le tonnerre gronde...

L'autre orage qui se forme au-dessus de la tête de Callas, c'est « l'affaire Bagarozy ». L'impresario et codirecteur du projet avorté de la *United States Opera Company* avait, le dernier jour du séjour de Callas à New York en 1947, signé un contrat avec elle, aux termes duquel il devenait son agent exclusif. Pour 10 % de ses cachets. Callas est devenue célèbre, Callas est devenue riche et Bagarozy, qui n'a rien fait pour elle pendant sept ans, se réveille. 10 % des cachets d'une Maria Meneghini-Callas, depuis les arènes de Vérone en 1947 jusqu'aux représentations de Chicago en 1954, cela fait 300 000 dollars, estime Bagarozy. D'où un procès intenté à Callas pour récupérer ces 300 000 dollars. Nicola Rossi-Lemeni, qui avait conclu le même accord, s'en est tiré, lui, en transigeant, avec quelques milliers de dollars seulement. Mais Rossi-Lemeni n'est pas Callas. Meneghini n'a nulle intention de transiger ni de lâcher quoi que ce soit et Bagarozy, de toute façon, veut obtenir autant d'argent qu'il le pourra. Mais la loi américaine a de ces finesses de procédure : pour que Bagarozy puisse faire entamer des poursuites, il faut que Callas, en territoire américain, « réceptionne » le mandat qui est lancé contre elle. Faute de quoi, on ne peut rien entreprendre contre elle. Aussi, pour le moment, Callas et Meneghini d'un côté, Bagarozy et ses avocats de l'autre, se contentent-ils de manœuvrer.

Bagarozy veut faire jouer ce qu'il appelle ses droits, et Callas affirme que, de toute façon, son pseudo-imprésario n'a rien fait pour « promouvoir sa carrière » comme le demandait le contrat, qu'elle déclare nul. Mais un procès est à l'horizon, sur lequel la presse prendra, là aussi, un suave plaisir à s'étendre.

Callas, pourtant, quitte l'Amérique à la fin du mois de novembre 1954 avec au cœur tous les espoirs.

Maintenant, la légende va se figer. Maintenant Callas, reine de la Scala, va devenir la première chanteuse de son temps : c'est maintenant qu'on pourra enfin vraiment évoquer la Malibran lorsqu'on parlera d'elle. Comme Malibran, la chanteuse mythique dont le registre avait aussi entre le sombre et l'aigu de ces cassures qui faisaient trembler ses admirateurs, Callas possède maintenant la voix la plus célèbre du monde. Comme la Malibran, à la beauté de légende, Callas est plus qu'une chanteuse. Et si la Malibran est morte en pleine jeunesse — 28 ans! en 1836 — des suites d'un accident de cheval, Callas elle aussi, brutalement, disparaîtra de la scène lyrique. Comme la Malibran des années 1820-1830, qui conquiert tout à la fois Paris, Londres, Milan, Naples et Rome après avoir subjugué New York, Callas est pourtant alors au sommet de son art. On l'a dit : elle règne. Mais, dès maintenant aussi, les premières fêlures vont apparaître dans la couronne. Si Callas domine — domination ô combien contestée, mais domination pourtant sans équivoque possible — la scène lyrique internationale, son itinéraire de la fin de 1954 à la fin de 1958 — entre la sublime saison de 1954/1955 de la Scala et le concert de l'opéra de Paris de décembre 1958 — sera un équilibre sans cesse renouvelé, une danse acrobatique et sur la corde raide avec, de part et d'autre, des précipices insondables. Callas, trop célèbre, paie le prix de sa célébrité. Ou plutôt : on sent qu'elle va bientôt payer, mais elle-même, aveugle, on voit rien venir. De moments de grâce en coups d'éclat, elle va droit devant elle.

QUATRIÈME PARTIE

1954-1959
La première chanteuse du monde

1

Au fond, le tournant que va prendre la carrière à proprement parler théâtrale de Maria Callas à la fin de 1954 correspond à l'une des tendances majeures de l'opéra d'aujourd'hui. Et c'est à ce titre que la Callas de la saison 54/55 à la Scala est en quelque sorte la première chanteuse « moderne ».

On a pu définir l'histoire de l'opéra au cours des cinquante dernières années comme une succession de trois phases : d'abord on a assisté au règne absolu du chanteur. Tout s'organisait en fonction de lui. Adelina Patti — « la nouvelle Grisi », le soprano bellinien par excellence — qui se campe en scène et chante là où elle est à l'abri des courants d'air n'est pas seulement une image. On va écouter Patti, et non la musique de Bellini, mais surtout on monte un opéra pour elle et tout, dans le théâtre, dépend d'elle. De même Caruso, le grand Caruso, Geraldine Farrar — Carmen si célèbre que lorsque Hollywood tourne un film *muet* sur Carmen, c'est elle qui joue le rôle ! — Emmy Destinn — la première Salomé de Berlin, la première Butterfly de Londres, la créatrice de *la Fanciulla del West* de Puccini — ou Rosa Ponselle, encore elle, sont des stars : c'est d'elles que dépend le choix d'un chef, pour ne pas parler d'un metteur en scène, puisque la mise en scène, alors, n'existe pas à l'opéra. La deuxième phase est celle de la toute-puissance des chefs d'orchestre. La vedette n'est plus nécessairement cette fois le soprano ou le ténor, mais Toscanini, Bruno Walter ou Furtwängler. On parle des *Don Juan* de Fritz Busch — à Glyndebourne — comme on parlera des *Tétralogies* de Solti ou de Karajan. Enfin, aujourd'hui, au cœur d'une troisième phase, on assiste, à peu près dans tous les théâtres

127

d'opéra qui se veulent « modernes », à la suprématie du metteur en scène. On revoit l'opéra, on le relit, comme un drame lyrique où l'action — celle vue au premier degré, que les mots disent, et celle au second degré, qu'on veut y trouver — joue un rôle désormais essentiel. A l'ancienne formule « prima la musica, doppo la parole » succède son contraire : « prima la parole... », ou presque. C'est la *Tétralogie* de Chéreau, à Bayreuth ou celle de Götz Friedrich, à Londres, la *Traviata* de Lavelli à Aix, les *Contes d'Hoffmann* de Felsenstein à Berlin.

Dans cette perspective, la saison qui s'ouvre en 1954 à la Scala sera ainsi celle de Visconti et de Zefirelli. Ou, plus précisément, celle de Callas animée par Visconti et Zefirelli. C'est-à-dire que des metteurs en scène d'importance venus du théâtre ou du cinéma se rendent compte qu'en même temps que la chanteuse Maria Meneghini-Callas, sur laquelle les éloges ne sònt plus à faire, ils ont aussi en face d'eux une prodigieuse comédienne, un monstre sacré véritablement habité par le théâtre. Et qu'avec elle ils peuvent donner libre cours à leur imagination et recréer ce spectacle complet, ce théâtre absolu où drame et musique sont intimement liés, dont ils ont tous rêvé... Ainsi peut-on dire que la personnalité de Callas a joué un rôle déterminant dans l'évolution de l'art lyrique contemporain. Passionnés par sa présence, et par ce qu'ils peuvent faire d'elle, des hommes de théâtre se tournent vers l'opéra et réinventent l'opéra. On l'a déjà dit — et c'est le ténor Jon Vickers, son partenaire dans *Norma,* qui avait trouvé la formule — : Callas est, avec Wieland Wagner, la personnalité qui a le plus altéré le cours de l'histoire de l'opéra au milieu du XXᵉ siècle. Le petit-fils de Wagner à Bayreuth en a réinventé la mise en scène, par son dépouillement, sa direction sobre des comédiens-chanteurs, ses éclairages et l'intensité quasi spirituelle qu'il donne au drame. Callas, elle, par son chant et son talent de tragédienne, a montré une voie nouvelle aux chanteurs.

En 1954, lorsque commence cette légendaire saison de la Scala, nous n'en sommes pas encore à la phase de la suprématie du metteur en scène, mais à celle qui l'a immédiatement précédée, où une grande chanteuse et une comédienne hors du commun a déterminé un metteur en scène à bâtir un drame lyrique autour d'elle. Après cette prodigieuse saison 1954/1955 de la Scala, plus rien, dans le monde du chant traditionnel, ne sera plus jamais pareil.

Au départ, il y a donc l'intérêt, passionné, que suscite Callas chez

Visconti. Luchino Visconti est alors reconnu comme l'un des metteurs en scène de cinéma les plus admirés de sa génération. Qu'on se souvienne des superbes plans de Vérone ou des murs lépreux de Venise dans *Senso* : Alida Valli qui court à la recherche de l'amant perdu qu'elle a elle-même vendu. Des odeurs, déjà, des parfums puissants avec, pour commencer, le rideau qui se lève sur la scène du théâtre de la Fenice pendant• une représentation du *Trouvère,* à l'aube de l'indépendance italienne. La rencontre Callas-Visconti est un de ces coups de génie que le sort extirpe de son chapeau et auquel nous devons peut-être une partie de la légende Callas. Car Visconti, jouant à son tour les Pygmalion, achèvera de modeler Callas en ce qu'elle est devenue pour nous : cette image debout de l'opéra redevenu vivant. Nul, davantage que Visconti, ne fera entrer Callas dans l'âme et le cœur des personnages qu'elle deviendra, pour leur donner, à nos yeux et à nos cœurs, une existence fraternelle.

Lors des représentations de Rome du *Turc en Italie* en 1951, Visconti avait pu apprécier l'intelligence et l'acharnement au travail de Maria Callas. Aussi lorsqu'au cours de l'année 1953 on met au point la saison suivante de la Scala, c'est trois œuvres que Luchino propose à Maria de monter avec elle : *la Vestale,* de Spontini, *la Somnambule,* de Bellini, et enfin *la Traviata.* Notre *Traviata...*

Déjà associé l'année précédente à Callas pour *Médée,* Leonard Bernstein doit diriger le Bellini et c'est Giulini qui conduira *la Traviata.* Callas doit en outre, au cours de cette même saison, chanter de nouveau le *Turc en Italie,* dans une mise en scène cette fois de Franco Zefirelli, dont l'étoile est naissante. Comme on a prévu aussi une reprise d'une vieille production du *Trouvère* avec Mario Del Monaco, c'est en tout cinq œuvres différentes, contre quatre l'année précédente, que Callas va chanter. Et avec deux des plus grands metteurs en scène du monde : à la saison des chefs d'orchestre (Giulini, Bernstein et Karajan) succède un festival de metteurs en scène avec, en prime, des chefs du plus haut niveau. Et Callas pour couronner tout cela.

Visconti a longuement évoqué son travail avec Maria Callas. Il nous a dit, affectant d'en plaisanter, que Callas avait été un peu amoureuse de lui. D'où cette soumission absolue de la chanteuse, et surtout cette envie, ce besoin dévorant qu'elle a de se donner corps et âme à son travail. Et d'en faire encore et encore plus. Callas adore Visconti, Callas est jalouse de Visconti, Callas obéit aveuglément à Visconti. Et Visconti, touche après touche, nous redessine Callas.

Il existe des dizaines de photos illustrant cette collaboration. Des séries d'instantanés pris les uns à la suite des autres et que nous pouvons presque feuilleter comme ces livres d'images animées de notre enfance : on les tenait par un bord et, en faisant défiler très vite les pages, les personnages, comme dans un film, s'animaient. Ainsi les photos de Visconti apprenant à Callas les gestes et les attitudes de la Vestale prennent-elles vie. Callas qui lève la main, Callas qui redresse la tête, Callas qui étend les bras. Et Visconti, debout, assis, à genoux devant elle, qui tourne autour d'elle, et qui lui montre comment lever la main, redresser la tête, étendre les bras. Soudain, le mouvement de Callas s'interrompt. Son regard se fige : elle regarde Visconti, elle écoute, elle apprend. Elle apprend à entrer, pas à pas, debout, dans sa légende. La tête haute.

Visconti raconte : « Maria était merveilleuse. Je l'admirais depuis des années. Depuis qu'elle chantait Norma et Kundry à Rome. Chaque soir où elle chantait, je réservais la même loge, et je criais comme un fou quand elle venait saluer. Je lui envoyais des fleurs et finalement nous nous sommes rencontrés. Elle était grosse mais superbe en scène. J'aimais cette grosseur qui lui donnait tant d'autorité : elle était déjà remarquable. Ses gestes nous transportaient. Où avait-elle appris tout ça ? Toute seule. Mais avec *la Vestale,* nous avons cherché ensemble à les perfectionner systématiquement. Nous avons choisi des attitudes chez les grandes tragédiennes classiques françaises, d'autres dans les tragédies grecques. Parce que c'est le type d'actrice qu'elle devait être : classique. Aujourd'hui, beaucoup de chanteuses célèbres essaient de l'imiter, mais elles ne font que se ridiculiser. Avec son long cou, son long corps, ses bras, ses doigts, Maria avait une façon d'être qui n'était qu'à elle. Personne ne pourra jamais la copier. »

Luchino Visconti est mort un an avant Callas. Beaucoup, non plus, ne s'en sont pas relevés, de ceux qui savaient qu'il avait, lui aussi, une certaine façon de montrer les choses qui n'était qu'à lui. Que personne ne pourra jamais copier. Et, devant une Callas blonde en corsage clair, en jupe longue, les cheveux ramenés en chignon sur le cou — Callas qui écoute, donc —, Visconti à genoux, les bras grands ouverts, ses longs doigts écartés, montre l'attitude d'une déesse ancienne à la plus grande tragédienne de son temps.

130

Qui, entre ses mains modelée, devient la statue même — mais combien vivante — de la plus antique Grèce.

Dans la pauvre *Vestale* romaine de Spontini. Car *la Vestale* n'est pas une œuvre très excitante. Elle a été créée à Paris, en 1807, et a été donnée pour la première fois à la Scala en 1827. Sur un livret d'Etienne de Jouy — écrit pour Boieldieu! — l'opéra raconte les amours de la vestale Giulia et du général romain Liciano. Pour retrouver son amant, Giulia laisse éteindre la flamme qu'elle doit garder et elle est condamnée à mort. Un éclair venu du ciel rallumera la flamme et sauvera Giulia du bûcher : c'est une *Norma*, sans la tendresse de *Norma,* sans la somptuosité mélodique de Bellini. Mais c'est un rôle à la mesure de Callas et dont Visconti voit très vite tout le parti qu'il peut tirer.

La première a lieu, rituellement, le 7 décembre 1954. L'œuvre n'a pas été donnée à la Scala depuis 1929, mais on y attend Callas. Certains se souviennent de Ponselle — toujours Ponselle avant elle! — dans le rôle. L'enregistrement qu'on a pu en faire l'y révèle suprêmement en possession de ses moyens, dans une partition difficile dont elle se joue avec une incroyable aisance. Les notes hautes se succèdent, puissantes, et toutes les enjolivures du bel canto : Callas, superbe, domine. Les autres, autour d'elle, sont bons aussi : bon, Votto, qui dirige; superbe, Stignani qui chante la grande prêtresse qui décidera du sort de Giulia; applaudi, Corelli, dont la présence scénique elle aussi en impose. Seul le baryton Enzo Sordello n'attire guère l'attention : Callas, elle, l'a détesté depuis le premier jour, et on en reparlera. Mais Maria reçoit une ovation qu'elle n'est pas près d'oublier. A la fin du deuxième acte, c'est encore une fois une pluie d'œillets rouges. Alors, souriante, dans ses voiles blancs qui sont ceux de la vierge romaine, Maria s'avance plus avant encore sur le proscenium — puisque, pour reconstituer une représentation d'époque, Visconti a fait construire un proscenium qui déborde largement sur les fauteuils d'orchestre — et elle ramasse un œillet rouge. Un seul. Puis elle se penche et le tend à un vieux monsieur aux cheveux blancs assis dans une avant-scène, et c'est du délire. Le vieux monsieur était Arturo Toscanini, ardent supporter de Tebaldi, et qui était venu pour « voir ». Conquis, bouleversé, Toscanini applaudit.

Après *la Vestale,* la deuxième nouvelle mise en scène à laquelle participe Callas cette saison est *la Somnambule.* Et cette fois, c'est la rencontre d'un chef-d'œuvre — l'opéra de Bellini — et des talents

131

conjugués de Callas, de Bernstein et de Visconti. Là encore des disques nous sont restés. Et des photographies. Dans les sublimes décors de Piero Tosi, habillée comme une danseuse revenue de chez Petipa, Maria s'avance et rêve debout : Amina rêve qu'elle aime et murmure cet amour et ce rêve, les clame tendrement, nous enveloppe dans sa musique et c'est nous qui succombons lorsque, réveillée comme le cygne blessé de n'importe quel ballet classique, doucement, elle ploie les jambes et se laisse aller à terre. Amina n'est ni Traviata, ni Lucia, ni même l'Elvira des *Puritains :* nous ne lui connaissons d'autre épaisseur que celle qui, un soir de grâce vingt-deux fois renouvelé, lui a été donnée par Callas seule. Mais c'est, précisément, l'épaisseur infinitésimale de la grâce.

Et soudain, l'histoire de cette jeune fille de village amoureuse d'un jeune fermier et qui manque le perdre car, au cours d'une crise de somnambulisme, on l'a découverte dans la chambre du seigneur du village, nous touche plus que n'importe quel drame lourdement vériste. Amina nous émeut, son ténor d'Elvino nous enchante. On devine le superbe couple que pouvaient former les créateurs de l'œuvre en 1831 : la Pasta — aussi grande actrice peut-être que le sera Callas — et Rubini, le ténor à la voix à la fois la plus douce et la plus puissante de son temps. Et *la Somnambule,* dont cette même Margherita Carosio, qui devait chanter *les Puritains* de Venise en 1948, avait assuré la survie depuis la guerre, nous apparaît soudain comme l'un des plus beaux opéras de cette période du chant italien.

A écouter les disques dirigés par Bernstein, on se dit que des miracles semblables tiennent certes à Maria Callas et à la fabuleuse équipe qui l'entourait — Cesare Valetti, Eugenia Ratti, Giuseppe Modesti — mais aussi à une musique dont on n'aura pas fini de dire et de découvrir qu'elle touche souvent au sublime : celle de Bellini. On comprend dès lors l'intérêt passionné et constant de Callas pour Bellini. Et si les disques enregistrés pour E.M.I. à deux ans de la première sous la direction de Votto avec les chanteurs de la reprise de 1957 nous touchent moins, c'est que les « pirates » de 1955, avec une Callas moins douce, peut-être moins suave, sont pourtant un témoignage direct de ce qu'elle faisait pour Visconti : quelque chose qu'on ne saurait oublier.

Que dans les quelques notes qui précèdent immédiatement son premier « *Come per me sereno* » la voix soudain se fige — une simple inflexion, rapide, presque inaperçue — sur le mot *gioia* — et c'est un frisson de joie, de joie soudain pure, lumineuse, qui la

132

parcourt et nous traverse dans le même temps. Si bien que tout l'air qui suit (avec les superbes phrases : « *Amor la colorò del mio diletto* ») devient tout entier un vibrant, jaillissant hymne à la joie. Et que dire alors des minuscules vocalises à peine esquissées — un souffle, une haleine lorsqu'Amina achève son dialogue radieux avec le chœur qui l'accompagne. La voix, très dominée, maintenue, tremble d'émotion — et nous sommes au bord des larmes. Ainsi Amina endormie peut passer des ponts magiques devant ses amoureux et voir en songe celui qui est déjà devant elle, son chant est une lente vague qui ondoie dans « *E l'ultima preghiera* » : la voix meurt! — si douce qu'aucun autre aria dans aucun autre opéra au monde n'aura la même rêveuse lumière. Avec ses flottements — quelques erreurs de la part de Valetti dans un rôle d'une incroyable difficulté écrit précisément pour Rubini —, l'enregistrement de 1955 est, au même titre que cette *Traviata* et cette *Lucia* de la même année, que nous avons pu elles aussi sauver, l'un des sommets de l'art de Callas.

Parce qu'il faut quand même arriver à *la Traviata* de Visconti. La *Traviata* superbe, contestée, critiquée, portée aux nues aussi, qui est, cette fois, l'achèvement. La *Vestale* est un rôle, la *Somnambule* est une superbe et bouleversante pièce de musique vocale pure, *la Traviata,* c'est le portrait de l'héroïne d'opéra en femme éperdue d'être trop perdue. Dès lors, *la Traviata* selon Visconti, c'est la déchéance et la rédemption la plus sublime, la plus douloureuse, la plus fragile et la plus noble qui se puisse rêver. Et Callas dans ce rôle, dirigée par Carlo Maria Giulini, c'est le mouvement d'une âme, d'un cœur et d'un corps qui vont entiers se donner à cette douleur et à cette rédemption.

Visconti a imaginé de transposer sa mise en scène dans les années 1890. Il a demandé à Lila de Nobili de lui dessiner des décors et des costumes dont Giulini devait dire que, lorsque le rideau s'est levé, le soir de la première, sur le salon du premier acte, « son cœur s'est arrêté de battre : il était transporté par la beauté de ce qui se trouvait devant lui ». Et, là aussi, nous savons.

Nous savons la longue scène au gigantesque lustre circulaire, les lourdes tentures sombres, les chaises, les fauteuils Troisième République d'un luxe bourgeois ébouriffant et terrible — à se damner d'y avoir vécu, à ne plus respirer de s'y être laissé suffoquer. Et les candélabres, et la cheminée, et ce miroir entouré de guirlandes lumineuses chargées, surchargées de fleurs et de lampes. Et un vase chinois venu tout droit des plus monstrueuses chinoiseries rescapées du sac du Palais d'Eté. Et Callas enfin, en robe de faille noire, la taille prise et cambrée, le décolleté de dentelle noire, le chignon bas, les bras recouverts de longues manches de gants qui lui laissent les mains nues.

« Mon cœur s'est arrêté de battre » à entendre Callas, courtisane mondaine et minée par la consomption, découvrir d'un coup l'amour face à un Giuseppe Di Stefano au sommet de sa voix. A l'entendre lancer avec des accents que jamais, jamais, vous n'oublierez son « *Sempre libera* » — puis à murmurer au père Germont — Ettore Bastianini — qui vient lui demander de renoncer à son fils, ce « *Ditte alla giovine* » par lequel elle renonce précisément à l'amour, on ne peut, là aussi, que sentir cette petite crispation du côté du cœur qui est l'émotion véritable. Comme nous a émus, quelques instants avant, l'intonation pleine de noblesse qu'elle a eue pour annoncer à son visiteur qu'il venait l'importuner chez elle et qu'il devait se comporter en homme du monde.

A partir de ce moment, dans cette *Traviata* selon Callas et Visconti, tout peut arriver. Violetta défaille lorsqu'Alfredo va l'insulter au troisième acte et son appel deux fois lancé, chaque fois plus déchirant : « *Che figlia? Morir mi sento!* » c'est le désespoir le plus absolu qui se puisse imaginer avec cette inflexion de la voix sur le deuxième « *pietà* », comme si elle hésitait à le prononcer, retenant son souffle et ses mots pour que rien, plus rien ne vienne la frapper, une fois encore, au cœur. Si bien que c'est une Violetta agonisante qui annonce — « *l'amo!* » — qu'elle en aime un autre qui pourtant lui répugne : la voix est sans timbre, toute vie désormais est morte.

Qu'on ne se méprenne pas : ces sommets — un son, un accent, un mot exhalé — où nous ont entraînés Callas, Giulini et Visconti, ne sont pas le fruit d'un miracle ou du seul génie : tous les trois, pendant des semaines, ont travaillé à perdre haleine jusqu'à cette première du 28 mai 1955. Jamais Callas ne s'est autant dépensée pour saisir un rôle. Elle nous l'a dit souvent : Violetta, la Traviata, est faible et brisée; Callas, pour la chanter, dans toute la gloire de ses plus glorieux accents, s'est fait la voix d'une femme faible et brisée. Et Visconti, doucement, tendrement, l'a brisée pour la faire ce qu'elle est devenue : notre victime. Triomphante, mais victime.

Une photo nous la montre pendant une répétition de *la Vestale*, quelques mois auparavant : elle est Traviata dans la vie. A droite de l'image, robe noire austère et petit col claudine, poignets blancs, ses lunettes à la main et le strict chignon blond, Callas a le visage tendu et elle écoute. Sept hommes, presque tous des hommes vieux, lui parlent. Elle écoute. Il y a trois chefs d'orchestre : Toscanini, Votto et De Sabata. Et quatre autres messieurs dont le nom ne nous dirait rien. Toscanini explique que les mots comptent plus que la musique, ou presque, et que l'opéra, c'est avant tout du théâtre. Callas, elle, dit oui. De Sabata, Votto, les autres, prodigueront à leur tour conseils et avertissements. Derrière, dans l'ombre, il y a pourtant la stature anguleuse, rassurante, de Visconti : allons! si on nous la tue à force de nous la construire, notre Callas, c'est quand même pour sa plus grande gloire. Et elle-même, en ces heures de triomphe, elle en meurt si bien de plaisir!

On a tant parlé de Callas-Visconti, en cette année-là, qu'on en oublierait presque une autre manière de chef-d'œuvre que fut la reprise par Callas du rôle de Fiorilla dans le *Turc en Italie* mis en scène, on l'a vu, par Zefirelli. Là aussi, pourtant, on a une œuvre étrangement moderne dont Zefirelli a encore accentué la modernité en insistant sur le rôle du poète qui observe l'action — superbement interprété par le vétéran Mariano Stabile, dont le « *La ci darem la mano* » de *Don Juan* est un de nos plus chers souvenirs — et qui tire de ce qu'il voit un poème qui sera le *Turc...* lui-même.

Dans ce *Turc...*, Zefirelli a tout fait : la production, les costumes, les décors. Et il a réussi, plus encore que dans la mise en scène de Rome, à rendre Callas — Callas la vestale! — drôle. Zefirelli raconte lui-même que ce n'était pas là une tâche facile. D'autant que Callas, qui avait vu un peu avant le film de William Wyler « Vacances romaines », avait décidé de ressembler... à Audrey Hepburn. D'où quelques kilos encore à perdre! Mais à coups de « trucs » — appâter Fiorilla avec des bijoux, dont on sait que Maria est friande; ou lui créer à même le corps une étole lamée d'or qui l'enchante et la fera rire! — Zefirelli lui aussi modèle la tragédienne antique en une futée amusante, une rouée rossinienne qui met tous les hommes dans sa poche et, amants sur canapé, continue à roucouler le plus parfait des bonheurs conjugaux. Dans des décors qui semblent tout droit issus des fantasmes de Gian-Domenico Tiepolo — le fils. Si bien que le 15 avril 1955, lorsque le rideau tombe sur un Vésuve rose et gai entre les façades lumineuses d'un port de rêve, c'est pour Callas un autre succès.

La seule demi-réussite de cette saison sera une reprise malheureuse de l'*André Chénier* de Giordano. On a vu qu'on avait prévu à la Scala, outre les quatre nouvelles productions de Visconti et Zefirelli, un cinquième rôle pour Callas, qui devait être la Léonore du *Trouvère*. La date de la reprise avait été fixée au 5 janvier 1955 et il était entendu que Mario Del Monaco chanterait Manrico, le trouvère. Callas n'est pas la seule star à avoir des caprices... A quelques jours de la représentation, Del Monaco se fit porter malade : trop fatigué, il ne pouvait affronter un rôle qu'il estimait épuisant. On discuta un moment, puis il fallut bien trouver un arrangement. Cet arrangement, c'est Del Monaco qui le proposa : il était prêt à chanter l'opéra de Giordano à la place de celui de Verdi, si on le lui demandait. Et Callas, sans discussion, accepta.

On comprendra aisément les raisons de Del Monaco : il y a dans *le Trouvère* un air redoutable, « *Di quella pira* », sur lequel il avait peur de trébucher. Et le public de la Scala, pour qui « *Di quella pira* » est presque, avec le « *Va pensiero* » de *Nabucco,* un hymne national, n'aurait pas ménagé ses huées à Del Monaco, en cas de faiblesse. Alors que *Chénier,* c'est à la fois plus facile, mais aussi, c'est un opéra de ténor. Tout y est calculé pour y mettre en valeur le rôle du poète révolutionnaire brisé par la révolution.

Composé en 1886, l'opéra de Giordano n'a pourtant que de lointains rapports avec la vie réelle de l'auteur de *la Jeune Tarentine*. C'est une magistrale démonstration de vérisme triomphant, où le ténor et le soprano voient une fois de plus leurs amours contrariées par le baryton, ici Gérard, un domestique devenu un révolutionnaire de premier plan et qui en veut à Madeleine, puisque Madeleine il y a, de l'avoir dédaignée. Le poète et son amoureuse finissent ensemble sur l'échafaud dans un duo d'amour extatique — « *La nostra morte è il triomfo dell'amor* » — où les plus voluptueux soupirs se mêlent aux plus éloquents sanglots. Si le rôle de Chénier fut assez curieusement créé par un ténor wagnérien, Giuseppe Borgatti, tous les grands noms du vérisme international (?) s'y sont succédé, de Zenatello à Gigli, en passant par Lauri-Volpi.

Quant au rôle de Madeleine de Coigny, le soprano — bien qu'une chanteuse du calibre de Claudia Muzio l'ait joué —, il est assez neutre, avec un seul morceau de bravoure généralement chanté avec toute l'ardeur du post-vérisme décadent : c'était pour Maria Callas un piège. Ajoutons que Madeleine de Coigny était aussi, à la Scala, un rôle qui appartenait à Tebaldi.

Terrible public que celui de Milan : après avoir porté aux nues *la Vestale* et avant d'applaudir à tout rompre Amina et *la Somnam-*

bule, il criera en plein opéra sa déception devant une Callas qui joue le rôle de l'amante de Chénier comme elle le sent — et comme les plus récents enregistrements, Renata Scotto et Placido Domingo, nous ont montré qu'on peut admirablement le chanter — : en œuvre intimiste, toute en nuances et en délicatesses. Madeleine de Coigny est une jeune fille timide de la bonne société qui devient soudain une femme et qui murmure ses aveux. Contre toute une tradition qui veut qu'elle s'époumonne à suivre son ténor de poète à la mort. D'où les cris stupides qui saluèrent sa « *La mamma morta* » — toute la tristesse du monde en trois mots et une voix qui les souffle plus qu'elle ne les chante —, accueillie avec des huées par un public qui n'attendait pas tant de raffinement, et par une claque qu'on avait montée contre Callas. Voler un rôle à Tebaldi! Crime de lèse-majesté.

Les disques pirates, qui nous la restituent dans toutes les demi-teintes dont elle enveloppe l'intensité de son chant, sont superbes. Rarement Callas a autant vibré, alors pourtant que c'était jusque-là un rôle de commande. De même cette photographie qui nous la montre debout devant un fauteuil Louis XVI, robe blanche de vraie jeune fille et un bouquet pâle à la main : le visage légèrement de côté, très droit, elle regarde intensément l'homme qu'elle va aimer et qui chante les couplets de l' « *Improvviso* » où il s'affirme à la fois poète et politique. Et dans ce regard, ces yeux noirs qui se fixent, de côté, sur un homme, comme dans la voix qui se brise pour annoncer « *La mamma morta* », il y a une densité d'émotion que nous retrouvons, nous-mêmes, avec un curieux bonheur : comme si Callas, devant nous, à nos oreilles, redevenait la petite fille qu'elle n'a jamais été.

Donc, un demi-échec sur le moment, cet *André Chenier,* mais, pour nous qui le gardons, un souvenir poignant.

Cependant, que Callas, reine incontestable de la Scala, qu'on conteste pourtant mais pour de mauvaises raisons, poursuit cette saison à Milan à laquelle aucune autre ne ressemblera plus, elle chante aussi à Rome, à Berlin et surtout à Chicago — on va en parler très vite, de Chicago... Et elle enregistrera *Butterfly, Aïda, Rigoletto.* Et puis il y a les petits accrochages, les mauvaises querelles qu'on continue à lui faire. Un accueil mitigé, moins à la chanteuse qu'à Callas-l'ennemie-de-Tebaldi, qu'on lui fait à Rome à l'occasion d'une soirée de *Médée;* une nouvelle dispute avec Boris Christoff pour des saluts; une autre querelle — plus grave celle-là — avec Di Stefano, qui interrompt ses représentations de *Traviata* à la Scala après la première et que Visconti devra remplacer par Giacinto Prandelli. Il y a aussi les cris qu'on pousse quand même à la fin de son « *Sempre libera* », lors du troisième soir, simplement parce que les détracteurs irréductibles n'ont pas abandonné la partie. Et il y a, enfin, le départ de Tebaldi de la Scala. « Est-ce qu'elle peut chanter un soir Lucia, un autre Violetta, un autre encore la Gioconda et le lendemain Médée ? Non, s'écrie Callas. Alors qu'on ne me dise pas que nous sommes rivales. Nous comparer, c'est comme comparer du champagne et du Coca-cola ! » Et la presse explose : non contente de chasser Renata Tebaldi de la Scala, Callas ajoute l'insulte à la blessure. Pour qui se prend-elle donc, Maria Meneghini-Champagne-Callas ?

Tout cela n'est pourtant que peu de chose : on s'agite à peine dans le bocal opéra sur lequel tout Milan a les yeux fixés, et la presse en fait des gorges chaudes, c'est tout. Mais ce que cette hostilité montre, c'est que, même aux sommets de sa gloire et de sa carrière, on continue à discuter Callas. Alors que Ponselle était une idole que chacun vénérait. On l'a dit, écouter — et aimer — Callas c'est s'embarquer pour une aventure. Mais ce qu'il faut retenir c'est Callas-Visconti, Callas-Zefirelli. Ou ces deux soirées de Berlin où la Scala au grand complet, sous la baguette de Karajan, nous donne la plus belle *Lucia* qui sera jamais — et que le disque a conservée. Di Stefano, Panerai, Zaccaria, plus Callas et Karajan : un moment où Donizetti, d'un coup, touche au génie.

Si bien que le reste...

La dernière saison de Callas à Chicago, puis son retour à Milan, en cette fin de 1955, marquent pourtant un tournant, dans le roman Callas. Un choc brutal. Callas règne, mais d'autres grondent : c'est son premier accrochage sérieux avec la presse, le public, l'opinion.

Tout commence cependant comme dans un rêve inventé pour le plaisir absolu d'une prima donna... D'abord cette liste de chanteurs prévus au programme de la saison : di Stefano, Rossi-Lemeni, Astrid Varnay, Tito Gobbi, Ebe Stignani, Ettore Bastianini, Jussi Björling, Rosanna Carteri — le rêve d'une prima donna, ou le nôtre ? Di Stefano, Rossi-Lemeni, Tito Gobbi : nous connaissons. Astrid Varnay, c'est l'une des plus somptueuses chanteuses wagnériennes de l'après-guerre, l'une des grandes Brünnhilde de Bayreuth. Björling, c'est le ténor absolu du Met : est-ce que Chicago peut imaginer mieux ? Avec, pour couronner le tout, Callas et

Tebaldi. Rien de moins! Les rivales célèbres dans leur numéro de haine mutuelle et de compétition favorite parfaitement organisé.

Lawrence Kelly a bien fait les choses. Mais comme il n'y a qu'une loge princière pour accueillir les reines de la scène avant, pendant et après les actes, Tebaldi et Callas partagent en alternance cette même loge. Face au même miroir, elles effaceront le sourire de *la Bohème* ou les larmes de *Butterfly*. On a tout fait, simplement, pour qu'elles ne puissent pas se rencontrer et pour que rien ne vienne gâcher l'atmosphère qu'on veut sereine de ces soirées de délire. Pour éviter aussi que Callas ne soit importunée par les avocats et autres chicaneurs de l'impossible Bagarozy, Lawrence Kelly et Carol Fox se sont engagés à empêcher tout importun d'avoir accès à elle. Ainsi Callas, Meneghini, secrétaire et petit chien peuvent-ils s'attendre à voir l'année se terminer en apothéose.

Et c'est bien d'une apothéose qu'il s'agira. Apothéose aux retombées bien déplaisantes, mais apothéose tout de même. Tandis que Tebaldi chante *Aïda* et *la Bohème,* Callas chante *les Puritains, Madame Butterfly* et *le Trouvère*. Du 31 octobre au 15 novembre, c'est un triomphe. Son Elvira des *Puritains* est connue, sa Léonore du *Trouvère* conquiert tout le monde. Nous l'y aimons, même si nous ne la sentons pas vraiment vivre ce rôle. Et pourtant, ce qu'elle y fait est si beau... Face au sublime Björling, l'un des plus grands Manrico de sa génération — qu'on écoute l'enregistrement R.C.A. avec Zinka Milanov et Leonard Warren! — elle déploie des trésors de musicalité. « Sa voix, a commenté un critique américain de ces représentations de 1955, contient un peu du mordant et toute la richesse de la clarinette. Tout cela chauffé et adouci par une immense féminité. La voix flotte avec une grâce sans effort, s'enfle jusqu'à emplir toute la salle, pour s'effiler ensuite le plus sensuellement du monde en arabesques toutes décoratives. » Et le même critique de conclure : « Elle vous touche tout droit à l'estomac. » K.-O. au premier acte, le public américain en redemandera.

Rudolf Bing, le directeur général du Metropolitan Opera, s'en rend bien compte : son stylo d'une main et — imaginons-le — son carnet de chèques de l'autre, il est là, en coulisse, avec un contrat dans la poche. « Ne jamais dépasser 1 000 dollars par soirée », la fameuse maxime de Bing à la tête du Met de New York? Oubliée! Meneghini n'a plus besoin de marchander, ni Callas elle-même de jouer les divas hésitantes : il est bien évident que les débuts de cette superstar à New York n'ont que trop tardé. La presse se pose des

139

questions : à combien le couple Meneghini-Callas a-t-il accepté de signer? 2 000 dollars? Plus? Rudolf Bing sourit, s'incline et baise la main de sa diva qu'il est allé voir dans sa loge : « Nos artistes ne travaillent que pour l'amour de l'art, voyons! Ou parfois pour quelques fleurs... Disons qu'elle aura cette fois quelques fleurs de plus. » Bing, alors, joue au gentleman, et puis la presse est là, qui le talonne. Et le public. C'est le 8 novembre 1955. Callas ouvrira la saison à New York le 26 octobre 1956 avec *Norma*.

On l'a dit, l'Amérique en redemande. Carol Fox et Lawrence Kelly jubilent, Meneghini se frotte les mains — s'il ne comprend toujours que quelques mots d'anglais, il sait de mieux en mieux compter — quant à Callas, elle exulte. Jamais, devant des journalistes, elle n'a été plus douce, plus sincèrement « gentille ». Un ange de tendresse émue qui donne à Chicago ses grandes heures de gloire lyrique de l'après-guerre. Que Tebaldi chante? Callas, comme à Milan, est là. Alors que sa « rivale » ne se dérange pas lorsque Maria est en scène et qu'elle reste prudemment dans son hôtel ou chez des amis. Mais Maria, elle, écoute, applaudit, commente chaleureusement. Elsa Maxwell, la pire commère dans tous les sens — et les pires — du mot que l'Amérique ait jamais enfantée (et Dieu sait si l'Amérique en est féconde, de ces matrones-là!) Elsa Maxwell, donc, qui est aussi la grande amie de Tebaldi, qui a pris fait et cause pour elle dans la querelle des divas, n'en revient pas : cette Callas serait donc un ange? On verra que le démon qu'est Maxwell deviendra, le moment venu, démon tentateur. Brusquement devenue folle de Callas, ce sera l'amie qui se veut soudain la mère perdue, la complice, la sorcière aux filtres ambigus dont les colonnes de potins emplies d'une attention empoisonnée distilleront en Callas tout ce qui, le moment venu, donc, la perdra.

Mais nous en sommes à l'idylle avec la presse. « J'adore cette femme. Je suis esclave de son charme », s'exclame le critique Roger Dettmer, qui résume l'opinion de Chicago en disant : « La ville entière est tout simplement devenue folle de Callas. »

Et ce seront pourtant les *Butterfly* qui vont s'achever en tragi-comédie. Ou, plutôt, en pantalonnade. En 1955, Callas n'a jamais chanté *Butterfly* à la scène. Quelques mois plus tôt, elle l'a enregistré sous la direction de Karajan. Et on sait ce qu'elle a fait du rôle... Callas la « déesse païenne », Callas-Médée et Callas-Tosca — mais aussi Callas la coloratura aux plus nobles accents de bel canto — s'est mise si simplement dans la peau de la petite geisha japonaise, séduite et abandonnée par son légionnaire de marin américain, que c'est à se frotter les yeux. Quoi? Ces accents de vérisme bouleversants, ces murmures presque parlés, c'est encore la fluide Elvira, dont le chant s'écoulait en notes toujours portées plus haut, somptueuse cascade d'argent sonore? Et c'est Tosca aussi, qui crie sa rage et son amour? Qu'on écoute seulement Callas-Cio-Cio-San murmurer au début du premier acte d'une voix de petite fille toute prête à être une très triste petite fille : « *Nessuno si confessa mai nato in povresta* » — personne n'admet jamais être né pauvre... On dirait une comptine, une chanson d'enfant plus dite que chantée et venue des plus anciens émois de l'enfance. Un Puccini sans lyrisme ni aucun de ces appels très voluptueux qui si souvent nous font tressaillir. Là aussi, pourtant, c'est une frisson qui nous parcourt, mais cette fois un frisson de tendresse indicible : aimer cette Callas-enfant-là, l'aimer à en mourir. Parlant des duos d'amour de ces soirées de *Butterfly,* et de Di Stefano et d'une Callas devenue toute humble, on a pu remarquer que c'était « la montée de l'ardeur d'un homme face à l'extase muette d'une femme ». Et quand 3 600 personnes ont applaudi à tout rompre le dernier rideau, le soir de la première, et que le baryton Robert Weede — déjà Scarpia à Mexico City en 1950 — qui était d'abord venu saluer avec elle — s'est incliné devant elle et s'est retiré, c'est une Callas seule, les mains tendues, qui a recueilli les bravos frénétiques de tout Chicago.

Ce Chicago qu'elle allait si vite quitter après une scène d'ahurissante hystérie. Hystérie de la presse, bien sûr, et pas de Callas qui, elle, s'est seulement mise en colère!

Kelly et Carol Fox n'avaient prévu que deux *Butterfly,* les 11 et 14 novembre. Mais devant ce succès, on propose à Callas de chanter le rôle une troisième fois, et elle accepte. Même frénésie, mêmes bravos, mais du coup la garde autour de la prima donna se relâche. Et c'est l'incident, le premier accroc dans l'histoire rose et bleue — ou rouge et or — qu'on raconte. Bien sûr les deux imprésarios s'étaient engagés à ne pas laisser les émissaires de Bagarozy importuner leur vedette : mais maintenant que la saison s'achève, on se dit que tout danger est probablement écarté. Et puis, peut-être que, dans le personnel du Chicago Civic Opera, il se trouve quelques amis de Tebaldi, sait-on? Des grincheux que l'unanimité rencontrée par Callas a importunés. Alors, comme Cio-Cio-San quitte définitivement la scène sur laquelle les fleurs sont tombées pour regagner sa loge — c'est la farce.

141

Soudain, surgis de nulle part, des messieurs en chapeaux aux fausses allures d'Incorruptibles de la télévision se ruent dans la petite pièce. La légende grotesque a retenu leurs noms, et le talent équivoque d'un photographe les a immortalisés pour nous : le marshall Stanley Pringle et le deputy sheriff Dan Smith portent des chapeaux mous, des cravates vulgaires et des imperméables en gabardine. On devine aussi les pantalons à pattes d'éléphant : ce sont les éléphants américains dans le magasin de nos plus précieux souvenirs en porcelaine du Japon. Mais nous sommes la loi, n'est-ce pas? Les pandores! Alors, une convocation à la main, on force l'intimité des divas et, comme les divas refusent de vous recevoir, on leur glisse de force dans le kimono un morceau de papier froissé. Force doit rester à la loi. Surtout avec des milliers de dollars derrière elle!

Vision de Callas déchaînée : elle hurle, elle crie, elle tempête en toutes les langues, c'est-à-dire en italien et en anglais. Mais les crapauds devant elle bavent leurs formules juridiques. Et puis le photographe est là — *Associated Press Wirephoto,* n'ayons garde d'oublier de rendre à César ce qui lui appartient! — qui prend la photo, qui fera le tour d'un monde, d'une Callas folle de rage rugissant dans son kimono. Des « *zoulous!* » Ce sont des « *zoulous* » que ces flics-là! Callas les a-t-elle vraiment traités de zoulous, les flics, les journalistes, les habitants de Chicago réunis dans une même vindicte? On ne prête qu'aux riches.

Mais d'un coup, en tout cas, l'idylle est finie. C'est d'une voix qui « touche au contre-ut » — affirme la presse qui brûle séance tenante ce qu'elle a adoré — que Callas se déchaîne contre tous et contre Chicago au premier chef, son public et les administrateurs de son opéra qui n'ont pas tenu parole et n'ont pas su la protéger. D'un coup, et pour dix ans, Callas entre dans la peau du personnage de la tigresse. Jusque-là, elle était *fantasque, difficile,* elle avait *des humeurs :* désormais, c'est une *mégère,* une *harpie.* Qu'on regarde seulement son visage, la bouche — trop maquillée — tordue par la haine quand elle invective les deux comiques de la troupe policière de Chicago, Dan et Stan aux chapeaux mous. Face à eux, et le kimono en bataille, Maria Meneghini-Callas, en une seule saute d'humeur et une photo peu flatteuse, est devenue la cible numéro un de la presse mondiale.

Bien sûr, Maria ne reviendra plus à l'opéra de Chicago, sinon longtemps après, et en concert. Prêtons seulement l'oreille, au passage, au bruit bien déplaisant de la première porte qui se ferme. Et Maria, hors d'elle-même, repart donc pour l'Italie. Où la deuxième farce de la saison — quelle année! — l'attend.

Après les « mystères de Chicago », c'est « l'affaire des macaroni »! Cette fois, nous sommes en plein délire. A Stan et Dan — comiques troupiers — succèdent les Spaghetti Brothers. Et la presse, imperturbable, s'amuse à faire de l'humour sur le dos de Maria Callas. Puisqu'on a lancé la première pierre, pourquoi se gênerait-on maintenant? A grands coups de lasagne et de cannelloni...

Nous en rions, aujourd'hui, mais ces publicités — ces contre-publicités navrantes, ces gros rires, et ces gros titres, ces manchettes perfides — sonnaient pourtant les premières notes d'une musique bien amère.

De retour à Milan, Callas constate en effet qu'une firme de pâtes alimentaires, la *Pastificio Pantanella Co.,* a lancé une campagne de presse sur le thème : « C'est en mangeant nos spaghetti que la Callas a réduit de moitié. » Un très honorable médecin, qu'on affirme par ailleurs être le beau-frère de la chanteuse, a même fourni un certificat médical pour étayer ces dires. « Moi, docteur Giovanni Cazzaroli, certifie que... » Mécontente, Callas proteste d'abord, menace d'un procès, puis finit par le déclencher, son procès. Trop, c'est quand même trop. Alors c'est la curée. C'est à qui rira le plus fort. On découvre tout d'un coup que le prince Marcantonio Pacelli, qui préside aux destinées de la fabrique de nouilles, empereur des pâtes aux œufs, est un cousin du pape Pie XII. L'occasion est trop belle et l'idole de tous ceux qui estiment que Callas a tout simplement changé l'histoire de l'opéra devient l'héroïne de tribulations grotesques. Parce que Callas se fâche, bien sûr, elle tempête...

Le procès va durer jusqu'en 1959, mais après l'affaire de Chicago, l'anecdote des pâtes Pantanella a déclenché un processus irréversible. Callas est désormais devenue pour toute une partie d'un public, qui ne l'a bien entendu jamais entendue chanter, un personnage tour à tour grotesque et furibond. Pour la presse, c'est tout simplement une mine d'or : on ira exploiter le filon. Jusqu'à ce qu'il n'en reste rien.

Quant à nous, qui lisons avec délectation les tribulations de notre chanteuse favorite dans *News of the World, Samedi soir* ou *France-Dimanche,* nous sommes la réplique bassement comique de ces messieurs graves réunis en conclave autour de Callas chanteuse triomphante pour la faire chanter encore : à grands coups d'épithètes et de flashes hors de propos, nous l'assassinons. Simplement. Les vieux messieurs, eux, les Serafin ou encore les Meneghini, quand bien même ils l'auraient eux aussi tuée, ils lui ont quand même appris d'abord à être Callas pour nous !

2

D'année en année et jusqu'à la fin de 1958, la carrière de Callas va désormais s'épeler comme l'affirmation d'une suprématie sans précédent sur la scène internationale. Mais aussi comme une succession d'incidents, puis de scandales où tous, qui osons lire sa vie de tous les jours — sa vie de scène — nous nous vautrerons avec béatitude. La suprématie sera parfois contestée, ce sera chaque soir un combat plus difficile, un équilibre souvent haletant, mais il y aura toujours, au bout du compte, Callas triomphante; en revanche, on ne s'interrogera jamais sur les scandales. Ils seront, eux, orchestrés avec délectation par une presse qui, pas un instant, ne s'attachera à remettre en question la fausse légende qu'elle est en train de créer.

Suprématie, donc, triomphe... la saison 1955-1956 de la Scala ne sera cependant pas pour Callas l'une de ses plus grandes saisons. Certes elle y apparaît presque quarante fois, mais elle n'y chante que quatre rôles, contre cinq au cours de la saison 1954-1955. Elle n'y sera pas non plus au meilleur de sa voix, et chaque série de représentations sera marquée par des incidents déplaisants. L'étoile de Callas rayonne dans le monde, mais chez elle — puisque Milan est devenue « chez elle » — on continue à discuter cette gloire.

Les plus vieilles rancunes sont les plus tenaces, et les amis de Tebaldi — mais aussi tous ceux que la formidable personnalité de Callas dérange — sont bien décidés à la provoquer : elle est subitement devenue une cible si aisée pour les *paparazzi! Norma, Fedora, Traviata, le Barbier de Séville :* chaque fois, on va chercher le défaut de la couronne.

Norma, d'abord, qui ouvre la saison. Encore une fois, dans la salle, c'est l'atmosphère des grands jours. Le président de la

République italienne est là, et partout il y a des œillets rouges. On a commandé à Pierre Balmain une décoration spéciale du théâtre, on attend, on murmure. Callas en vierge vaincue par l'amour apparaît et très vite, au-delà de la simple musique, c'est d'autre chose qu'on commence à parler. Cette fois, c'est Mario Del Monaco qui chante Pollione. Entre le grand ténor à la voix un peu épaisse, violente, parfois, dans ses intonations — et qui ne recherche souvent que « le coup de gueule » à faire résonner le paradis — et celle dont tout l'art est au service de la moindre nuance de la musique et du texte, le torchon brûle depuis longtemps. On n'a pas oublié les premières *Aïda* de Mexico City et les notes hautes que les deux chanteurs se disputaient jalousement. Cette fois, c'est l'éternelle question des rappels qui empoisonne l'atmosphère. Del Monaco a ses fervents partisans, Callas aussi, bien sûr, et peut-être plus nombreux. Alors, chacun surveille l'autre et, bien qu'un accord conclu en début de saison interdise tout salut individuel, on se jalouse, on s'épie. Et puis, Meneghini soupçonne Del Monaco d'avoir trop généreusement arrosé la claque en sa faveur. Un soir de janvier, c'est donc presque l'éclat : on voit le moment où — rapporte la presse ! — Callas va lever la main sur son partenaire. Ou le pied... ! « Je m'apprêtais à sortir de scène, aurait dit le ténor, lorsque je sentis un coup de pied magistral me frapper les mollets. Je restai un moment surpris et me frottai avec vigueur la jambe. Quand je pus enfin marcher, Maria avait pris tous les applaudissements. » Tout rentre cependant dans l'ordre et Del Monaco lui-même dira qu'on a exagéré ces incidents, mais l'atmosphère des représentations a été empoisonnée de bout en bout.

D'ailleurs Callas elle-même, en ce début de saison, paraît parfois un peu fatiguée. Comme si les effets cumulés de ses démêlés avec la presse et de la fameuse cure d'amaigrissement commençaient à se faire sentir. Premier signal d'alarme ? Il est trop tôt pour le dire, car sa *Norma* de l'ouverture de la saison 55-56 reste l'une de ses plus belles. Jamais son « *Casta diva* » n'a paru plus inspiré et, face au chant un peu brutal de Del Monaco, la tendresse dressée de Callas est un frémissement. Là encore, le disque pirate nous a conservé une soirée que la très belle mise en scène de Margherita Wallmann avait aidé à transfigurer.

Mais les critiques s'interrogent : est-ce que Callas ne commence pas, vraiment, à trop en faire ?

Le second incident sera celui des carottes et des navets...

145

Lorsqu'on évoque *la Traviata* de Visconti et Callas et qu'on se met à parler de légumes frais et de primeurs, on frémit devant tant de trivialité. Mais Callas chante cette saison 17 *Traviata* avec le même bonheur et pourtant, un soir, dans la pluie de fleurs qui s'abat sur la scène au dernier rideau, il y a une botte de radis. Deux versions du drame : méprisante, Callas les aurait repoussés dans la fosse d'orchestre d'un coup de pied ; ou : myope comme toujours sur la scène, Callas aurait pris les carottes pour des glaïeuls ou des œillets (elle aurait reconnu des roses!) et les aurait serrées, toute émue, sur son cœur. En tout cas, Maria fulmine, Meneghini tempête et les journaux s'amuseront beaucoup : de Milan à New York en passant par Paris et Londres, on rapportera l'histoire — et on se gaussera de la diva.

Et pourtant, ces *Traviata* sont sublimes. D'ailleurs, qu'en une saison le public milanais ait pu voir dix-sept fois Callas murmurer son « *Addio del passato* » suspendu comme à un fil à la baguette de Giulini et mourir ensuite dans la mise en scène de Visconti, c'est déjà un miracle et un grand moment de l'histoire de l'opéra de ce siècle.

Du meilleur, pourtant, au beaucoup moins bon... *Le Barbier de Séville,* que crée Callas le 16 février 1956, est en revanche considéré par le public et la critique comme un échec cuisant. Même si certains des aficionados les plus passionnés de Callas affirment que sa Rosine a un abattage qu'on a rarement vu ailleurs chez Rossini.

Au départ, il est vrai, rien n'était gagné dans cette reprise. La brillante équipe de chanteurs — Callas, Tito Gobbi et le jeune chanteur péruvien Luigi Alva, encore à ce jour l'un des meilleurs Almaviva de son temps — évoluait, plus ou moins bien dirigée, dans un décor sans grand intérêt.

Après les splendeurs de Visconti ou de Margherita Wallmann, on retombait sur terre. Et Giulini, qui a conduit ces représentations, en a gardé un assez mauvais souvenir. Il affirmera sans ambages : « Jamais Callas n'a été Rosine! » Même si Rosine est elle aussi une futée, qui se moque de son Bartolo de tuteur pour finir par épouser l'un peu trop sucré Almaviva avec la bénédiction de notre barbier de qualité, Callas dépasse sûrement les intentions de Rossini. A l'entendre susurrer d'une voix mutine les couplets du « *Contro un cor* » de la leçon de musique, c'est pourtant un bien curieux sentiment qu'on éprouve. On a envie de rire, mais c'est comme si Callas elle-même jouait à se moquer de Callas. En Espagnole de

146

fantaisie, Rosine saisie par la rage de railler, Callas en rajoute encore. Et, pour la première fois, c'est le qualitatif incroyable qui tombe comme un couperet de guillotine : « vulgaire ». Callas en Rosine est *vulgaire!* Le public se regarde et la presse répond en écho.

En réalité, il y a probablement eu une erreur de choix de la part de Callas. Même si elle a chanté le rôle comme il avait été écrit — pour un mezzo coloratura — elle en a transposé les phrases les plus basses et le résultat est inégal et assez déconcertant. Et puis, surtout, la Rosine de Callas a tout de la mégère. Le pauvre Bartolo est certes roulé dans la farine, mais on frémit, en la voyant et en l'entendant, à l'idée de ce que deviendra le malheureux Almaviva, lorsqu'il aura épousé cette coquette déchaînée. Comme si tout le monde — et Callas la première — avait oublié que la Rosine du *Barbier* devient la comtesse des *Noces* et que celle qui pétillait de joie en chantant son « *Una voce...* » chez Rossini doit si vite nous faire pleurer chez Mozart : « *Porgi amor...* » — O Dieu de l'amour perdu. Et puis, nous voyons quand même mal Maria chanter d'une voix suave « *Io son docile, obbediente, dolce...* »

« C'était une héroïne de Rossini qui se serait prise pour Carmen! », a conclu Carlo Maria Giulini qui, quelque peu ébranlé au lendemain de ces représentations dans son callasisme absolu, en abandonnera dès lors presque totalement la scène lyrique pour se consacrer à la seule musique orchestrale. Callas, elle, ne s'est rendu compte de rien. Ou elle n'a voulu rien savoir. Avec un parfait enthousiasme, elle est revenue saluer seule après chaque rideau, quitte à se moquer même de ses camarades qui — tel Rossi-Lemeni en Basile — lui semblaient recueillir plus d'applaudisse-ments que mérité. C'est-à-dire plus d'applaudissements que Callas... D'ailleurs Rossi-Lemeni, Gobbi, Alva, tous étaient parfaits. Et même si Callas, qui est en train de s'amuser à se jouer d'elle-même dans ce *Barbier* de qualité contestable, nous irrite quelque peu — parce que trop conforme à l'image qu'on a voulu faire d'elle — l'enregistrement qui nous a été laissé des représentations dirigées par Giulini est un témoignage sur le vif de cet art de danser sur la corde raide qui était le sien. Un an plus tard, et sous la direction du chef Alceo Galliera — qui n'aura pas la finesse de Giulini — elle en enregistrera une version commerciale : en meilleure voix, moins agressive, moins ironique, plus douce, Callas nous séduit davantage — mais elle nous intéresse peut-être moins. Et finalement, avec le recul du temps, ce *Barbier* de Giulini et Callas nous amuse aujourd'hui. Et on oublie aisément la froideur du public devant l'abattage de Callas en 1956. D'ailleurs, la première du *Barbier*, en 1816, avait été elle aussi l'un des plus retentissants échecs de l'histoire de l'opéra, et Stendhal nous en fait les témoins. A la volubile invention de Rossini, le public romain avait préféré les gentillesses un peu plates de Paisiello, qui avait lui aussi écrit un opéra à partir du texte de Beaumarchais et l'avait donné dans toute l'Europe depuis un quart de siècle.

Au fond, la Callas du *Barbier* de 1956, c'est la panthère rose et noire en liberté. Elle s'effile les moustaches avant d'entamer une séguedille pour mieux nous croquer tous. Aux critiques, dès lors, de faire la fine bouche...

Restait à finir la saison avec *Fédora*. L'opéra de Giordano n'est certes pas un chef-d'œuvre mais, comme *Tosca,* il permet de superbes élans dramatiques. *Fedora* et *Tosca* sont d'ailleurs toutes deux inspirées de pièces de Victorien Sardou et toutes deux, au théâtre, ont été jouées par Sarah Bernhardt. C'est une sombre histoire d'exilés russes, d'espions internationaux et de belles aventurières, avec de l'amour en prime, dans une société cosmopolite fin de siècle. A la fin de l'œuvre, Fedora, princesse Romazoff, s'empoisonne pour avoir causé le malheur de celui qu'elle aime et le ténor — Caruso créa le rôle — pleure beaucoup. Jadis New York avait monté *Fedora* à l'intention de la très belle et très blonde Maria Jeritza. De nos jours, l'ineffable Magda Olivero a fait verser des larmes au monde entier en jouant le rôle de la princesse Romazoff.

Les six soirées de mai et juin 1956 furent surtout un succès d'estime. On trouva bien entendu Callas au meilleur de sa forme dramatique dans un rôle où elle pouvait se laisser aller à tout son sens du théâtre et du drame. Les décors complètement fous de Nicola Benois, ces bonbonnières pour petites-nièces de tsar vivant entre la serre chaude et le sucre candi, ces volutes, ces arabesques et la crème fouettée autour, accentuaient encore le côté « mélo » du livret et Maria pouvait s'y laisser aller à de superbes emportements. Lorsque Fedora meurt, Callas renversée sur les marches d'un escalier aux improbables élancées lyriques était déjà, et à elle seule, un moment de somptueux théâtre. Mais surtout certains critiques remarqueront que sa voix, tout en perdant peut-être une partie de sa puissance, se voyait débarrassée des plus gênantes stridences qu'on avait si souvent dénoncées dans son registre aigu. Comme si la voix de Maria Callas était vraiment en train de se transformer : ce qu'elle perdait en volume, elle le gagnait en qualité. Ce qui n'empêcha pas une partie du public des derniers balcons de la siffler copieusement : peut-être n'avait-il pas tort, ce public, car *Fedora,* pas plus que le *Barbier,* n'était un opéra pour Callas. Si bien que la saison qui s'achève à la Scala, si copieuse qu'elle ait été quant au nombre des apparitions de Callas à la scène, est déjà pour l'histoire de Callas à Milan en retrait très net par rapport à la saison précédente. Avec Giordano et Rosine, nous sommes loin des élans sublimes de Callas dans *la Somnambule, la Vestale* et *Traviata* revus par Visconti !

Mais la Scala n'a pas éteint ses feux depuis plus de quelques mois que c'est New York qui s'ouvre enfin à Callas.

Et les débuts de Callas au Metropolitan, c'est en quelque sorte le commencement d'une ère nouvelle dans la vie de Maria. Non qu'un rideau s'ouvre pour elle sur un monde vraiment nouveau de la voix et du geste — comme lorsque les velours écarlates de la Scala s'étaient écartés sur la triomphante *Vestale* de 1954. De même, ce n'est pas encore une toile qui tombe et qui ne se relèvera plus, marquant ainsi la fin d'une grande époque de sa carrière — comme lorsque ce seront les toiles peintes de l'Opéra de Paris qui, dans les derniers jours de 1958, la sacreront reine, notre reine à tous mais reine sans royaume, Lear-femme et déesse à laquelle ses enfants ont l'un après l'autre tourné le dos. L'entrée de Callas au Metropolitan a un autre sens. Jusque-là, entre les mains de Meneghini — qu'elle savait d'ailleurs lorsqu'elle en avait envie parfaitement mener à sa guise — Callas était une chanteuse qui vivait dans le monde du chant. Ses amis étaient des chanteurs ou des magiciens. Visconti, Serafin étaient, à leur manière, des dieux ou des demi-dieux. Mais c'est que, jusque-là, Callas avait échappé à New York. Le baiser empressé, compassé que Rudolf Bing donne à Chicago sur le bout des doigts de la prima donna qu'il vient acheter pour l'automne suivant est une caresse empoisonnée. C'est le billet d'entrée — sans autre retour validé pour la saison que la chute à pic, l'oubliette et la démission — aux paradis artificiels de la *café-society,* du *jet-set,* ces Clubs Méditerranée pour séducteurs aux portefeuilles bien remplis et fausses belles dames sur le retour qui s'échangent leurs gitons et leurs artistes sous contrat au Harry's Bar de Venise, au Delmonico de New York, au Dorchester, à Monte-Carlo ou sur un yacht en Crète. Là règne une autre race de quarts de dieux, qui ont le pouvoir de tout nous acheter, avec en supplément une flottille de pétroliers, une armada de canonnières, une chanteuse amoureuse ou toute la collection Wildenstein, qu'on transportera en Floride. Figures de proue de cet univers dont chaque nom lancé négligemment vous ouvre, sans autre formalité, casino ou bordel, galerie de peinture ou administration d'une ville comme d'une compagnie dont le siège est bien entendu au Liechtenstein, il y a les commères au nom de cire trop caustique, les armateurs amateurs de chair fraîche et les familles régnantes dans nos plus petits bas-empires : on s'y vautre entre soi dans la soie des ragots, le fumier du pétrole et les tableaux de maîtres aux cloisons du navire.

Voilà où Maria Callas va mettre le pied, sans pour autant que cela lui porte bonheur, lorsqu'elle arrive à New York en ce début d'automne 1956. Car New York, pour qui veut se mêler à ceux dont la carrière n'est que de réussir, c'est tout ce qu'on vient de décrire plus haut. En mieux.

La musique, on le voit, la vraie musique, n'a pas grand-chose à voir avec ce monde-là... Mais comme Callas est d'abord musicienne, avant d'en arriver là, elle a encore enregistré trois opéras pour E.M.I. — la Bohème, qu'elle ne chantera jamais à la scène et où sa Mimi fragile nous émeut; le Trouvère, avec Karajan; et le Bal Masqué avec Votto. Pas de Tullio Serafin au programme E.M.I./ Callas cette saison, car Callas, on l'a dit, fait payer à Serafin le prix de ses infidélités : il a enregistré Traviata avec la plate et triste Antonella Stella. Il est vrai que, tenue par son ancien contrat avec Cetra, Callas ne pouvait alors regraver une Traviata... Mais ce ne sont là que des circonstances atténuantes qui n'effacent pas la faute.

Et puis, à Vienne, Callas a chanté Lucia di Lammermoor avec Karajan : même triomphe que l'année précédente à Berlin, on promet de revenir. Même si, une fois de plus, Callas s'est brouillée avec Giuseppe Di Stefano... Et même si Callas en veut à Karajan d'avoir bissé une scène juste avant son air de la folie, l'obligeant à se dépenser par deux fois avant son morceau de bravoure.

Mais, déjà, Maria Callas débarque à New York. Et elle a droit, pour l'accueillir, à la couverture de Time Magazine — un médiocre portrait du peintre Henry Koerner, qui est venu la voir à Milan — mais aussi à un ignoble article de plusieurs pages qui, sous prétexte de faire le point sur elle, reprend tous les ragots qu'on a pu faire courir sur elle, et a la chance d'en découvrir d'autres. Un infect ramassis d'anecdotes vulgaires où, carottes, radis, coups de pieds dans les mollets et spaghetti en salade, on en oublie que Callas peut être aussi la première chanteuse du monde. Il faut que le public de New York, qui va payer cher pour entendre Maria, le sache, le comprenne et en soit bien persuadé : Callas est un monstre, qui fait des caprices, frappe ses petits camarades et surtout oublie sans vergogne sa mère.

Cette fois l'accusation de fille indigne est lancée comme la plus vigoureuse des dénonciations. Evangelia, que les reporters du torchon en question sont allés chercher à grand renfort de promesses et de flatteries, a raconté tout ce qu'on pouvait attendre d'elle : la carrière méprisée de la grande sœur et la pauvre maman réduite à travailler quand sa fille croque indifféremment grains de diamant et grains de caviar, le tout arrosé de champagne rose.

On aurait pourtant tort de trop s'indigner sur tout ce déballage que la presse new-yorkaise, avec une délectation sordide, va reprendre avidement : pour le moment, en ce 13 octobre 1956, Maria ne fait encore qu'arriver. Et, toute à son personnage, son débarquement à New York est une entrée en scène fracassante, fanfares et presque service d'ordre à l'appui, si conforme à sa légende qu'elle appelle le déferlement de mauvais goût qui va suivre. Une véritable délégation, Bing en tête, est venue la chercher à l'aérodrome et elle, avec sa suite — c'est-à-dire essentiellement deux sublimement belles et jeunes secrétaires, son mari et un petit chien — sourit aux photographes et ressemble de plus en plus à ses propres photographies.

Si bien que même après cette attente, après la réputation qui a précédé Callas-chanteuse, c'est Callas-vedette qui intéresse d'abord. Et la musique passe un peu au second plan. Parlons-en pourtant, de cette musique : pour nous, c'est elle qui compte. Entre le 29 octobre et le 19 décembre, Callas va chanter à New York cinq *Norma*, deux *Tosca* et quatre *Lucia*. Elle chantera en outre une *Norma* à Philadelphie, elle fera un concert télévisé à New York et donnera un récital à l'ambassade d'Italie à Washington. Chaque fois, ses camarades s'étonneront de sa conscience professionnelle, de la rigueur de son travail de préparation, du regard critique et lucide qu'elle pose sur toutes choses. Voire sur les décors vieillots et les mises en scène désespérantes du premier théâtre des Etats-Unis, qui s'affirme pourtant premier Opéra du monde!

Avec Fausto Cleva, avec Dimitri Mitropoulos, qui la dirigeront à tour de rôle, elle discute pied à pied le caractère qu'elle veut donner

151

à ses héroïnes, la couleur de leur chant comme les tempi qu'elle souhaite. Et Mitropoulos d'admirer sa rigueur : Callas sait où elle va, ce qu'elle veut et pourquoi elle le veut, mais c'est toujours en fin de compte pour la plus grande beauté du drame et de la musique... De son côté, la critique, assez réservée lors des premières représentations, se dégèle avec les *Tosca* et crie au miracle après les *Lucia*. Avec, comme toujours, les mêmes nuances et les mêmes réserves : Maria Meneghini-Callas n'a peut-être pas la plus belle voix du monde — ici on est au royaume de Zinka Milanov, qui a recueilli plus de bravos en gagnant son fauteuil le soir de la première que la prima donna de la soirée ! — mais elle est sans conteste la chanteuse la plus intéressante du moment. Et de s'extasier sur sa musicalité, sa technique...

Voilà pour la musique. Mais ce séjour de Callas en Amérique n'a finalement que peu de chose à voir avec la musique. C'est le cirque, le plus grand cocktail de la saison sous le plus grand chapiteau du monde. A 35 dollars le fauteuil d'orchestre — aussitôt revendu au marché noir — la tournée Callas attire tous les feux de tous les projeteurs. La foule des admirateurs en puissance fait la queue jour et nuit autour du Met, et il y aura cette femme qui tambourine aux portes de verre, criant qu'elle va se suicider si on ne lui trouve pas un billet. La police l'emmènera de force, hurlant encore qu'elle veut se tuer. Et on s'extasie. Et on s'étonne : « Elle avait dit qu'elle ne chanterait plus jamais avec Del Monaco, non ? » Eh bien, c'est Del Monaco qui chante Pollione dans *Norma,* et Callas trouve cela tout à fait normal ! Ce qui montre bien qu'entre les potins des journaux et la réalité des coulisses, il y a l'abîme qui sépare un concert de crécelles d'un seul aria de Bellini. De même Kurt Baum, qui avait juré — du temps de Mexico City — qu'elle ne mettrait jamais les pieds au Met : il remplace Del Monaco le soir du 22 novembre ! Jusqu'au baryton Enzo Sordello, avec qui elle s'était disputée à Milan, qui chante le frère « méchant » de Lucia — mais, cela, ce sera une autre histoire.

Au soir de la première *Norma,* et dès le dernier rideau, Callas-la-vestale, Callas-l'équilibriste, Callas-l'écuyère et la danseuse de corde ramasse deux roses parmi les brassées qui gisent à ses pieds sur la scène, et elle renouvelle son geste de *la Somnambule* à Milan : elle en offre une à Mario Del Monaco, et une autre à Cesare Siepi, le grand baryton mozartien et verdien. Roulements de tambour, salves d'applaudissements, après un baiser dûment photographié de

Marlène à Maria dans sa loge, on peut aller souper : c'est le dîner à l'hôtel Ambassador. Il y a là le tout Metropolitan et puis, déjà, les premiers échantillons de la café-society qui se pressent à l'assaut de la diva, dont on fera si bien l'une des nôtres!

Tout le reste n'est plus que mésaventures — ou les tribulations de Callas chez les petits-fils des Iroquois. Et pour en rendre compte, il suffit presque de faire la liste des gros titres de journaux et des manchettes de la presse à scandale.

D'abord, la querelle Tebaldi rebondit! Dans l'article de *Times-Magazine,* les éboueurs sont allés chercher un peu partout une phrase de Callas qui disait que sa rivale manquait d'audace : « She has no backbone »... Alors Tebaldi, pour la première fois, croit bon de sortir de sa réserve : elle répond dans une lettre publiée par le même hebdomadaire. Sur le mode courroucé, elle explique — un peu sottement — son attitude vis-à-vis de Callas. Elle raconte qu'elle a quitté la Scala de son plein gré car la vie y était devenue intenable, et elle laisse entendre que la réalité-Callas correspond vraiment à la légende-Callas : ce n'est pas Tebaldi qui manque de colonne vertébrale, c'est « Callas qui n'a pas de cœur! » De quoi verser sur le feu une bonne rasade d'huile!

Alors Elsa Maxwell, l'ineffable courriériste, prend fait et cause pour son « amie » Renata, publie quelques lignes acides sur Maria, et commence par se moquer de sa voix : la presse américaine l'a enfin, son grand combat de femmes!

D'ailleurs, c'est sur tous les fronts que Callas est attaquée. George London — premier baryton américain de la scène internationale, qui a chanté Scarpia avec elle — est amené à la barre des témoins : des âmes bien intentionnées veulent lui faire dire que Callas s'est conduite à son égard avec un total manque de camaraderie, le malmenant sur scène, comme si Tosca vivante se vengeait du baron policier qui a joué avec sa vie. Et ce sera George London lui-même qui, galamment, réfutera au nom de Callas les accusations qu'on a pu porter contre la chanteuse.

Mais c'est surtout l'incident Enzo Sordello qui mettra le feu aux poudres. On a peut-être oublié ce jeune baryton ambitieux dont la carrière avait déjà croisé celle de Callas : déjà, lors des *Vestale* de la Scala, en 1954, il y avait eu quelques étincelles. Cette fois, à New York, on fera un feu d'artifice d'un pétard mouillé. C'est dire qu'on saura se servir de Sordello contre Callas. Sordello chante Enrico dans *Lucia di Lammermoor.* C'est le frère de Lucia, celui qui veut la

153

marier contre son gré à qui elle n'aime pas. Et, au deuxième acte, Enrico a un duo très brillant, donizettien à un degré suprême, avec Lucia, qui se termine par un *sol* héroïque. Sur la scène du Metropolitan, Sordello est décidé à briller. Alors, contre toute attente et, semble-t-il, en dépit des indications qu'il a reçues du chef d'orchestre Fausto Cleva, il tient sa note haute aussi longtemps que les moyens puissants dont il dispose peuvent le lui permettre. Callas, elle, ne peut le suivre et c'est un flottement dans tout l'orchestre. Sordello, satisfait, à bout de souffle, laisse retomber sa voix : il ne chantera plus au Metropolitan cette saison !

Scandale dans la presse : jalouse de la puissance de son partenaire, Callas aurait exigé son départ immédiat. « Ce sera lui ou moi ! » Même si on ne donne à une Callas que « quelques fleurs de plus » (?) qu'à ses camarades pour se produire au Met, on ne va tout de même pas se dispenser de ses services pour consacrer un baryton arriviste ! Callas, au lit dans sa chambre assure-t-on, ne quittera son hôtel que lorsqu'elle saura que Sordello a été remplacé ! Dès le lendemain matin, en message urgent, Sordello reçoit un pli de Rudolf Bing : le Met n'a plus besoin de lui. Alors, Sordello fulmine. Il a vingt-neuf ans, l'espoir d'une carrière devant lui : « O Madonna ! punissez la Callas, c'est un démon ! » (Paris, *le Journal du Dimanche,* janvier 57.) Mais il doit quitter New York.

Tout n'est bien entendu pas si simple : Callas n'est pas la seule à en vouloir à Enzo Sordello. Fausto Cleva lui aussi, a manifesté son mécontentement, il y a eu des mots échangés : bref, officiellement, c'est Cleva qui a exigé qu'on donne son congé à Sordello. Mais la presse, bien entendu, n'en croit rien et, pour les journaux, Callas-la-tigresse a frappé une nouvelle fois ! D'ailleurs, quittant l'aéroport de New York pour rentrer en Italie, n'a-t-elle pas, au vu et au su de tous les journalistes qui l'accompagnent, refusé de serrer la main du baryton qui, comme par hasard, se trouvait dans la même salle d'attente ?

Certes, l'article de *Times-Magazine* avait donné le coup d'envoi, mais peut-être hésitait-on encore un peu. Après l'affaire Sordello, vraiment, c'est trop beau !

En quelques jours, la prima donna Maria Callas est devenue à New York l'héroïne d'un véritable *comic-strip,* d'une bande dessinée. Qu'on la voie seulement chapeautée de vison dans un hall d'arrivée, dans le salon d'un hôtel, jusque dans un grand magasin : les journalistes sont là, le micro à la main. Caméras, appareil photos, reculez un peu là, là, ça ira bien comme ça! Maria doit sourire et répondre le plus poliment du monde, faute de quoi on l'accuse immédiatement de tous les crimes. Belle machine à dévorer les âmes que cette presse-là! D'ailleurs, il n'y a pas que la presse pour danser autour de Callas la ronde des chacals cherchant qui dévorer. Bagarozy n'a pas désarmé. Afin pourtant de ne pas risquer un incident du genre de celui de Chicago, les avocats de Callas sont parvenus à lui faire admettre de recevoir officiellement le document juridique l'appelant à répondre aux réclamations de l'ancien impresario. Le lendemain de son arrivée, Callas a accepté de rencontrer quelques instants dans son hôtel les conseillers de son adversaire. Mais, maintenant, la machine juridique est en marche. Pendant des semaines, des mois, la vie de Callas va se trouver empoisonnée par des assignations, des témoignages, des réunions d'avoués et d'avocats. Là, c'est bien entendu son argent, non sa gloire, qui attire les mouches, et pourtant le résultat est le même : on épuise Callas à trop vouloir la dévorer.

Mais Maria ne se rend pas encore compte du jeu diabolique où elle s'est engagée. Bien sûr on la malmène, bien sûr elle se défend, mais tout cela n'est pas vraiment pour lui déplaire. Elle crie, elle hurle, elle sort ou rentre ses griffes, Meneghini est derrière, tout heureux, et qui suit : nous formons l'un des couples les plus célèbres du monde. Il faut bien quelquefois payer le prix de notre célébrité! D'ailleurs, voilà qu'Elsa Maxwell, qui a suffisamment rôdé, flairé et attendu, se décide à jouer à son tour les premiers rôles dans le théâtre de la vie de Callas.

Elsa Maxwell, c'est un torrent. Elle emporte tout sur son passage. Elle courtise et elle adore, mais seulement parce qu'elle sait bien qu'au bout du compte, c'est elle qu'on courtise et elle encore qu'on adore. Elle est laide, le sait, et s'en moque éperdument. Elle est vulgaire, l'ignore et ne saurait s'en rendre compte. Elle est méchante, s'en vante et fait payer les autres. C'est un polichinelle hargneux qui promène ses deux bosses en forme de chignon et ses lunettes de myope dans un monde de chimères, où on prend les millionnaires pour des princes et les princes pour des momies ou des demi-dieux. On l'a dit, l'argent sanctifie tout. Et le baiser de la gorgone Maxwell étouffe qui s'y laisse prendre.

Le décor de la rencontre est déjà un autre conte de fées pour midinettes de Brooklyn : le Waldorf-Astoria, où l'on danse en habit

155

jusqu'aux petites heures du matin après voir dîné avec le Président ou Salvador Dali. Bals de charité et buffets de gala, matrones à tous les azimuts : Maria ivre de New York ne pouvait pas ne pas s'y laisser entraîner. Et Maria, devant Maxwell, capitule. Elle sait que, la donne en main, il faut jouer ses atouts, sinon pourquoi s'être mis à table? Face à la Maxwell qu'on lui jette au visage et qui grince son sourire, elle se fait toute petite — « Je sais que vous êtes une femme honnête qui ne veut qu'une chose : dire la vérité ». Et la Maxwell en fond d'émotion. Ou plutôt elle se rengorge, regarde autour d'elle : elle a gagné! Maria et Elsa seront, trois ans durant, les meilleures amies du monde. « Copines », quoi! Manipulée par la Maxwell comme elle l'a été par les hommes qui jusque-là l'ont prise en main, Maria file vers son destin. La Maxwell a fignolé encore le portrait qu'on fait d'elle, il faut qu'elle ressemble maintenant à cette caricature!

Bal des Petits Lits Blancs, princesse Grace, émeraudes, yachts à venir et visons de toutes les couleurs, on danse à Venise pour se réveiller sur la mer Egée : c'est la vie, selon Elsa Maxwell et ses colonnes magiques! Maria Callas n'a plus qu'à continuer : chantez, nous ferons le reste!

Alors qu'il suffit pourtant encore que Callas, même fatiguée, murmure quelques mots de *Tosca* — « *Vissi d'arte, vissi d'amore...* » — pour que nous n'ayons qu'à nous laisser emmener par elle au-delà des frontières même et de l'amour et de l'art. Si bien que si la Maria Meneghini-Callas qui quitte New York pour aller passer Noël en Italie a pénétré déjà dans un monde où nous aurions mieux aimé ne pas la reconnaître, elle est, au cœur du plus grand Opéra du monde, la reine incontestée dont on raille les habits neufs, de rage de ne pouvoir découvrir ailleurs plus nobles dons.

3

Le règne de Callas — son règne absolu — va encore durer deux ans. Pour qui connaît tant soit peu ce que représente une carrière de chanteuse, la brièveté de celle de Callas commence à nous apparaître dans sa terrible rigueur. Quoi? Nous venons juste de la sacrer, à Milan, première soprano dramatique et coloratura de son temps, et déjà, alors que New York l'acclame pour la première fois, nous parlons de la fin d'une époque ? On en a froid dans le dos...

C'est bien pourtant de cela qu'il s'agit : Callas a brûlé les étapes, elle a vécu avec une ardeur inouïe ses années de jeunesse vocale, et elle s'est épuisée — on l'a épuisée, nous l'avons épuisée, à l'aimer jusqu'à la détruire, jusqu'à la laisser exsangue lorsque ses moyens n'ont plus été ceux de l'Abigaïl de 1949, ni même ceux de l'*Anna Bolena* et du *Pirate*, dernières grandes créations lyriques de sa carrière en 1957 et 1958 avant le *Poliuto* final... L'*Anna Bolena*, c'est le triomphe absolu sur Milan, et *le Pirate*, c'est le chant du cygne et la fin de Callas à Milan. Son retour, plus tard en 1964, sera une autre histoire, une autre femme, une autre voix — la même artiste, pourtant.

Deux années encore à couvrir de ce règne tumultueux...

Passé les émotions de New York, l'année 1967 commence sous les auspices les plus favorables pour le couple Meneghini-Callas. On est rentré chez soi, à Milan, via Buonarroti, et Maria mijote pour son Titta les petits plats qu'il aime bien. L'avenir paraît très clair : certes, Callas n'a pas ouvert la saison à Milan puisqu'elle était occupée ailleurs, mais elle a des projets un peu partout dans le monde : cette *Anna Bolena,* donc, et l'*Iphigénie en Tauride* de Gluck à la Scala, des tournées à Londres, à Vienne, en Suisse, en Allemagne, le Festival d'Edimbourg et, consécration suprême de l'enfant prodigue qui retourne au pays, un concert à Athènes dans l'amphithéâtre d'Hérode Atticus. Elle doit en outre revenir aux Etats-Unis, mais à San Francisco cette fois, où elle s'est engagée à chanter aux mois de septembre et d'octobre.

Tous ces plans sont des plus prometteurs, et pourtant deux des voyages prévus n'auront pas lieu, et un autre se terminera en catastrophe. Comme si le Destin, déjà, avait aperçu Callas et avait décidé de jouer avec elle.

Mais, dès les premiers jours de l'année, Callas se lance à cœur perdu dans la vie nouvelle que ses quelques semaines de New York lui ont fait entrevoir, et elle s'y avance triomphalement. Vêtue d'écarlate devant un parterre choisi qui paie rubis sur l'ongle plusieurs dizaines de dollars une place au nom de la solidarité des bien-pensants après l'intervention soviétique en Hongrie — anticommunisme de gala oblige — elle chante à Chicago des airs de *Lucia,* de *la Somnambule,* du *Trouvère,* de *Norma,* mais aussi

157

l'extraordinaire « *In questa reggia* » de *Turandot,* alors que quelques minutes auparavant elle s'était joué des difficultés aériennes et des transparences des « ombres légères » de Dinorah, comme si elle voulait montrer encore une fois qu'elle peut tout faire! Elle avait juré de ne plus revenir sur les bords du Michigan? Eh bien elle y est revenue quand même! Callas ne hait pas plus d'un an un ténor, un baryton ou une ville, et dans les annales de ses représentations son concert du 15 janvier 1957 à Chicago est un des grands moments de l'histoire de sa voix.

Cela, c'est la musique, encore une fois. Mais trois jours avant elle a dansé au Waldorf Astoria, déguisée en princesse égyptienne et, trois jours après, elle s'envolera pour Milan, assister à la création des *Dialogues des Carmélites.* Au Waldorf elle rencontrera Elsa Maxwell et se fera photographier à loisir, sourira, jouera la comédie qu'elle a pris pour son rôle, mais il est vrai que c'est pour une association d'Anciens Combattants. Et à la Scala, le 26 janvier, elle porte un manteau de chinchilla et des diamants enchâssés dans ses lunettes. Cette fois aussi, il faut lui pardonner : c'est en l'honneur de Francis Poulenc et on la photographie plus que jamais. Photo après photo, potins après rumeur, on nous reconstruit notre Callas.

Voilà pour ce qui n'est pas la musique.

Mais il y a quand même Londres, et cette fois, malgré tout le tapage qu'on pourra faire autour de sa venue, à Londres la musique est partout. Par deux fois, les 2 et 6 février, elle va chanter *Norma* à Covent Garden. Dès avant l'ouverture de la location, on affiche *complet* aux guichets de Bow Street, et si 2 000 personnes, chaque fois, peuvent l'applaudir c'est toute l'Angleterre — ou presque! — qui l'attend. Jacques Bourgeois, le critique d'*Arts,* raconte ainsi qu'à son arrivée au guichet de contrôle des passeports, le fonctionnaire à qui il avait dit ne rester que deux jours à Londres parce qu'il était venu écouter Callas avait commenté, enthousiaste : « Elle est fantastique! » Et le *Daily Mail* annonce sur trois colonnes qu'elle sera bientôt là — suspense —, qu'on l'attend, qu'elle est là. Encore une fois, tout recommence : la suite débordant de roses au *Savoy* dont tout le personnel est en alerte et les meutes de journalistes, les photographes qui se pressent. Mais Callas, déjà sur la scène du théâtre où elle chantera quelques jours après, est occupée à discuter des fioritures dont elle enjolivera ses airs avec John Pritchard qui dirigera l'orchestre. Adalgise, c'est encore une fois Ebe Stignani; et Clotilde, la nourrice, c'est une chanteuse dont on aimerait pouvoir davantage parler. Marie Collier jouera après Callas *la Tosca* que Zefirelli dessinera pour elle, et dans ses mêmes vêtements de pourpre. Comme Callas, Marie Collier était une de ces femmes que le sort a choisies pour souffrir de la voix qu'elles ont reçue. Marie Collier chantera les héroïnes les plus touchantes, les plus « marquées » du répertoire lyrique : la Jenufa de Janacek, Marie, la fiancée de Wozzeck, dans l'opéra d'Alban Berg. Et, comme Tosca, Marie Collier mourra en tombant très haut d'une fenêtre, une nuit...

Mais ces deux soirs du 2 et du 6 février 1957, même si la mort de Norma, mère de son peuple, est aussi le sacrifice du beau chant qui s'abîme devant l'amour, on ne parle pas de mort à Londres. Le premier soir, on s'interroge pourtant : est-ce que l'aigu n'est pas quelquefois un peu pincé? Est-ce que son « *Casta diva* » ne s'est pas terminé un peu brutalement? Est-ce qu'un vibrato trop marqué n'a pas voilé l'air tout entier? On compare, on mesure, mais, au Crush Bar du premier étage, pendant le deuxième entracte, ce n'est plus que la joie : la joie profonde, absolue, d'avoir retrouvé l'opéra à l'état pur. Jamais, peut-être, disent les Anglais, Callas n'a été plus belle dans ses duos avec l'admirable Stignani que lors de ces deux soirs de février 1957. Alors que ses *Norma* de New York avait été inégales, ses *Norma* de Milan l'année précédente belles mais conformes à l'idée qu'on se faisait d'elle — on n'ose pas dire : la routine du génie! — soudain, Londres, c'est le miracle.

Aucun disque, aucune bande magnétique enregistrée en cachette ne nous a conservé ces soirées. Nous ne parlons que par ouï-dire : l'enthousiasme de tous les critiques, dont ceux qui s'étaient déplacés tout spécialement de Paris pour la voir. Ainsi, enveloppant Stignani et Callas dans une même ferveur, c'est encore Jacques Bourgeois qui s'écrie : « Et soudain l'on comprenait comment l'opéra a pu devenir un genre ridicule avec la disparition des grands monstres sacrés de la scène lyrique, comment cette convention peut toujours être recréée par le génie. » Pour le *Times,* Callas, c'est simplement « tout l'art qui cache l'art »... Si bien que, pour la première fois depuis près de trente ans, on assiste à un *bis* sur la scène de Covent Garden! Les Anglais disent : un « *encore* »... Stignani et Callas, applaudies presque au délire dans leur superbe duo du second acte, s'avancent vers le public qui se tait enfin, à bout de souffle, lui qui n'a fait que crier son bonheur. Répondant au geste de John Pritchard, elles bissent alors leur duo. Bellini emporte tout sur son passage et

Callas, cette fois, a confirmé à Londres le trône que sa première apparition de 1952 lui avait déjà conquis.

Désormais, le monde entier lui appartient. Si bien qu'à la Scala aussi, ce seront de nouvelles heures de gloire : pleine et entière, sans arrière-goût de bal ni de fête amère, comme si on avait oublié pour un temps les mésaventures de Callas-super-star victime de notre amour, pour retrouver cet amour seulement.

D'abord la reprise de la *Somnambule,* le 2 mars, nous redonne une Amina superbe. Plus diaphane que jamais, danseuse à la corolle blonde égarée dans l'ouragan des voix. Face à elle, une presque débutante chante le rôle de Teresa, sa mère adoptive : c'est Fiorenza Cossotto, le mezzo héroïque, redoutable, à la vaillance indomptée, qu'on retrouvera huit ans plus tard à Paris, en face d'elle encore et sans pitié cette fois pour les faiblesses d'une Callas à bout de forces. Mais, dans ces représentations de mars 1957, Cossotto semble encore incertaine, alors que Callas, radieuse, domine. « *Come per me sereno...* » Comme tout semble me sourire... Entendez-la qui tremble un peu sur le « sereno » : il faut, il faut y croire, à ce bonheur-là! Elle s'avance en paysanne, jeune fille émue qui découvre le monde. On voudra la tromper, la blesser, mais elle n'en sait rien encore, elle dit simplement sa jeunesse et sa foi face à l'amour qu'elle sent bouillonner autour d'elle : vibrations, tensions amorcées, extase. L'enregistrement pirate qui a été fait de la première de cette reprise nous a tout rendu. Et le public de la Scala, la critique, la découvre — plus encore que lors de la précédente série de représentations — en parfaite possession de tous les moyens de la plus délicieuse et de la plus lointaine des colorature des temps perdus. Là aussi, comme lors de ses *Norma* de Londres, Callas renoue avec la plus grande tradition du plus beau chant.

En fait, si ce livre d'une vie est aussi le livre d'une voix, le roman d'un miracle vocal, il est permis de penser que ces six premiers mois de 1957 représentent pour Callas une période de plénitude sereine. Après les grands triomphes de la saison 1953-1954, où l'on attendait chaque fois le miracle et où le miracle était bien là, mais en un équilibre ténu : que serait-elle demain? Après les extraordinaires élans dramatiques de la saison 1954-1955 où c'est Callas revécue par Visconti qui s'affirme une comédienne lyrique comme on ne se souvient pas d'en avoir connu, il y avait eu une sorte de ralentissement. Pas de panique, pas d'angoisse, mais on devinait subitement à la fois la fatigue de la voix qui payait ses efforts antérieurs, et aussi les effets de la trop célèbre cure d'amaigrissement. Les aigus n'avaient plus cette vigueur, les graves cette trouble profondeur que le « *Suicidio* » de la Gioconda de 1951 vient nous rappeler avec une trop belle cruauté lorsque nous avons la faiblesse de vouloir nous dire qu'après tout la voix n'a pas tant changé que ça. Et puis, surtout, il y avait une certaine insécurité qu'on avait pu sentir tout au long de la saison de New York. Quelles qu'aient été les acclamations qui ont salué ses *Lucia,* par exemple, celles-ci venaient après des *Norma,* et même des *Traviata* où, en toute objectivité, ses admirateurs les plus zélés avaient été quelque peu déçus.

Mais le début de l'année 1957 nous fait tout oublier. La voix accuse les erreurs d'emploi du début de carrière, mais elle a retrouvé un équilibre. Le vibrato trop large se stabilise également et surtout les stridences, les fameuses stridences de l'aigu semblent s'atténuer : en 1957 Callas assume parfaitement les transformations de sa voix et en a corrigé les imperfections les plus marquantes. A cet égard, ce qu'on peut entendre dans l'*Anna Bolena* qui va venir, c'est le résultat d'un incroyable travail vocal réalisé au prix d'une fantastique conscience professionnelle. Car si notre Callas-personnage humain paraît s'en aller lentement à la dérive sur cette lagune mondaine et frelatée où risquent de pourrir à la fois les talents et les cœurs, Callas-chanteuse demeure parfaitement maîtresse de tout son acharnement à travailler. Et Meneghini continue à tenir fermement la laisse.

D'où, maintenant, la stupéfiante *Anna Bolena* qu'elle chante pour la première fois le 14 avril 1957 et que le disque nous a conservée, palpitante. L'opéra lui-même est un des plus beaux de Donizetti. Il fait partie de cette « saga anglaise » dans laquelle l'auteur de *Lucia di Lammermoor* nous raconte à sa façon les heurs et malheurs des Stuart. Mais aux côtés d'*Elizabeth au château de Kenilworth,* œuvre mineure aux effets un peu rudes, comme inspirés du roman de Walter Scott qu'on aurait lu à l'envers; de *Robert Devereux,* opéra bâtard lui aussi, où les airs et les ensembles alternent sans que jamais la passion ne passe vraiment, *Marie Stuart* et surtout *Anne Boleyn* sont des sommets de l'art qui est celui de Donizetti de faire jouer à travers une voix de femme et tous les artifices du bel canto, ses roulades et ses enjolivures, une émotion véritable qu'un Rossini, par exemple — jusque dans ses sommets dramatiques — laissait plus à l'extérieur.

C'est Visconti, une fois encore, qui a travaillé cette création avec

Callas : l'œuvre n'a pas été jouée à Milan depuis 1877 et, pour tout le monde, c'est une découverte. Un coup de foudre aussi. Parce que ce que Visconti — assisté une fois encore de Nicola Benois pour les décors — a fait de la malheureuse reine déchue par son époux volage et sans scrupule dépasse, et de loin, toutes les conventions du grand opéra : à la limite, *Anna Bolena* est devenue par les magies de Visconti et Callas conjuguées, une œuvre intimiste, l'exploration profonde et douloureuse, aiguë, acharnée, des souffrances d'une femme. Qu'on entende seulement Callas se souvenir d'abord de son bonheur ancien : ce sont des palpitations presque sereines qui agitent doucement sa voix, un moment du passé qui transfigure le présent. Puis, quand le présent revient et l'assaille — « *Son calde ancor le ceneri del mio primo amore!* » « Elles sont chaudes encore les cendres de mon premier amour » — elle découvre soudain une intensité lyrique évanescente, comme habitée de l'intérieur par tout ce qu'elle vient de rêver et qu'il lui faut oublier. De même, à l'autre bout de l'opéra, sa scène de semi-folie — lorsque, reine condamnée, elle ne croit pas à son exécution et oublie le bourreau, le billot et la hache qui attendent — est un sommet de son art à utiliser toutes ses voix, à passer d'un registre à l'autre, à jouer avec les notes douces, à peine murmurées, pour atteindre soudain au cri le plus insoutenable « *Coppia iniqua!* », coupe injuste qu'il lui faudra boire jusqu'à la lie.

Nous qui la voyons par le miracle de la photo, droite au milieu de la scène de la Scala, sa longue robe sombre, son manteau qui traîne à terre, figure de triangle aigu et parfait qu'achève le bonnet blanc, nous qui la chérissons, ses deux mains baguées ramenées sur le visage, le visage transfiguré par le souvenir : « *Come, innocente giovine...* », nous savons que nous ne pourrons pas oublier cette image, cette vision, et la voix qui vibre avec elle.

Pour ceux qui l'ont vue, en chair et en larmes, sur la scène de la Scala, en ce mois d'avril 1957, Callas en Anna Bolena n'a jamais été plus belle. Plus belle même que la Violetta de 1955. Et, là encore, nous naviguons sur les vrais sommets.

Et si son *Iphigénie en Tauride,* qui suit tout de suite après, ne nous apporte pas cette jubilation intense, c'est seulement parce que la musique de Gluck, pour superbe qu'elle soit, ne permet pas ces élans passionnés qui portent Donizetti lorsqu'il atteint le plus haut degré de son génie. Callas d'ailleurs l'avait bien senti elle-même, puisqu'elle avait hésité à s'engager dans l'aventure. Mais Visconti avait su l'en persuader et, bien que les longues plaintes de la malheureuse Iphigénie ne nous touchent pas aussi intimement que les sanglots d'Anne Boleyn, elles évoquent cependant un monde littéraire si profondément enraciné en nous que nous ne pouvons que nous réjouir que Callas, à la fin, se soit laissé convaincre.

D'ailleurs, elle n'a fait que suivre un courant d'intérêt pour l'œuvre de Gluck qui ne s'était jamais ralenti, puisqu'au cours de la période précédente, on avait déjà assisté à plusieurs reprises d'*Iphigénie,* dont celle de la Scala en 1937, avec Maria Caniglia, l'habituelle partenaire de Beniamino Gigli, et celle de Berlin en 1941 avec la bouleversante Maria Müller, que la réédition des *Maîtres-chanteurs* de Furtwängler nous a récemment fait retrouver. A Aix-en-Provence enfin, en 1952, on avait encore tout récemment monté cette *Iphigénie.*

Après *Alceste,* après *Médée,* nous sommes de nouveau au cœur même du monde le plus classique qui se puisse imaginer. C'est en 1779 que Gluck a composé son opéra, pour l'Opéra de Paris. L'œuvre suit de cinq ans *Iphigénie en Aulide,* qui retrace l'origine des infortunes de la fille d'Agamemnon, et demeure très fidèle à la tragédie d'Euripide. Dans *Iphigénie en Tauride,* la sœur d'Oreste atteint la gloire et rencontre l'amour de Pylade. C'est un rôle noble mais, il faut le reconnaître, quelque peu ennuyeux. Toujours au sommet de sa forme, Callas a déclamé la musique de Gluck avec une certaine froideur qui convenait, certes, au style de l'époque, mais qui ne soulevait que peu d'émotion chez les auditeurs. Le disque qui nous est resté de la soirée du 1er juin est lui-même franchement monotone : ni Nino Sanzogno, au pupitre, ni Francesco Albanese dans le rôle de Pylade, n'apportent de flamme à cette représentation. En fait, c'était encore une fois Callas et Visconti qu'il fallait voir dans le fabuleux décor « classique » de Nicola Benois.

Visconti a imaginé de transposer l'action du drame d'Euripide dans une Grèce « classique » du XVIIIe siècle. D'où les gigantesques décors tout droit sortis des rêves et des plans de Bibiena, le plus grand des architectes de théâtre de son temps. Et d'où cette stature inoubliable de Callas, dans une robe de cour largement décolletée et couverte de colliers de perles. Un manteau de vingt mètres de long qu'un vent venu des coulisses agitait doucement, et sur la tête un diadème aux pendants de perles baroques surmonté d'un croissant de lune, les cheveux noués en un chignon serré, achevaient de lui donner l'allure de l'une de ces princesses qu'on découvre avec une émotion ambiguë sur les fresques des villas vénitiennes. N'est-ce pas Gianbattista Tiepolo qui a illustré les malheurs d'Iphigénie aux murs de la villa Valmarana près de Vicence? Son Iphigénie est vêtue de la robe blanche du sacrifice, mais l'Iphigénie de Callas et Visconti, c'est bien la même jeune fille, devenue reine cependant et qui salue Antoine sur les bords du Nil aux murs du Palais Labia à Venise.

Une légère déception peut-être, que cette *Iphigénie en Tauride,* pour qui attendait une « suite » à *Anna Bolena,* mais une déception que l'image qui nous a été laissée, la noblesse de Callas dans le rôle et sa stupéfiante beauté sauvent de l'ennui. Et, sous les bravos d'un public qui a quand même aimé cette héroïne venue d'un monde à l'autre bout de l'horizon des univers de Bellini ou de Donizetti, Maria Callas salue, au faîte de sa réputation à la Scala. Trois semaines après elle reçoit la distinction de « commendatore » de la République italienne des mains du Président.

Pourtant, lorsque le rideau retombe sur le dernier acte de l'opéra de Gluck, quelque chose encore vient de s'achever dans sa carrière : jamais plus elle ne travaillera avec Visconti. Au dernier moment et parce que le gouvernement italien a censuré, en même temps que son *Rocco et ses frères,* une pièce de théâtre qu'il voulait produire, Visconti refusera de monter *Poliuto,* la grande aventure de Callas en 1960. Quant aux autres idées qu'il pourra avoir, Callas les refusera. Luchino Visconti aurait voulu lui faire chanter *Carmen, le Chevalier à la rose, Salomé...* : chaque fois, elle se récusera. A Visconti, elle opposera qu'elle n'est pas une gitane, qu'elle ne se sent pas assez viennoise ou qu'elle se voit mal en princesse dansant à demi nue...

Sans que rien puisse le lui laisser prévoir, il ne reste pourtant à Callas plus qu'une saison à passer à la Scala. On le lui aurait dit, qu'elle en aurait ri! Parce que son activité à Milan est fabuleuse. Au théâtre même, elle a encore enregistré *Turandot* et *Manon Lescaut* de Puccini, sous la baguette de Tullio Serafin, avec qui elle s'est réconciliée. En un sens, cette *Turandot* de 1957 marque le sommet de la collaboration de Callas avec Walter Legge — directeur artistique de *Columbia* — avec qui elle est sous contrat. Face à la terrible princesse qui a peur de l'amour et qui tue pour cela, l'émouvante, la tendre petite Liu, l'esclave du prince Calaf, n'est autre qu'Elisabeth Schwarzkopf — dans la vie madame Walter

164

Legge. Ainsi dans cet enregistrement unique, où Callas, on l'a dit, ne déploie plus la redoutable puissance de la Turandot qu'elle a pu être en 1947 ou 1948, mais où la palette de sa voix chatoie dans un « *In questa reggia* » ineffable — trouve-t-on face à face le plus grand soprano latin et le plus grand soprano germanique. D'un côté la déesse formidable et tragique, la femme qui peut être victime mais qui sait aussi bien tuer; et de l'autre la femme-mère, l'enfant qui console, l'esclave mutine et légère prête à tout pardonner. Et même si Schwarzkopf est encore trop royale pour chanter Liu, trop raffinée — on n'oserait dire trop sophistiquée —, ce qu'elle fait de l'esclave fidèle, tout en nuances qu'on peut à bon droit imaginer viennoises, en soupirs, en larmes retenues, est d'une douceur musicale exemplaire, discrète, murmurée, qui met en relief les accents colorés et superbes de Callas.

Quant à la *Manon Lescaut* de Callas, elle nous laisse surtout un regret : qu'elle ne l'ait pas chanté à la scène. Car quelle Manon elle aurait été, héroïne faible mais égarée de Puccini!

Quelques semaines plus tard, elle enregistrera encore *Médée,* toujours à la Scala, et ce sera aussi le dernier de ses grands enregistrements de la superbe collection E.M.I.-Scala. Comme si les portes, une à une, continuaient à se fermer.

Car il y a eu l'incident de Vienne... Et voilà que la musique de nouveau perd ses droits face à la chronique scandaleuse. Après les très belles *Lucia* dirigées par Karajan en 1956, Callas avait promis de revenir en Autriche. Elle devait y chanter *Traviata,* toujours sous la direction de Karajan. Mais Meneghini veillait. Et son ancienne devise : « Pour entendre ma femme, il faut payer », était plus que jamais le mot d'ordre qui déterminait les engagements de son épouse. Imprésario plus directement intéressé, en fût-il jamais? Les discussions bassement pécuniaires, trop tard envisagées, se développèrent de manière catastrophique — « Le cachet de Maria a doublé », lancera Meneghini d'entrée de jeu, et finalement Vienne refusa de payer plus de 1 600 dollars par soirée. Karajan s'énerva, Callas elle-même se souvenait du bis malheureux de l'année précédente, et Meneghini rompit la partie : Maria ne chanterait plus à Vienne. Après Chicago, c'était donc encore un autre opéra qu'elle s'interdisait. Et la presse internationale en fit ses délices : la tigresse aux griffes acérées devenait un fauve affamé d'argent!

Courant à la rescousse de Callas, Elsa Maxwell n'arrangea pas les choses. Au lendemain de la première d'*Anna Bolena,* pour laquelle

elle était venue de New York dans un grand déploiement de chroniques trop élogieuses, elle avait déjà enflammé les esprits en attaquant aveuglément tous les ennemis de Maria qui « tissaient, disait-elle, écrivait-elle surtout! une toile démoniaque » autour de sa chère amie. Après Vienne, elle repart à l'assaut, aussi maladroite que pleine d'une inutile et pesante bonne volonté. Sous sa plume ou celle de ses collègues remplis du même zèle, on imagine un Karajan ivre de rage jurant de ne jamais revoir Callas, ou qui déchire un contrat inexistant devant dix photographes. Il la reverra bien sûr, et aura même le temps de se brouiller une deuxième fois avec elle, mais Maria devient ainsi une nouvelle fois le soprano maudit. A peine le rideau est-il tombé sur *Iphigénie* qu'Elsa Maxwell frappe d'ailleurs encore, elle insulte un peu partout tous ceux qui ont le malheur de ne pas aimer la voix de Callas et, une fois encore, la dessert auprès de l'opinion. Comme si Maria était désormais prisonnière de ce réseau d'amitiés ambiguës qui lentement l'étoufferont — pour se délier aussi vite et devenir haine lorsqu'elle aura cessé de leur plaire. « Je ne serai jamais une femme du monde », a-t-elle pu affirmer un jour. Si on se penche simplement sur un de ses agendas en ce milieu d'année 1957, on se rend compte du personnage qu'elle est devenu : trois jours à Paris, c'est trois déjeuners et trois dîners avec des Rothschild et des Ali Khan, Elsa Maxwell un peu partout, les couturières, *Maxim's,* les Windsor, et les potins de la commère de *France-Soir.* Et nous ne faisons pourtant que commencer!

D'ailleurs à Athènes, où elle revient en avril pour la première fois depuis 1945, c'est encore une atmosphère de scandale. Mais cette fois les problèmes privés de Callas deviennent de véritables affaires d'État!

Sournoisement, sourdement, la presse locale, qui lui pardonne mal d'avoir oublié qu'elle était grecque, a sapé son arrivée. Sa mère, un peu partout, a répandu sur son compte les propos les plus désobligeants. Pour essayer de calmer les esprits, on a offert un voyage en Amérique à Evangelia et à sa fille aînée Jackie. Mais les journaux ne sont pas tendres pour autant avec Maria. On en fait un portrait redoutable : elle est la fille indigne, l'avare aux bagues d'émeraudes qui refuse d'aider sa pauvre maman, la Grecque infidèle qui a oublié ce qu'elle devait à Athènes. Nous n'avons pas oublié, nous, la violente campagne de diffamation dont elle avait fait l'objet en 1945 : après tout, l'Opéra d'Athènes lui avait fermé

166

ses portes pour des raisons presque politiques, et c'est une sorte d'exil qu'avait été son voyage en Amérique. Mais voilà qu'on révèle là-dessus le cachet de « la » Callas — le « la » de dépit, de haine, d'infamie — pour deux concerts à Athènes : 9 000 dollars ! Est-ce qu'un Etat aussi pauvre que notre Grèce à nous peut se permettre de payer une telle somme pour entendre sa fille ingrate qui ne revient au pays que contre espèces sonnantes et plus que trébuchantes ? Le gouvernement Karamanlis est interpellé au Parlement : Callas est bien devenue une institution publique dont on discute le budget entre députés !

Mais Maria va venir quand même, son cachet est une chose acquise, tant pis si des politiciens démagogues ne sont pas contents ! Et le public d'attendre. On espère en effet le miracle : Maria Callas dans le théâtre d'Hérode Atticus ; ce peut être le souffle de la grâce. Le 15 août au soir, les gradins sont pleins, le ciel est pur... et Maria ne chante pas ! Une heure avant la représentation, elle déclare forfait, épuisée nerveusement. Protestations, cris d'indignation des journaux le lendemain : on pouvait prévoir le pire et c'est bien le pire qui arrive. Maria ne dit rien, c'est Meneghini qui tente de se battre pour elle, mais elle est profondément affectée. Elle sait qu'elle aurait dû chanter ce premier soir à Athènes, mais elle ne l'a pas pu.

En fait, ce refus, qui n'était pas un caprice mais bien le résultat d'une fatigue évidente, marque un moment grave de la vie musicale de Callas. Après les six premiers mois superbes de cette année 1957, après les enchantements qu'ont été les soirées de Londres ou de la Scala, c'est soudain le premier craquement. La fin de l'année 1957, décevante, et toute l'année 1958, seront un extraordinaire travail d'équilibre : elle sera toujours la reine, *mais*... Et puis, il y aura 1959, et la fin d'une époque, Si bien qu'on peut dire que ce concert raté du 15 août 1957 à Athènes est le premier signe du déclin de Callas. Et même si quelques jours après, le 5 août, elle triomphe sans difficulté avec des airs du *Trouvère,* de *Lucia,* de la *Force du destin,* et avec une *Mort d'Isolde* bouleversante ; même si tout l'amphithéâtre debout sur les gradins antiques l'applaudit frénétiquement — là même où, presque jour par jour, 13 ans auparavant elle avait, avec *Fidelio,* remporté son premier triomphe —; même si les querelles mesquines, publiques ou privées qu'a pu lui faire la presse grecque sont oubliées, Callas quitte Athènes en sachant bien que quelque chose en elle est cassé.

Santé de Maria Callas : la seule, la vraie préoccupation de ses seuls et authentiques admirateurs. Ses fidèles. Son médecin, à Milan, la trouve à bout de forces, la pression sanguine, déjà, très basse. Elle a maigri, elle a trop maigri et c'est tout son état physique qui paraît s'en ressentir : il faudrait qu'elle reprenne un peu de poids. Et il faudrait aussi qu'elle renonce à se déplacer trop souvent. Qu'elle n'aille pas à Edimbourg, par exemple où elle a promis de suivre la Scala pour quatre représentations de *la Somnambule,* dans la dernière quinzaine d'août. Qu'elle rentre chez elle en Italie. Mais Maria se concerte avec Meneghini : un dédit serait trop mal interprété. De leur côté les autorités de la Scala, consultées, ne veulent même pas l'envisager : Edimbourg attend Callas et la Scala ne serait pas la Scala sans Callas. Edimbourg doit avoir sa Callas, Maria n'insiste pas. D'ailleurs, fin août, il y a un bal à Venise que nous ne saurions manquer! Maria décide donc de continuer à chanter et à voyager. Elle reste une semaine seulement à se reposer via Buonarroti, puis elle s'embarque pour l'Ecosse. C'est là que les choses vont vraiment se gâter.

Edimbourg est peut-être la plus belle ville du Royaume-Uni. Bâtie sur deux pitons, elle domine des vallons brumeux de sa pierre austère et noire. L'histoire y côtoie la légendre, Walter Scott s'y souvient de l'infortunée Queen Mary, et la musique, à la fin de chaque été, y est souveraine. C'est, avec Glyndebourne, le seul festival britannique d'importance internationale. Dirigé par lord Harewood, cousin germain de la reine, on l'a dit, et l'un des fondateurs du renouveau lyrique britannique — on ne saurait trop insister sur son rôle —, il est particulièrement ouvert à l'opéra et a connu des heures de gloire. Aujourd'hui, encore — en 1977 — la première *Carmen* de Teresa Berganza, l'année précédente la Lady Macbeth de Galina Vichnevskaia. Et puis, des Mozart miraculeux... Mais en ces temps reculés de 1957, le festival écossais était déjà l'une des grandes étapes de l'année lyrique internationale. C'est ainsi qu'on y attend Callas : sa première *Somnambule* hors d'Italie...

Pourtant, quand elle arrive à Edimbourg, Callas ne se sent déjà pas très bien. Le temps est maussade, humide, et elle en a la gorge irritée. Elle fait cependant contre mauvaise fortune bon cœur et visite le *King's Theatre* où elle doit chanter : la scène est minuscule, faute de place l'orchestre doit mordre sur les fauteuils des spectateurs — c'est à Glasgow qu'est le plus bel Opéra d'Ecosse et l'un des plus beaux, d'ailleurs, du monde —, mais Maria se déclare satisfaite de tout. A tout hasard, pourtant, Ghiringelli, l'administrateur général de la Scala, a prévu de joindre à la troupe — Nicola Marti, Nicola Zaccaria, Fiorenza Cossotto et le chef Votto — une jeune débutante dont on commence à parler : Renata Scotto. Il a eu raison. A la veille de la première, qui a été fixée au 19 août, Maria se sent suffisamment fatiguée pour demander un docteur, puis pour interroger Luigi Oldani, qui accompagne la tournée : Renata Scotto est là, sous la main, disponible, ne peut-elle pas chanter Amina à sa place? Personne ne veut en entendre parler, et Callas va donc chanter. Nous avons payé pour cela : à elle de payer à son tour. Le prix qu'il faudra.

Le premier soir, elle n'est franchement pas en voix. Sa gorge, toujours, et une grande fatigue. Or *la Somnambule* est un rôle très différent de toutes les autres héroïnes de Bellini : sans effets vocaux dans la passion ni dans la force, entièrement en demi-teintes, il faut plus le rêver en public que le chanter. Miracle que Callas pouvait accomplir, mais à la condition absolue d'être maîtresse de ses moyens et de sa technique. Oldani, pourtant, ne veut entendre parler de rien : elle n'a pas été au meilleur de sa voix le 19 août, elle sera plus en forme le 21 et voilà tout! Cependant, les examens médicaux que Callas subit sont formels : elle devrait interrompre ses représentations. Meneghini intervient une fois encore auprès de Oldani, il suggère une fois encore qu'on ait recours à Renata Scotto : en vain. Alors Callas chante. Il existe un enregistrement de cette soirée, elle y est très bonne. Puis, partie comme elle est, elle fera encore les deux soirées que son contrat a prévues : le 26 août, elle est franchement médiocre, et, le 29, sublime : c'est du délire, on aime Callas et on en redemande. Du coup, et sans rien dire d'abord à Maria, Oldani promet une cinquième soirée, supplémentaire celle-là, pour le 3 septembre.

Mais cette fois, c'en est trop : Callas refuse. Elle a dû conjuguer toutes ses énergies pour donner les quatre représentations auxquelles elle s'était engagée, elle est épuisée, le climat de l'Ecosse ne lui convient pas, elle n'a qu'une idée : regagner l'Italie. Et puis, elle a promis à Elsa Maxwell de la retrouver à Venise pour le bal qu'y donne l'intrigante sorcière. Oldani se fâche, tempête, met en avant la loyauté de Callas à l'endroit de la Scala : rien n'y fait. Enveloppée dans ses fourrures, Maria accompagnée de sa suite quitte ces froids climats.

Le résultat? Un nouveau scandale bien sûr! « La vedette impossible qui préfère aller danser à Venise plutôt que chanter à

Edimbourg », la prima donna aux humeurs de girouette : tout y passera. Et peu importe que les médecins aient été formels, que Maria ait prévenu dès le début qu'elle n'était pas sûre de pouvoir mener à bien ses engagements, et peu importe surtout que cette cinquième *Somnambule* n'ait pas été prévue par le contrat initial : la presse ne veut voir que ce qui correspond à l'idée qu'elle se fait de Callas.

A titre d'exemple, ce fragment de dialogue reproduit dans un journal français donne le ton des commentaires. Gros titre : « Maxwell invite Callas à son bal » :

« L'élite de l'aristocratie internationale sera présente! Tu dois être là, Maria!

— Je ne peux pas, Elsa!

— A Edimbourg, tu n'as que 3 000 spectateurs, moi je parlerai de ce bal et de toi à mes 30 millions de lecteurs! » Et Callas, ravie, de s'incliner! Si c'était vrai, la Maxwell se serait d'ailleurs trompée, car le *King's Théâtre,* à Edimbourg, n'a même pas 1 500 places! Mais la Maxwell a le don de faire les gaffes les plus redoutables — en toute innocence, bien sûr! une si grande innocence! — et, au lendemain du bal du 3 septembre, où, comme elle l'a annoncé, l'élite aristocratique internationale était bien là, elle affirmera qu'il y avait en outre Callas « qui avait renoncé à chanter à Edimbourg pour être son invitée! » Comme contre-publicité, on ne fait pas mieux!

Quant à son bal, ce fut un succès. Maria fredonna un blues, Elsa Maxwell joua du piano, toutes les princesses et toutes les comtesses vénitiennes étaient présentes, avec des avions entiers d'Américains. Un Grec, aussi, qui s'appelait Onassis, dont le bateau était amarré tout près de là. Et la fête va durer huit jours, entre les salons des dames vénitiennes, les alcôves du café Florian, les nappes blanches du Harry's bar, les tentes bariolées du Lido et le Yacht d'Aristote Onassis. Maria, qui a retrouvé sa santé et sa bonne humeur, exulte. Meneghini, les petits chiens de sa femme sous le bras, exulte aussi. Aristote Onassis, qui attend son tour, sourit derrière ses grosses lunettes. On s'embrasse, on danse et on boit des cocktails aux noms impossibles — tandis que le *Christina,* le yacht de l'armateur grec, se balance dans les eaux lumineuses de la fin de l'été. Maria ne devine rien : elle ferme les yeux, se laisse aller. Le piège va bientôt se refermer, et, d'ici un peu plus d'un an, Maria Callas ne sera plus jamais ce qu'elle a été. C'est une autre mort à Venise : celle de tout ce à quoi nous avions pu croire. Nous nous réveillons dans des draps de soie face à la blancheur éblouissante de l'église de la Salute qui paraît flotter sur le bassin de Saint-Marc, les hommes sont beaux, les femmes chamarrées de bijoux. Bien sûr, un jour, il y a longtemps, nous avons chanté, mais il fait si doucement doux, d'un coup, à se laisser aller... Tout à l'heure, Aristote Onassis nous enverra son motoscafo avec deux marins vêtus de blanc, et nous irons pique-niquer au Lido ou manger du poisson dans une taverne de Burano. Demain, ce sera encore une journée de farniente, et puis il y a le soleil et tout Venise autour pour nous faire oublier ces pingouins absurdes qui, à Edimbourg ou ailleurs — il y a ces soirées à venir à l'Opéra de San Francisco, auxquelles on songe soudain avec angoisse — veulent nous faire chanter quand nous sommes épuisée et que nous n'avons qu'un rêve, qu'une envie, dormir, dormir...

Onassis observe : il sait qu'il lui faut jouer serré. Parce que, on le sait, on l'a deviné, l'armateur a jeté son dévolu sur Maria. Il est le plus redoutable de ces hommes qui veilleront sur elle. Meneghini, aux anges, passe le plateau de petits fours. « Maria, la pauvre, n'a jamais su choisir ses hommes », dira une de ses amies... Mais les journalistes, une fois de plus, se déchaînent : malade, Maria, qui refuse de chanter en Ecosse? Allons donc! Jamais elle n'a eu plus riche mine! Callas, pourtant, au-delà de ses sourires heureux, sent bien qu'elle n'est pas encore remise de cette brusque fatigue qui l'a jetée à bas au milieu de l'été. Edimbourg, San Francisco : elle a vraiment peur. Même si l'intendant général de la Scala ne veut rien entendre, s'il ne croit pas à ses excuses et refuse de prendre sa défense lorsqu'elle soutient qu'elle a respecté tous ses engagements écrits. Mais Ghiringhelli est un ingrat, qui brûle lui aussi très vite ce qu'il a adoré.

Enfin Callas se décide : puisqu'elle est souffrante, elle finit par télégraphier à Kurt Herbert Adler, le directeur de l'Opéra de San Francisco, pour lui annoncer qu'elle ne pourra venir y chanter les *Lucia* et les *Macbeth* prévus à l'automne. Ou, plus exactement, elle demande l'annulation de ses premières apparitions de septembre, mais le maintien, selon le programme, des *Macbeth* du mois d'octobre. Mais quand on s'appelle Callas et qu'en quelques mois on vient de refuser de paraître à Vienne, à Athènes un soir, à Edimbourg un autre, télégraphier de Venise à l'autre bout du monde pour demander un allégement du programme qu'on a prévu, ce ne peut être, bien sûr, qu'un nouveau caprice de prima donna! Telle est, du moins, la façon dont Kurt Herbert Adler

171

interprète le message de Maria. Il se fâche donc lui aussi, tempête, exige puis annule tout : *Lucia* et *Macbeth*. Leyla Gencer, un soprano turc étonnant qu'on connaît peu en dehors de l'Italie où elle a fait sa carrière, est importée de Milan en un temps record, pour chanter *Lucia;* et Rysanek, notre *Femme sans ombre,* la Sieglinde la plus émouvante depuis Lotte Lehman, sera la mégère Lady. Quant à Callas, on la poursuivra purement et simplement devant l'*American Guild of Musical Artists* — L'A.G.M.A. — l'organisation corporative des chanteurs américains — qui tranchera de la bonne foi de la diva malade. Une autre forme de procès, en somme!

Comme si tous les directeurs de théâtre avaient soudain décidé que Maria Meneghini-Callas était devenue une brebis galeuse dont on respectait certes le talent et la voix — encore que la fatigue, ses faiblesses et une forme générale peu satisfaisante ne fassent guère bien sur le passeport d'un soprano de classe internationale —, mais qu'il fallait traiter avec aussi peu d'égards qu'elle n'en avait elle-même pour les autres... D'ailleurs, cette Callas qui se déclare « épuisée » ne vient-elle pas d'enregistrer une nouvelle *Médée,* sous la direction de Serafin, avec précisément Renata Scotto dans le rôle de Glauce, cette Renata Scotto qui l'a remplacée au pied levé dans la cinquième *Somnambule* d'Edimbourg? Quand on est vraiment malade, on reste chez soi!

Maria hausse les épaules. Aurait-elle renoncé à cet enregistrement — loin d'être un de ses meilleurs! — qu'on l'aurait encore accusée de tous les maux! Puis elle repousse le dossier Adler : l'Opéra de San Francisco, sans s'être jamais ouvert à elle, vient à son tour de se fermer. Qu'importe! Il reste Rome, la Scala, New York, et bien d'autres théâtres! Callas a décidé de se reposer : elle se repose. Milan, le calme, son mari, ses chiens. Elle joue du piano, exerce sa voix avec prudence. Beauté de Maria Callas seule devant sa musique! Elle ne se déplace qu'une fois pour aller chanter, en concert, en Amérique. C'est à Dallas, où Lawrence Kelly, l'agent-impresario de Chicago, a décidé de s'établir. Callas, d'ailleurs, y reviendra. Puis elle retourne à Milan, pour se reposer encore. Et préparer la saison 1957-1958 de la Scala, qui va s'ouvrir par un triomphe.

Le 7 décembre 1957, la Scala affichait *Un Bal masqué* de Verdi, dans une mise en scène de Margherita Wallmann et des décors de Nicola Benois. Les répétitions avaient été agitées. Ghiringhelli, le superintendant du théâtre, battait froid Callas depuis son retour d'Edimbourg. Tout le personnel de la Scala, en fait, lui témoignait de l'hostilité, comme si elle avait volontairement déshonoré l'illustre théâtre dans une capitale étrangère. Et puis il y avait Di Stefano : toute la superbe carrière du couple Callas-Di Stefano sera agitée d'ouragans et de grands élans d'amitié. Tantôt le ténor accuse sa partenaire de lui faire rater ses effets, de remporter tous les bravos; tantôt, au contraire, il est son plus fidèle supporter contre ses détracteurs; mais, de représentation en enregistrement, ils sont toujours côte à côte, pour le meilleur toujours, car le pire entre eux, en ces temps bénis, demeure impensable. Mais en ce mois de décembre 1957, ils sont pourtant à couteaux tirés et la rumeur publique veut même que Callas, lasse d'attendre Di Stefano en retard à la dernière répétition avant la générale, ait tout bonnement quitté le théâtre au milieu d'une séance de travail. Quant à Callas elle-même, on constate soudain qu'elle a trop maigri, que les superbes robes dessinées par Margherita Wallmann ne lui vont plus — et son médecin se demande comment elle supportera la fatigue des répétitions, puis des représentations.

Puis c'est le miracle. Nous nous inquiétons, nous nous posons des questions et, le moment venu, le rideau se lève sur une grande soirée de la Scala.

Une fois de plus, les photos de Callas nous la montrent sublime. Dans ce Boston du XVIIᵉ siècle où Verdi a dû transposer l'action primitivement prévue en Suède, elle porte une longue cape sombre bordée d'hermine. Hermine tachée de noir, encore, sur son manchon, sur son col, et un chapeau à larges bords que couronne une haute plume blanche. Elle est la femme de Renato, conseiller intime et ami de Riccardo, gouverneur de Boston, que des conjurés veulent perdre. A l'origine, le livret de Scribe racontait l'assassinat de Gustave III, roi de Suède. Mais dans l'Italie d'avant le Risorgimento, on ne met pas à mort impunément un roi, fût-ce sur une scène de théâtre. Alors, Ackerström — l'assassin — est devenu Renato, et Gustave s'appelle Riccardo. Mais le drame est le même : Riccardo aime la femme de son ami, il ne découvre qu'il est aimé que pour renoncer à elle. Superbe. Mais c'est le moment précis où Renato, qui a appris la vérité, a décidé de prendre la tête des conjurés et de l'assassiner! Riccardo meurt en pardonnant à tous au milieu d'un bal masqué qui donne son titre à l'ouvrage.

Sous la direction de Votto, Callas a déjà enregistré le *Ballo* en 1956 pour E.M.I., mais les soirées de la Scala, dirigées par

Gavazzeni et qu'une bande pirate a conservées, sont beaucoup plus inspirées. Di Stefano est au meilleur de sa forme et son duo du deuxième acte avec Callas le montre d'une élégance et d'un lyrisme superbes. Ettore Bastianini chante le mari trompé avec un désespoir hautain (« *Eri tu* ») qui n'est peut-être pas la belle douleur de Tito Gobbi chez E.M.I. — ni l'incroyable musicalité, l'émotion hors de propos mais sublime et presque schubertienne d'un Fischer-Dieskau lorsqu'il a lui aussi chanté le rôle pour Fritz Bush — mais il est d'une mélancolie exemplaire. Quant à Callas, son entrée en scène au deuxième acte, sous les potences où elle va cueillir l'herbe qui lui fera oublier l'amour — « Ecco l'orrido campo ove s'accoppia... » — est d'une intensité terrible : à la fois la peur et l'espoir que son amour, encore, va durer. De même que Di Stefano, elle atteint dans le long duo qui suit — l'un des très grands duos d'amour de Verdi, aussi beau que celui du premier acte d'*Otello* — une intensité d'émotion où sa voix, tour à tour légère, aérienne, ou largement déployée, plus sombre encore qu'on ne l'attendait, fait du personnage d'Amélia une femme déchirée à la tendresse frémissante. Au contraire de bien des héroïnes que joue Callas, Amélia ne meurt pas ; bien plus, son amour porte la mort et Riccardo sera assassiné à cause d'elle : dans ses plus grands élans, on sent qu'elle porte la mort en elle, et, comme une blessure, cette mort d'un autre.

Un Bal masqué est bien l'un des chefs-d'œuvre absolus de Verdi, et Callas s'y révèle une héroïne verdienne qui peut prendre place aux côtés de Violetta. Et pourtant, elle ne chantera jamais le rôle que cinq fois : du 7 au 22 décembre 1957. Puis, une fois encore, Callas abandonnera un de ses plus émouvants personnages.

L'année qui se termine, sublimement commencée, chaotiquement poursuivie, s'achève par un triomphe. 1958, d'orage en tourbillon, viendra sceller son destin.

4

1958 : Rome, la Scala, New York : trois nouveaux champs de bataille. Trois moments cruciaux de la vie de Callas. Trois échecs en réalité : par trois fois, elle se rend compte que tout se joue comme si le monde de l'opéra pouvait désormais vivre sans elle, et les portes de l'Opéra de Rome, de la Scala, du Metropolitan vont tour à tour se fermer. Callas, encore au sommet de son art, va devenir en un an la Reine sans Royaume.

Il ne lui restera plus qu'à se faire baiser la main, à l'Opéra de Paris, par le président de la République, René Coty, après un gala donné au bénéfice des œuvres de la Légion d'honneur. Rubans rouges, peluche rouge, roses rouges, une salle en délire mais qui n'a peut-être pas compris... Ultime victoire : après Londres, New York, après Vienne et Berlin, après Milan bien sûr, Venise ou Rome, Paris découvre Callas. Quand la plus grande période de la vie musicale de Callas s'achève. Les gardes républicains sur les marches du palais Garnier saluent sabre au clair la prima donna vêtue chez Dior ou chez Balmain et les messieurs en plastron blanc qui viennent applaudir une étoile qui tombe.

Bien sûr, je sacrifie moi aussi au goût de mes images : amer. Mais cette année 1958 où Callas, soprano absolu, va soudain se retrouver seule, ou presque, est en elle-même un acte de grand opéra. Un acte amer et douloureux. *Lucia* éperdue chante la mort de ses noces; l'Amina de *la Somnambule* ne sait pas qu'elle rêve; *Violetta* espère vivre encore : alors que la mort est là. Callas, contre vents et marées, chante. Mais tout, soudain, lui est devenu contraire.

Rome d'abord : le 2 janvier 1958, Maria Callas doit se produire en *Norma* dans la triste salle, hangar solennel et compassé de l'Opéra de Rome. Gabriele Santini dirigera, Miriam Pirazzini et Franco Corelli seront à ses côtés Adalgise et Pollione. Lors des premières répétitions, tout se passe bien, et Callas semble être en forme superbe et puis, le 29 décembre, elle se réveille avec de violentes douleurs de gorge. Meneghini prévient la direction de l'Opéra, qui formule des vœux pieux : il reste encore quatre jours jusqu'à la première. Maria demeure enfermée dans sa chambre d'hôtel, au *Quirinale,* juste à côté de l'Opéra. D'ailleurs, le lendemain, elle se sent mieux et, le 31 au soir, pour marquer la Saint-Sylvestre, la R.A.I. a organisé un concert télévisé dans ses studios. En bonne forme, sans plus, Callas chante « *Casta diva* ». Puis elle va réveillonner : tard dans la nuit on la verra au *Cercle des Echecs,* un club privé à la mode. Elle boit du champagne, paraît beaucoup s'amuser avec Meneghini et des amis — et elle se réveille au matin sans voix!

Dès lors, Callas a décidé de ne pas chanter le lendemain. Elle sait qu'elle n'en sera pas capable et elle préfère prévenir à l'avance. Meneghini l'annonce donc à Latini, l'administrateur de l'Opéra qui, pas plus que le responsable de la tournée de la Scala à Edimbourg, ne veut entendre parler de défection : la soirée du 2 janvier a été organisée de longue date, le président Gronchi sera dans la salle, il n'est pas question que Callas ne chante pas : Callas doit chanter, c'est tout !

Pas un instant, dans cette situation pourtant tendue, on n'a évoqué à l'Opéra de Rome l'éventualité d'une doublure... Et Maria, dans sa chambre d'hôtel, attend dans l'inquiétude. Elsa Maxwell est là, bien sûr, qui lui dispense ses conseils, et Meneghini ronge son frein. Enfin, au matin du 2 janvier, Callas se sent sensiblement mieux : résolue à respecter les termes de son contrat, elle chantera.

Le rideau se lève le soir même sur l'un des plus grands scandales de l'histoire de l'opéra. Dans la salle, habits et zibelines arborent indifféremment tous les ordres et décorations de la nation italienne entrelardés de brillants et d'émeraudes. Chacune regarde la robe de sa voisine, tous attendent Callas et se préparent à la fête ou à la curée : on sait qu'elle n'est pas au mieux de sa forme ; que va-t-elle encore nous offrir comme surprise ce soir ? Puis le silence se fait, Santini monte au pupitre...

Très vite, dès l'entrée de Norma, on se rend compte que Callas ne va pas bien. Il existe un enregistrement de ces premières scènes : nous l'écoutons pour savoir, pour comprendre jusqu'où va la cruauté, ou pis : l'indifférence, de ces dévoreurs que nous sommes : public de Callas, ses admirateurs, ses imprésarios, ses directeurs de théâtre, qui la faisons chanter, qui voulons nous l'offrir pour nos menus plaisirs, quand bien même elle serait défaillante, palpitante. La voix est plus qu'inégale : voilée, avec des stridences insoutenables dans l'aigu. Le public comprend, et se tait. Aucune manifestation d'hostilité : seulement ce silence. A la fin de l'acte, on applaudit un peu, on proteste un peu, aussi, mais le cœur n'est nulle part : on attend.

C'est en coulisse que tout se passe : effondrée dans une loge, Maria a décidé qu'elle n'achèverait pas la représentation. Autour d'elle, on s'agite, le directeur, Latini, et ses sbires, veulent la persuader de continuer : le président Gronchi est là, le président Gronchi va s'impatienter, le président Gronchi s'impatiente ! Même en Italie, on ne fait pas attendre un président ! Mais Maria ne peut pas. Et Elsa Maxwell, qui lui caresse les mains, le visage, lui dit qu'elle a raison, que tous, autour d'elle, sont des monstres.

Meneghini, subtil imprésario, ne sait, pour une fois, à quel saint se vouer. Et l'entracte dure. Dans la salle, maintenant, le public s'énerve. Au parterre, dans les loges, on s'interroge. On parle d'aller se renseigner en coulisse. Mais on regarde la loge présidentielle : Gronchi est toujours là, c'est signe que Callas va revenir. En haut, pourtant, dans les derniers rangs des galeries, un murmure s'élève. Puis quelques cris.

Dans la loge de Callas, quelqu'un a eu une idée qui est un record absolu de stupidité : pourquoi Maria ne reviendrait-elle pas sur scène et ne se contenterait-elle pas de déclamer le rôle de Norma sans le chanter? Latini, lui, s'arrache les cheveux : eh bien non! Il n'a pas prévu de doublure! Malgré toutes les alertes des jours précédents, la fièvre de Callas, ses maux de gorge, personne, à l'Opéra de Rome, n'a pensé à engager quelqu'un pour la remplacer en cas d'indisposition!

Et soudain, les spectateurs du parterre se regardent entre eux : las d'attendre, le président Gronchi s'est retiré. Pour la petite histoire : son chauffeur en perdra sa place, car, au lieu de rester dans sa voiture, il a calculé l'heure de la fin probable du spectacle et il est allé au cinéma! Enfin le rideau de scène se soulève et c'est l'habituelle annonce faite au public qui le hue par un monsieur gêné : Maria Meneghini-Callas, souffrante, ne peut continuer la représentation. Chacun est invité à rentrer chez soi. C'est un hurlement de désapprobation. Un cri de rage. Quoi? Une *Norma* qui s'achève après le premier acte? Nul ne pense pourtant à mettre en cause l'administration de l'Opéra imprévoyante. Haro sur le baudet! Callas, une fois encore, a fait des siennes. Un nouveau caprice, bien sûr! Refuser de chanter, en plein milieu d'un opéra? Mais c'est une insulte à notre président de la République, rien de moins que ça!

Alors le public, frustré, va faire le siège des couloirs qui mènent aux coulisses puis, dans la rue, à la sortie des artistes, il attend. Et il insulte. « Cette médiocre artiste grecque — commente le *Giorno* du lendemain, qui traduit probablement assez bien l'esprit de ceux que Callas a déçus —, devenue italienne par son mariage, milanaise par l'admiration injustifiée de certaines loges de la Scala, internationale à la suite de la dangereuse amitié d'Elsa Maxwell, a pu suivre pendant plusieurs années la voie de la débauche la plus mélodrama-

177

tique. Mais cet épisode montre que Maria Meneghini-Callas est aussi une cantatrice désagréable, qui piétine le sens le plus élémentaire de la discipline et de la correction. » Bref, on hurle à la mort... Et, doucement, on devient xénophobe ! Mais Maria et sa suite ont déjà regagné leur hôtel par un passage souterrain qui relie directement l'Opéra à l'hôtel *Quirinale*. Et on attend avec inquiétude la presse du lendemain.

Elle sera ignoble, la presse ! On a cité l'article du *Giorno* : il donne le ton : « Aucun talent, aucune gloire ne peut justifier une telle manière de se conduire », annonce le *Messagero*. Cependant que Maria, vraiment malade, ne bouge pas de sa chambre. Elle a écrit une lettre au président Gronchi, qui lui a répondu aimablement, mais le ton monte encore entre Meneghini et les représentants de l'Opéra, messieurs Latini et Sanpaoli. De part et d'autre, on demande des indemnités : les directeurs parce que Callas n'a pas chanté le 2 janvier ; l'époux parce qu'il se rend compte que, même si elle a retrouvé sa voix, on ne laissera pas chanter sa femme aux représentations suivantes. On lance un avocat, maître Ercole Graziadei, sur l'affaire. Et le 4 janvier, devant un public surexcité, c'est Anita Cerquetti qui est Norma, face au partenaire prévu pour Callas. Comme Leyla Gencer qui a chanté à la place de Maria à San Francisco, Anita Cerquetti est peu connue en dehors de l'Italie, où elle a fait toute sa brève carrière, et elle n'a presque pas enregistré de disques. Et puis, à la manière de Callas ou de Marie Collier, c'est une de ces chanteuses aussi bouleversantes par leur vie que par leur voix. Superbe soprano dramatique, grande Abigaïl, éblouissante Amelia, elle ne chantera que sept saisons et se retirera atteinte d'une grave maladie, à la fin de cette année 1958 qu'elle a ouverte dans les costumes de Callas à Rome. Comme si prendre la place de Callas — ce que fera Marie Collier dans les dernières *Tosca* de 1965, — c'était assumer un destin dont on ne se relèverait pas. Callas disparue, Marie Collier morte, Cerquetti abattue avant l'âge : elle est aussi une de ces météorites qui traversent le ciel en carton-pâte de l'opéra pour se fracasser trop vite. Mais on n'oubliera pas ce qu'elle a pu faire dans le *Bal Masqué*, ou dans un *Guillaume Tell* de Rossini, avec Fischer-Dieskau, et pour cela seulement, nous l'aimerons. Sans lui tenir rigueur d'avoir remplacé Callas.

L'affaire, d'ailleurs, a dépassé la simple querelle d'amateurs d'opéra et de fonctionnaires trop zélés. Elle a dépassé Rome et l'Italie : on a dû renvoyer Elsa Maxwell dans ses foyers car son ardeur à défendre dans les colonnes de la presse américaine sa chère amie contre « les barbares » n'allait pas tarder à conduire le bon peuple romain à manifester bruyamment sous les fenêtres de Callas. Et c'est alors que l'intendant de l'Opéra de Rome prend l'initiative d'obtenir de la préfecture de la ville qu'elle interdise l'accès de sa scène lyrique à la diva contestée : de l'univers aérien de Bellini, nous sommes plongés soudain au royaume ubuesque des pandores : Callas était trop fatiguée pour chanter lundi ? Eh bien elle ne chantera ni mardi ni mercredi, tant pis pour elle ! Les représentations prévues pour les 9 et 11 janvier se dérouleront sans elle. Avec Anita Cerquetti. Maria finira par gagner le procès qu'elle intentera à l'Opéra de Rome mais, au comble de l'indignation, elle doit pour le moment battre en retraite : elle quitte Rome humiliée et amère. Il faut peu de temps aux amateurs d'opéra pour oublier celle qu'ils ont pu tant aimer !

D'ailleurs, à Milan, elle est presque aussi mal reçue qu'à Rome : la presse non plus n'est pas tendre pour elle et Ghiringhelli, qui dirige toujours la Scala, ne se dérange même pas pour la voir lorsqu'elle regagne la maison de la via Buonarroti. Il n'y a que Paris pour lui sourire encore. Paris qui ne l'a pas encore entendue, mais où elle a promis de venir chanter en soirée de gala à fin de l'année. Et dans cette atmosphère de confusion, cette légende qui devient farce, où la musique n'a plus guère de place, l'emploi du temps d'une journée de janvier qu'elle vient y passer rend un son bien creux. Vanités, vanités, voilà ce que *France-Soir,* en date du 18 janvier 1958, nous rapporte :

16 h 15, Orly. — *Un avion vient d'atterrir. Debout sur la passerelle, une statue de vison blond dédie son premier sourire à la France. C'est la plus grande diva du monde : Maria Meneghini-Callas, le soprano qui a soulevé la colère de Rome. Ambassadeur du cinéma français, Jean-Claude Pascal est venu lui offrir ses fleurs préférées : des orchidées.*

16 h 40. — *Dans les salons du premier étage, la statue s'anime : elle a d'immenses yeux noirs, cernés d'un fard turquoise, une bouche ardente, un teint d'une pâleur toute romantique.*

18 h 15. — *Hôtel Crillon, appartement 12, premier étàge. Maria Callas se précipite à l'une des fenêtres qui donnent sur la place de la Concorde :*

« *Oh ! que bella, si bella !* »

179

Puis, reprenant son charmant français caressé d'italien et serrant contre elle son caniche qu'elle a réussi à garder avec elle malgré le règlement :

« Ça valait la peine de faire deux scandales! »
20 heures. — *Départ à pied pour chez* Maxim's.
20 h 30. — *Devant* Chez Maxim's — Mlle *Marmiron, profession* « *perleuse* » *dans un atelier de broderie, qui guettait depuis 18 heures son idole, l'aborde enfin. Elle serre précieusement l'autographe sur son cœur.*
20 h 05. — *La* Callas *pénètre dans la vaste salle du rez-de-chaussée, près de l'* « omnibus », *et s'assied à la table de quatorze couverts dressée en son honneur.*
20 h 06. — *Affolement aux cuisines : il faut ouvrir 160 huîtres belons en quelques minutes. La* Callas *ne dispose que d'une heure pour dîner.*
20 h 07. — *Le menu l'enchante : fines belons, turbot rôti aux raisins de Corinthe, puis un mets baptisé de son nom, selle d'agneau à la* Callas, *pointes d'asperges fraîches au velouté, et hommage suprême, soufflé glacé Malibran.*
21 h 10. — *Brouhaha, flashes, ruée. La* Callas *quitte* Chez Maxim's. *Elle fait un saut au* Crillon, *juste pour chercher Toy et ses roses, puis s'engouffre dans la Cadillac grise, direction Orly.*
22 heures, Orly. — *La* Callas *franchit la piste d'envol, monte dans l'avion, prend possession de son fauteuil (elle n'a pas pris de couchette). Le Super-Starliner doit décoller à 22 h 30.*
22 h 30. — *La cantatrice pousse un cri dans lequel perce un contre-ut : elle a perdu un sac blanc à poignée verte, une petite trousse et la niche à chien. Le commandant de bord fait alors ce qu'il aurait refusé à un président de la République : il retarde le décollage et l'on vide la soute à bagages. Au bout de vingt-cinq minutes, on récupère les trois objets.*
22 h 55. — *Avec vingt-cinq minutes de retard, l'avion pour* Chicago *emporte dans ses flancs Maria Meneghini-Callas.*

Telle est donc la vision qu'on nous offre de Callas. Et un autre journal de conclure : « Tandis que la Tebaldi, pour ne citer qu'une des plus célèbres cantatrices de l'heure, mène une vie effacée de petite bourgeoise et ne rêve que d'un lopin de terre dans sa province de Parme, la Callas possède à Milan une fastueuse maison de 60 millions de lires (ce qui est bien peu!) ornée de meubles antiques, décorée de Fragonard, de Titien, de Degas et de Fra Angelico, et dont la seule garde-robe comprend notamment 36 fourrures, 200 robes et 300 chapeaux. » On oublie de citer, cette fois, le nombre de ses paires de chaussures !

Pourtant, pendant ce bref passage à Paris, Callas a eu le temps de se rendre compte que c'était vraiment là la ville qu'elle aimait. Amitié, fanatisme, chaleur de ses amis parisiens : superficiels oiseaux aux plumes de toutes les couleurs dont les engouements sont peut-être aussi gratuits que ceux de New York ou de Milan mais qui, aveugles et bien souvent sourds, sauront aimer jusqu'au bout. Envers et contre tout. Au cours de ces quelques jours Callas décide d'ailleurs du principe de son concert de fin d'année à l'Opéra, et elle rencontre certains de ceux qui, dans les années à venir, joueront pour elle un rôle essentiel. Michel Glotz, directeur de E.M.I. pour la France, est de ceux-là. Coups de foudre, engouements : Paris aime autant Callas que Callas aime Paris.

Mais Maria, remise de ses fatigues, est déjà partie pour les Etats-Unis. Un concert à Chicago ; une audience devant l'Association des Artistes Américains pour savoir si oui ou non elle a failli à ses obligations en refusant de se rendre à San Francisco ; une nouvelle saison, enfin, à New York, qui sera la dernière : encore une fois, ses réapparitions dans les années soixante sont une autre histoire.

A Chicago, tout se passe bien. Callas chante des airs très sombres : *Macbeth, Nabucco*. Et puis du Mozart, elle qui s'y est finalement peu entraînée : le « *Non mi dir* » de *Don Juan*. Du Boito, encore, un air du *Barbier de Séville* : aucun de ces grands moments de bel canto, qui ont pourtant fait sa gloire. Mais elle y est en belle voix et d'ailleurs le public est bien disposé à son égard : avant même qu'elle ait commencé à chanter, on l'a acclamée dix minutes.

Son conflit avec l'Opéra de San Francisco se règle ensuite aussi bien qu'on pouvait l'espérer. C'est que l'enjeu est grave. Pour peu qu'on la juge coupable d'avoir manqué aux règles les plus élémentaires de sa profession, elle se verra interdire de se produire huit jours plus tard au Met, comme prévu. La Guilde des Artistes Américains l'entend longuement : pendant plus de deux heures. Elle a un énorme dossier médical à l'appui de ses dires, mais Kurt Herbert Adler, qui la poursuit de sa hargne, est sans pitié. Cependant Callas sait séduire. Elle explique, elle s'explique : elle-même ne demandait qu'à chanter la deuxième série de ses soirées à San Francisco ! C'est Kurt Herbert Adler qui, comme à Rome Latini et

181

consorts, lui a lancé un ultimatum : tout ou rien. Or son état de santé ne lui permettait pas de gagner la Californie à la fin du mois de septembre 1957...

Finalement, les vingt membres du bureau qui constituaient un jury arrivent à une décision : Maria Meneghini-Callas n'a pas chanté ailleurs alors qu'elle était sous contrat avec l'Opéra de San Francisco, elle ne recevra donc qu'une simple réprimande. Et elle pourra se produire le 6 février au Metropolitan.

Ce séjour d'un mois à New York ressemblera, à bien des égards, à un autre numéro de haute voltige. Plus encore que la première fois, le public et la presse attendent Callas, et sont prêts à ne rien lui pardonner. On cherche le défaut de la cuirasse, on guette les notes malheureuses, les vibrations gênantes, pour mieux se persuader que notre Milanov, la chère Tebaldi — qui a dû interrompre sa saison précédente en catastrophe, mais c'était à cause d'un deuil, et on pardonne tous les deuils, pas les maux de gorge ! — sont les plus grandes chanteuses du monde. Callas, elle, n'est qu'une vedette.

La radio, la télévision se sont mises de la partie. Les plus grands interviewers américains sont sur les dents : Callas répond à Ed Murrows, à Hy Gardner, qui veulent tout savoir sur elle. Jusqu'à l'impossible : Qui est-elle ? Pourquoi ces caprices ? Cette voix qui va et vient, d'où ça vient ? Et sa mère ? Madame Evangelia Callas a continué sa campagne de diffamation envers sa fille, et les stars du petit écran l'interrogent : Qu'y a-t-il de vrai dans tous ces racontars ? Du mieux qu'elle le peut, Callas évite les questions périlleuses. Alors on la trouve simple, facile, pleine de bonne volonté. Elle se présente en épouse fidèle et attentive et surtout — ce qu'elle est, nous le savons si bien — en chanteuse à la discipline de fer, travailleuse impitoyable, acharnée à obtenir le meilleur résultat possible. Pour les uns, c'est suffisant ; pour les autres, elle n'en a pas encore dit assez : bref, on continue à la surveiller. Liberté d'être Callas, mais sous caution !

Sur scène, pourtant, ce sera une autre affaire. Si, l'année d'avant, précédée d'une réputation flatteuse, elle avait somme toute déçu, en ce début de 1958, alors qu'on la présente comme un monstre, une tigresse, une capricieuse et une chipie, on redécouvre soudain qu'elle est vraiment la plus grande chanteuse de son temps. Et ce mois passé au Metropolitan reste l'un des grands moments de la carrière de Callas. Comme si elle avait compris que, face à l'hostilité qui l'entourait, elle devait se surpasser.

Et c'est d'abord la première de ces onze *Traviata* que Callas va chanter au cours de l'année 1958 et qui seront les dernières de sa carrière. Car, après l'Elvire des *Puritains,* après Amina, bientôt Lucia,° Callas va encore abandonner l'un des rôles sur lesquels sa réputation tout entière a été établie. Au début de 1958, après les incidents des mois précédents, elle est encore en parfaite possession de ses moyens. Moyens qui sont sensiblement différents de ce qu'ils étaient, fût-ce aussi récemment qu'en 1954. Assez curieusement, avec les années son timbre est en train de devenir plus léger. Dans le même temps, on l'a vu à la Scala à l'occasion des quatre soirées du *Bal Masqué,* la beauté intrinsèque de la voix est plus grande. A force de travail, elle a effacé, biffé ce qui était autrefois des bavures. Enfin, « le plus grand art au service de l'Art » lui permet d'utiliser à la fois toutes les ressources du texte et celles de sa voix pour explorer à fond un personnage dont elle fera ressortir, presque au gré de son humeur du moment, toutes les nuances; ou telle ou telle nuance. A cet égard, l'étude approfondie qu'a faite cinq mois plus tard Harold Rosenthal — le directeur du mensuel *Opera* — de ses *Traviata* de Londres, est révélatrice. Selon les soirées, c'est une Violetta plus fragile encore, ou plus résolue dans son sacrifice, plus angoissée à la fin — ou au contraire pleine d'un fol espoir : vivre quand même! — qu'elle a dessinée. Car, pour Callas, un personnage n'est jamais fixé dans une interprétation unique. Si bien que cette série de *Traviata* qui commence à New York le 6 février 1958 marque le début d'un ensemble de soirées exceptionnelles, où tous les élans de l'âme de Violetta, le personnage le plus humain, le plus chaleureux peut-être de l'opéra italien, nous seront révélés. Et même si les *Traviata* de 1955, celles dirigées à la Scala par Giulini, sont un chef-d'œuvre inégalé, celles de New York — dirigées par Fausto Cleva — ou celles de Londres — dirigées par Rescigno — nous montrent une Callas au sommet de son talent de chanteuse dramatique. Qu'elle murmure « *Ditte alla giovine...* », et nous défaillons : Violetta-Callas renonce au bonheur et Callas-Violetta en mourra, nous le savons que trop!

Et pourtant la mise en scène qu'offre le Metropolitan est vieillotte, une fois de plus, et les décors sont poussiéreux. Et qu'on pense pourtant que le Met est le seul Opéra des Etats-Unis à avoir une véritable saison, tous les autres ne jouant que pendant quelques mois, voire quelques semaines par an! La production de cette *Traviata* a été prévue pour Tebaldi, et très vite Callas se rendra compte qu'on ne lui a pas accordé assez de répétitions. Et puis le baryton qui chante Germont-le-père est musicien, sans plus. Quant à Daniele Baroni, le ténor, il est franchement médiocre. Mais Callas, dès le début, sait, sent, qu'elle va au-devant d'un des plus grands succès publics de sa carrière. On l'applaudit à son entrée en scène, et on l'applaudit à chaque grand moment du premier acte, cette succession de morceaux de bravoure lancés à pleine voix par la voix d'une femme qui va bientôt se briser. Elle rêve seule : « *Ah fors'è lui che l'anima* » — « C'est peut-être vers lui que tend mon âme » — et la musique devient un filet de soupir : New York en gémit de plaisir. Alors cet accent de joie forcée, de joie qu'il faut afficher envers et contre tout quand on est Violetta Valery, la courtisane par qui la fête arrive à Paris : « *Sempre libera...* » « Toujours libre j'irai de plaisir en plaisir... » : le premier acte s'achève et New York hurle de joie. A son dernier air, cette voix qui se casse sur l' « *Addio del passato* », il ne reste plus à New York qu'à pleurer.

Et lorsque le rideau tombe, ce sont trente minutes de rappels qui font revenir et revenir encore Callas. Cette fois, il n'est pas question de se demander si elle saluera seule ou avec ses partenaires — ni de donner des coups de pied dans les tibias de son partenaire pour l'empêcher de revenir sur scène répondre aux ovations.

Ces *Traviata* inoubliables vont se poursuivre, avec le même bonheur, jusqu'au 5 mars. Entre Rudolf Bing et Callas, c'est la lune de miel — même si, au passage, Callas remarque qu'on aurait quand même pu lui trouver un Alfredo unique pour toutes ces représentations : à Baroni a succédé Campora; à Campora, Bergonzi, le grand, le cher Carlo Bergonzi, aujourd'hui encore le plus superbe tenant d'un certain chant traditionnel pré-vériste et superbe — et à Bergonzi a succédé Eugenio Fernando. De même Callas a-t-elle laissé entendre ce qu'elle pensait des mises en scène du Met — quand on a chanté les *Somnambule* et les *Anna Bolena* de Visconti, les vieilles toiles peintes de New York paraissent bien peu engageantes! —, mais elle n'a guère insisté. Et puis Bing a commencé à faire avec elle les plans de sa saison 1959 : *Traviata*, encore, et un nouveau *Macbeth*. Il reste seulement à s'entendre sur un calendrier.

Après les *Traviata*, Callas va chanter *Tosca* et *Lucia di Lammermoor*. Peu à dire des *Lucia :* ce seront des soirées légèrement en retrait par rapport à ce qu'elle a fait du rôle de Violetta. Et pourtant, Bergonzi — encore — est un bien bel Edgardo. Mais, le soir de la première, Maria a quelques problèmes avec des notes hautes, elle rate un *mi* bémol et ne réussit qu'à peu près la scène de la folie. Sur les cimes où nous naviguons, il est bien évident que ce ne sont là qu'incidents mineurs, mais il est vrai aussi que le temps des *Lucia* tend lui aussi vers sa fin.

Au contraire, les deux *Tosca* dirigées par Dimitri Mitropoulos... Et là, nous approchons de l'image qui sera celle de Callas dans les sept dernières années de sa carrière. On associe aisément Maria Callas au rôle de Floria Tosca. Ce fut un de ses premiers rôles — sinon son premier rôle professionnel, et ce sera le dernier qu'elle chantera à la scène, le 5 juillet 1965 à Londres. En outre, elle l'a enregistré deux fois pour E.M.I. Cependant, chaque fois qu'elle en a eu l'occasion, Callas a dit — et nous l'avons répété avec elle — qu'elle n'aimait pas particulièrement *Tosca*. D'ailleurs, entre 1953 et 1957, soit cependant la période de sa plus grande splendeur vocale, elle ne l'a chanté que sept fois. Mais si, à partir de 1958, Callas revient à *Tosca,* c'est qu'elle l'envisage vocalement d'une manière désormais radicalement différente. Ce n'est pas aller trop loin que d'estimer qu'à partir de ces représentations de New York, Callas va chanter Tosca en tragédienne plus qu'en chanteuse pure. Qu'on écoute ses vociférations face à Scarpia dans l'enregistrement de Georges Prêtre, qui date de 1964, ces cris superbes, cette voix frêle qui implore ou, rauque, terrible, qui maudit. Et qu'on compare cela au chant sublime de 1953, avec De Sabata : ce ne sont pas deux Floria Tosca différentes, puisque Callas reste idéalement la même héroïne de Puccini — mais deux façons totalement, absolument différentes de chanter un même rôle. La voix n'est plus la même, les moyens ont changé, Callas chante la même Tosca, mais différemment. Mitropoulos est un chef trop inspiré, trop habité du démon du théâtre — qu'on écoute les deux ou trois *Elektra,* les *Salomé* qu'il nous a laissées! — pour ne pas avoir senti tout ce qu'il pouvait tirer d'effets de la Tosca de Callas. Si bien que, même avec un Cavaradossi en déclin — Richard Tucker n'est pourtant âgé que de quarante-quatre ans en 1958, mais il a épuisé sa voix trop vite — et un George London, cependant assez somptueux mais qui n'est pas l'acteur que sont Gobbi ou Bastianini, le triomphe Callas-Mitropoulos est total. Lorsque les représentations de New York s'achèvent, le 5 mars 1968, Bing est bien décidé à recommencer l'expérience l'année suivante. Même si les discussions sur le calendrier s'enlisent toujours et si Bing propose à Callas des

185

horaires trop serrés et deux rôles trop différents en trop peu de temps. Maria, donc, continue à hésiter à s'engager.

Bien entendu, après chaque représentation et au cours des soirées où elle ne chante pas, Maria se lance de nouveau, à cœur perdu, dans la vie qu'Elsa Maxwell et Cie lui ont fait découvrir : les restaurants de luxe et les soirées où le diamant se porte sur canapé entre deux tranches de saumon fumé. On la voit dans les magasins de la Cinquième Avenue et dans les penthouses au dernier étage des immeubles de la Cinquième Avenue. Au Metropolitan, les billets ne sont plus à vendre depuis longtemps et c'est au marché noir qu'on les trouve à trois, quatre fois déjà leur prix initial. Et Elsa Maxwell, de chronique en chronique, entretient la légende : Callas est une diva, elle doit se conduire en diva. Elle a des amis riches et influents qu'elle aime à la folie. On parle de certains, on est plus discret sur d'autres, ou sur un autre, et la comète Callas traîne toujours derrière elle son sillon de légende piqueté çà et là de journalistes entreprenants.

Nous, nous en souffrons un peu, et Meneghini, qui comprend de plus en plus mal l'anglais, a parfois du mal à suivre le mouvement. Bien sûr, il aime le luxe, lui aussi; et il achète des bagues et des colliers chez Tiffany's, comme il l'a fait chez Van Cleef ou chez Cartier à Paris ou à Londres, mais soudain la carrière de Callas, au milieu de ces hommes dix, vingt fois plus riches que lui — lui, le « riche industriel de Vérone » — semble se dérouler sans lui. Ou, plus exactement, il continue à guider cette carrière, mais cette carrière seulement. Maria, elle, lui sourit toujours, mais lointaine. Elle est tellement accaparée, n'est-ce pas, par tous ceux qui l'entourent, fût-ce pour mieux dire qu'ils l'ont touchée!

Après avoir ainsi goûté aux délices du cosmopolitisme de salon de couture, le retour en Italie, pour la première fois, est difficile. C'est la septième saison consécutive que Callas chante à la Scala mais, désormais, l'atmosphère est empoisonnée. M. Ghiringhelli brûle à son tour ce qu'il a adoré. Ah! il est bien loin le temps où le superintendant de la Scala recevait sa diva dans sa loge à lui pour entendre les autres chanter! Maria ne s'est pas excusée auprès des organisateurs du Festival d'Edimbourg après *la Somnambule* esquivée de 1956, et le couple Meneghini-Callas en a voulu à Ghiringhelli de son insistance. Lors des *Bal masqué* de décembre 1957, chacun des antagonistes s'était efforcé de maintenir une façade de politesse affectée. Mais Ghiringhelli ne peut plus cacher son exaspération

186

devant ce qu'il tient maintenant pour de vrais caprices de la part de son ex-première chanteuse — et Callas a finalement décidé que, de son côté, elle ne pouvait plus chanter dans ces conditions à Milan : tant que Ghiringhelli demeurerait à la Scala, Maria n'y paraîtrait plus. La presse a annoncé la nouvelle : on entend déjà, avant qu'elle soit tout à fait retombée, le bruit lourd que fait une nouvelle porte qui se ferme.

Maria, cependant, porte beau son dépit. Et les cinq *Anna Bolena* qu'elle chante d'abord, dans la mise en scène et avec les partenaires de la première saison, remportent un succès considérable. On la juge même meilleure qu'à la création. Mais nul, à la Scala, ne lui témoigne plus d'amitié, et des inconnus barbouillent sur la porte de sa maison des inscriptions obscènes. Nous couvrons d'insultes ce que nous avons trop aimé pour mieux nous prouver que nous avons eu tort. Pour fuir tout cela, et la haine, et la bêtise — et avant sa dernière série de représentations à la Scala — Callas va se réfugier avec Meneghini dans une maison qu'ils ont achetée ensemble à Sirmione, sur les bords du lac de Garde. Et là, elle se prépare pour les *Pirate* qu'elle doit chanter à partir du mois de mai.

L'un des derniers moments de repos du couple Meneghini-Callas. Quel est leur bonheur? A quoi ressemble leur tous les jours, au-delà de ce que les ragots attendris de la presse nous ont livré? Pendant onze ans, déjà, ils ont vécu côte à côte. Un an encore, et ils seront séparés. Maria sait ce qu'elle doit à Meneghini et elle le respecte. Elle l'entoure, dit-on, de beaucoup de soins, que celui-ci lui rend avec effusion. Je te fais des ravioli au fromage, tu me donneras un bracelet de rubis : bien sûr, nous pouvons tout inventer.

Bornons-nous à penser que, dans ces dernières semaines de repos qu'il leur sera donné de vivre encore l'un près de l'autre, Maria et Meneghini reprennent souffle. L'un comme l'autre en a besoin. New York monte à la tête de Callas, qui s'y voit reine d'un royaume que nous savons bien pourtant ne pas être le sien, mais New York blesse Meneghini du côté cœur, car il sent Callas lui échapper. Alors, à Sirmione, ils se retrouvent. Comme avant, Maria joue du piano, apprend le rôle difficile de l'Imogène du *Pirate* et joue encore du piano. Elle a trente-cinq ans seulement; dans un an, sa voix — sa vraie voix — sera un souvenir.

Le Pirate n'est certainement pas le chef-d'œuvre de Bellini. L'œuvre a été créée en 1827, avec le grand Rubini dans le rôle du Pirate — et on a toujours considéré que c'était un opéra de ténor.

187

Assez curieusement pourtant, aux côtés de Rubini, lors de la création à Paris en 1832, c'était Wilhelmine Schröder-Devrient qui chantait Imogène aux côtés de Rubini. Schröder-Devrient, le célèbre soprano allemand dont l'Agathe du *Freischutz,* la Leonore de *Fidelio* devaient jouer un rôle décisif dans l'histoire de l'opéra allemand et bouleverser le jeune Wagner. Schröder-Devrient, qui créa la Senta du *Vaisseau fantôme* et la Vénus de *Tannhäuser* — mais Schröder-Devrient aussi dont le nom est passé à la postérité pour les Mémoires, vraisemblablement apocryphes, qu'elle a laissés et qui sont un des chef-d'œuvres absolus de... la pornographie du XIXe siècle! Avant Callas donc, dans *le Pirate,* la célèbre Wilhelmine... Le livret de l'opéra, qui raconte les amours d'Imogène, mariée contre sa volonté à un époux cruel — Ernesto — et que son amant — Gualtiero, le Pirate — finira par tuer avant de mourir lui-même sur l'échafaud, n'est ni meilleur, ni pire qu'un autre. Faute de ténor pour chanter le rôle, on avait à peu près oublié l'opéra pendant plus d'un siècle. La seule reprise notable avant celle de 1958 remontait à Rome. Beniamino Gigli, alors, avait chanté Gualtiero. Mais dans son exploration systématique de l'œuvre de Bellini, Callas ne pouvait pas ne pas s'intéresser au *Pirate* qui, par son écriture aux antipodes du style rossinien alors courant à l'époque, constituait en quelque sorte le premier opéra véritablement moderne de Bellini, et même de toute la grande école italienne de la première moitié du XIXe siècle.

Callas savait que les cinq soirées où elle allait chanter Imogène seraient ses dernières apparitions, pour un temps au moins, à la Scala. *Le Pirate* allait être un adieu à un public qui l'avait adorée et honnie, et elle voulait que ce fût un grand moment de sa vie de chanteuse. Hélas, ni les décors de Piero Zuffi, ni la mise en scène de Franco Enriquez, avec qui elle avait travaillé dans les premiers temps de son séjour à la Scala, n'étaient vraiment inspirés. En revanche, Corelli, qui chantait Gualtiero, et Bastianini, qui chantait Ernesto, étaient les meilleurs interprètes possible des rôles.

Le résultat est pourtant quelque peu décevant. Il semble bien que Callas ne soit pas vraiment « entrée » dans le personnage d'Imogène, comme elle a pu le faire si superbement des autres grands rôles de soprano bellinien. La direction d'orchestre de Votto, habitué pourtant à diriger avec Callas, n'a pas non plus recueilli d'éloges particuliers. Et, cependant, peu à peu, la magie de la voix a agi.

Chant pur, cette fois, que faisait cependant frissonner une incarnation dramatique moins développée que de coutume, mais vibrante, tendue. Nous n'avons plus rien de ces représentations de Milan, mais nous connaissons bien *le Pirate* qu'elle a donné en concert le 27 janvier 1959 au Carnegie Hall. D'abord peu en voix, Callas s'y éleva rapidement à des prodiges de bel canto pur. Sa scène de folie, à la fin de l'œuvre, lorsqu'elle voit en rêve son amant monter une à une les marches de l'échafaud funeste — *palco funesto* — est hallucinante. Là, en concert et seulement vêtue d'une robe blanche sous le feu d'un unique projecteur, elle atteint à des altitudes hallucinantes de beauté habitée, exaltée... Ce *Pirate,* c'est sa dernière incursion dans les domaines de la folie romantique où, de Lucia à Lady Macbeth, en passant par des héroïnes que nous ne lui connaissions qu'en récital ou en disque — le *Hamlet* d'Ambroise Thomas —, elle nous montre qu'on peut vivre une autre vie, qui est aussi celle de l'opéra.

Si bien qu'à la fin de la première soirée du 19 mai, c'est un nouveau, un immense succès pour Callas. Son public, son vrai public — celui qui l'aime quand bien même il serait trop tard — sait qu'il va la perdre, et il l'appelle et la rappelle encore. Impassible, Ghiringhelli, qui la chasse, est immobile dans sa loge. Electrisée, Callas est meilleure encore — meilleure, mais, répétons-le, en deçà de la somptuosité intense et dramatique à laquelle elle nous a habitués — les soirs suivants, et le jour de la dernière, le 31 mai, c'est un triomphe. Alors, pendant la scène finale, comme elle évoque l'échafaud et la mort de son amant, Imogène-Callas se tourne vers la loge de Ghiringhelli — une loge, en italien, se dit aussi « *palco* », comme un échafaud — et lance dans le noir absolu son cri de vengeance au « *palco funesto* » — à l'échafaud, mais aussi à la loge funeste où se tient le superintendant. Tout le monde comprend : c'est du délire. Debout, on voudrait la voir encore, on la rappelle à en perdre le souffle... Alors Ghiringhelli, froidement, fait descendre le rideau de fer.

Dans la salle, les employés chargés du service d'ordre se hâtent de faire évacuer ce public trop démonstratif : Callas à la Scala, c'est fini — elle y reviendra, mais autrement, en passant — mais c'est sur un très grand succès personnel que c'est fini. Victoire à la Pyrrhus, peut-être, mais victoire quand même. Une photographie la montre quittant la Scala, longs gants blancs et drapée de fourrure, entourée d'une nuée d'admirateurs. Devant, derrière, des hommes tentent de

189

la protéger de la foule. Et Callas, elle, est seule. Son beau cou nu, la bouche légèrement crispée, très dessinée, avec dans les yeux une tristesse infinie. Un regard d'au-delà des choses. Elle voit mais ne regarde pas. Presque portée par des messieurs aux cravates austères, elle se laisse aller, emporter, resserrant simplement de ses gants blancs la fourrure claire autour de ses épaules : jamais Callas au naturel, Callas vivante, ne nous a paru plus belle ni plus vulnérable...

« Les prime donne passent, la Scala reste », commentera Ghiringhelli. Ghiringhelli, lui, est bien passé. Disparu corps et biens de toutes les mémoires vivantes. Callas, à la Scala, demeure.

Pourtant, en ce milieu d'année, elle est toujours fatiguée. Alors elle va se donner, de nouveau, un temps de réflexion. Mais d'abord, il va y avoir un troisième passage à Londres, un gala, une télévision et cinq *Traviata*. Le 10 juin, on célèbre le centième anniversaire de Covent Garden. Aux côtés de Joan Sutherland, mais aussi de Margot Fonteyn et de quelques autres « stars », Callas chante devant la reine et le Tout-Londres. Le Londres de la musique et l'autre. Tout se passe très bien. De même la soirée télévisée, où elle chante, cette fois encore, entre quelques autres vedettes, l'air de Rosine du *Barbier de Séville* et « *Vissi d'arte* ». Viennent ensuite les *Traviata*.

Qu'on imagine dès lors Callas, cette femme qui est en train d'atteindre une réputation, une gloire que nulle autre chanteuse au cours de ce siècle n'a connue et dont le monde entier — le monde qui lit *nos* journaux, s'entend, et qui s'intéresse à *nos* petits problèmes — dont le monde entier, donc, a entendu parler, bien au-delà du petit cercle étroit des admirateurs patentés d'art lyrique et de chanteuses mortes : Callas pourtant dont la santé s'effiloche, dont la voix a parfois de ces accidents qui l'obligent à dire non et à se taire; Callas qu'on adule et qu'on observe, dont on attend la moindre défaillance — et qui vient à Londres chanter à Covent Garden ses cinq dernières *Traviata* anglaises. Comme à New York, nous atteignons une fois encore aux plus hauts degrés d'émotion musicale et dramatique. Sa Violetta qui meurt d'amour a dans la voix des accents que jamais plus nous n'entendrons ailleurs. Malade d'amour, son chant est à proprement parler *exsangue* : après l'avoir entendu — la soirée du 28 juin existe en bande — nous n'avons plus qu'à refermer doucement la porte derrière nous, derrière elle : de Traviata plus émouvante, il n'en existera plus. Aucune aujourd'hui

190

ne lui ressemble. Ni Sylvia Sass à Aix, ce jeune soprano hongrois qui a conquis l'Europe entière en quelques soirées — si vite qu'on parle déjà de son déclin! —, ni même la bouleversante Ileana Cotubras, si belle traviata en disque. Une Traviata comme Callas, c'est impossible. Voilà tout.

Et pourtant, la critique n'a pas compris ce que représentaient ces soirées-là. On attendait une « tigresse », une Tosca véhémente et superbe, et le public, la presse, ont vu une touchante Dame aux camélias attentive aux subtils détours de ses intonations. Pour beaucoup, même, elle a paru en mauvaise voix, alors qu'elle atteignait simplement au comble de son art. Mais la presse — même celle de Londres, moins volcanique que les autres, lorsque l'assassinat artistique est considéré comme un des beaux-arts — n'était pas préparée à ce que devenait la voix de Callas.

Et Callas le sent bien. Ce n'est pas qu'on ne soit plus tendre avec elle : on ne l'a jamais été. Mais, plus que jamais, on guette la défaillance. Alors, pour la seconde fois de l'année, elle repart pour Sirmione. Et tandis que les commérages sur son compte vont bon train — on commence à parler de ce livre qu'écrirait Madame Mère et où l'on trouverait enfin la vérité, toute la vérité, rien que la vérité sur sa fille —, tandis que Meneghini câble aux quatre coins du monde des chiffres et les termes des contrats qui seront ceux de Maria lorsqu'elle reprendra toute son activité, Maria elle-même joue Chopin et Brahms face à l'un des paysages les plus tranquilles, les plus sereins, les plus policés du monde. Quelques semaines hors du monde, avant que reprenne la course. Ou la fuite en avant.

En septembre, pour Walter Legge et E.M.I. — mais sans la Scala, avec laquelle elle est brouillée — Callas enregistre encore deux disques : « Les héroïnes de Verdi » (*Macbeth, Nabucco*) et les « Scènes de folie » (*Le Pirate, Hamlet, Anna Bolena*) : deux des sommets peut-être de ses récitals enregistrés. Le repos lui a réussi! Les projets, maintenant, abondent.

Dans quatre semaines, dans trois semaines, elle repartira pour les Etats-Unis, réglera les détails de sa saison 1959 au Met et fera une tournée à travers le pays, dont le point culminant sera une courte saison à Dallas, chez son ami Lawrence Kelly.

Le 7 octobre 1958, Maria et les siens se retrouvent ainsi à New York. Et, tout de suite, les ennuis avec Rudolf Bing et le Met commencent. Aigus, précis... Certes, tout le monde est d'accord sur le principe d'une série de représentations en février 1959, mais il est toujours aussi difficile de s'entendre plus loin. Bing a promis à Maria qu'elle chanterait dans une nouvelle mise en scène de *Macbeth,* et Callas, qui n'a pas chanté l'œuvre noire de Verdi depuis ses grandes soirées de 1952, en caresse l'idée avec tendresse. Mais avec crainte aussi : on n'a pas oublié que Lady Macbeth est un des rôles les plus difficiles de son répertoire. L'un de ceux, en fait, qu'elle a abandonnés depuis longtemps, même si elle rêve toujours de le reprendre. Chanter un air isolé de *Macbeth* en concert est une chose, reprendre l'œuvre tout entière à la scène en est une autre. Une épreuve redoutable pour une voix qui a perdu une partie de sa souplesse et ces teintes très sombres qui firent pourtant sa gloire. Mais Macbeth a aussi été l'un des plus grands succès de Callas, l'un de ces grandioses moments de théâtre où elle excelle. D'où l'envie qu'elle a de retrouver les grands délires verdiens sur la scène du Metropolitan.

Mais Bing veut Callas pour deux spectacles. Après plusieurs hésitations — *Tosca, Lucia* ou *Traviata?* — on s'est mis d'accord sur *Traviata.* Mais quand? Et c'est là que le désaccord est complet. Bing veut pratiquement que Callas chante en alternance, et à vingt-quatre heures ou presque d'intervalle, les deux opéras de Verdi. La Callas de 1958 n'est plus celle de 1949, celle qui pouvait chanter un soir *la Walkyrie* et le lendemain *les Puritains.* Quand on prend la mesure du travail qu'elle a accompli sur le rôle de Violetta, on se rend compte que sa *Traviata* est devenue un chef-d'œuvre d'économie et d'art — et que la voix pour la voix, la voix pure et libre, ne s'y déploie plus que rarement. Même si Traviata n'est pas un rôle léger, il exige une qualité de voix aux antipodes de celle que demande le rôle de Lady Macbeth. Ainsi Callas refuse-t-elle pour le moment de s'engager sur les termes de ce que lui propose Rudolf Bing : chanter avec deux voix différentes à deux soirs d'intervalle, ce n'est plus possible pour elle; il faut que Bing lui fasse d'autres propositions. Mais Bing proteste : le Met est une organisation puissante et lourde, il ne peut la modifier. Tout au plus propose-t-il de remplacer *Traviata* par *Lucia,* ce qui n'avance guère Callas.

Sans qu'aucun accord ait été atteint, Callas part pour sa tournée américaine, qui doit d'abord la conduire à Birmingham, Atlanta, Montréal et Toronto pour des concerts, puis à Dallas, où elle chantera *Médée* et *Traviata.* La tournée doit ensuite se poursuivre à Cleveland, Detroit, Washington, San Francisco et Los Angeles. Mais pendant tout ce voyage, organisé par l'imprésario Sol

Hurok, et jusqu'à son arrivée à Dallas, elle reçoit messages et télégrammes de Rudolf Bing : a-t-elle pris une décision? Et Maria ne se décide à dire ni oui ni non. C'est tout Maria, cette indécision : il faut lui forcer la main, la brutaliser, mais dans le même temps elle a peur. Et refuse de s'engager. Elle attend, donc, elle repousse le moment de donner une réponse définitive. Et si, entre Atlanta et Toronto, elle chante « *Vieni! t'affretta!* » de *Macbeth* au cours d'un concert qui comprend aussi, assez curieusement, la valse de Musette de *la Bohème*, le *Macbeth* du Metropolitan demeure toujours à l'état de projet.

C'est à Dallas que les choses vont s'envenimer et que la situation deviendra irréversible. Le programme de la Civic Opera Company est brillant : outre les soirées Callas, Tereza Berganza, qui vient de commencer à Aix, à la Scala et à Glyndebourne une superbe carrière internationale de mezzo — nous avons tous dans l'oreille et dans le cœur sa Dorabella et son Chérubin, sommet du chanter mozartien — doit être *l'Italienne à Alger,* de Rossini — le pendant, en quelque sorte, du *Turc en Italie.* Pour sa part, Callas chantera ses *Traviata* dans une nouvelle mise en scène de Zefirelli, et ses partenaires dans *Médée* s'appelleront Jon Vickers — le plus grand Tristan, le plus bel Otello du moment, et encore Berganza. La mise en scène, du Grec Alexis Minotis, — l'un des grands metteurs en scène de son pays et le mari de Katina Paxinou, qui a réinventé la tragédie antique —, se voudra une scrupuleuse reconstitution de l'univers de la magicienne maudite et de la cour de Corinthe. Le soir de la première, le 31 octobre, elle reçoit un télégramme de félicitations de Bing qui s'achève en point d'interrogation : oui, mais « pourquoi à Dallas? » Pourquoi triompher à Dallas alors que le Met l'attend et que Tebaldi vient d'y ouvrir la saison avec Del Monaco dans une *Tosca* bien sage...

La suite de l'affaire est triste, comme sont tristes les beaux moments d'opéra manqués. Non, jamais Callas ne chantera plus *Macbeth,* au Met ni ailleurs. Elle reçoit d'abord un ultimatum de Rudolf Bing : qu'elle accepte ses dates et ses conditions. Elle a quelques heures pour réfléchir. Puis, le 6 novembre, nouveau télégramme : Rudolf Bing déchire le contrat que Callas, selon lui, a d'elle-même rompu. Et, sur-le-champ, il publie une déclaration à la presse, dont les termes, par leur violence même, constituent un morceau de bravoure dans la sinistre anthologie de la bureaucratie de combat : « Je ne me propose pas d'ouvrir une discussion publique avec Madame Callas, remarque-t-il d'entrée de jeu, car je sais trop bien qu'elle a, pour ce genre de chose, beaucoup plus d'expérience et de compétence que moi... » On sent tout de suite que l'injure n'est pas loin et, en effet, elle suit de très près : « Si les mérites artistiques de Madame Callas font l'objet de controverses violentes entre ses amis et ses ennemis, la réputation qu'elle a pour mettre en valeur dans ses affaires le sens aigu du théâtre qui est le sien ne fait, elle, aucun doute... »

En bref, Bing accable Callas de sarcasmes et la renvoie purement et simplement dans ses foyers. Pour Callas, c'est insupportable : cette fois sa fureur est totale. Et, semble-t-il, à bon droit. Tout ce qu'elle demandait, c'était que Bing déplaçât deux ou trois représentations. « Ma voix n'est pas un ascenseur qui peut monter ou descendre à volonté », commente-t-elle amèrement. Meneghini se fâche aussi, on menace d'un procès, mais légalement Bing a raison : une fois encore, une porte a claqué, non plus derrière, mais devant Callas. Et si elle peut se consoler en disant que c'est très bien comme cela, qu'elle ne chantera plus des *Traviata* « moches » (« lousy ») dans des décors affreux ; si Elsa Maxwell peut une fois encore voler bruyamment à son secours en affirmant que le Met n'est pas le bout du monde et que le monde entier, au contraire, est là qui attend — la presse dans son ensemble est dure pour Callas.

Reviendra-t-elle jamais à New York ? « Jamais est un bien grand mot, remarque Frances Robinson, l'assistant de Rudolf Bing. Elle peut nous survivre à tous ! » « Mais, pour le moment, ajoute Bing, en ce qui concerne le Met et moi, l'affaire est classée. » Maria a refusé de respecter les termes « d'un contrat de 18 000 dollars, un point c'est tout ». Tant pis, conclut alors Callas au cours de la fête qui suit la soirée où elle a appris sa déconfiture : « Nous sommes sur terre pour offrir l'art au public ; le public nous aime pour cela ; Mr. Bing n'a guère été coopérant... »

Oublions donc New York. D'autant que le séjour à Dallas, commencé dans l'euphorie, s'achève, sur le plan musical, dans l'extase. Les *Traviata* de Zefirelli sont belles : profitons-en ! Profitons-en ! Jamais plus Callas ne chantera Violetta. 31 octobre, 2 novembre, et c'est fini. Aucun disque, aucune bande ne semble subsister de cette ultime mort de Violetta, le 2 novembre 1958 à Dallas. « *Addio del passato...* »

Les *Médée* de Dallas, en revanche, nous sont restées. Et celle du 6 novembre, le jour même où l'intendant Bing lui donnait ses huit jours, est peut-être la plus belle qu'elle nous ait laissée. Bien sûr, il y a Vickers et Berganza : plus solide Jason, plus noble Neris — la nourrice de Médée —, nous n'en connaissons guère. Mais Maria apparaît soudain elle-même au sommet de ses moyens. Et même si nous savons nous — mais je parle ici seulement de moi! — que Médée ne nous touche guère et que, quel que soit le feu qui parcourt Callas chaque fois qu'elle chante le rôle, la musique de Cherubini reste au fond de glace, trop lourdement théâtrale, nous sentons cette fois dans ses accents de terrible pitié, devant les enfants qu'elle va quand même immoler, une immense tendresse. Et d'un coup la magicienne vengeresse selon Callas est subitement touchante : elle aussi, le destin l'a marquée du doigt, et elle ne s'en est pas relevée.

Après une dernière représentation le 8 novembre, Maria va quitter Dallas. La suite de sa tournée a un côté cirque, Barnum et Compagnie. De ville en ville on se bat pour la voir, on achète à prix d'or les places pour ses concerts mais c'est, bien sûr, pour les pires raisons du monde! Callas a traité Rudolf Bing de « caporal prussien », il faut bien que l'aristocratie de l'argent de Cleveland ou de Detroit — l'automobile rapporte encore, merci! — aille voir à quoi elle ressemble, cette virago! Enchâssées sous les diamants que leur ont payés messieurs leurs époux, ces dames qui font dans la banque ou dans la mécanique applaudissent à en déchirer le bout de soie de leurs gants : c'est qu'elle a aussi une jolie voix! Et comme on connaît tous l'air du *Barbier de Séville*, c'est ce qu'on préfère du même récital que, de ville en ville, Maria promène sans en changer une note. Parce que ça paie de chanter six airs d'opéra dans les villes les plus riches du monde : Meneghini le sait bien, qui a discuté avec Sol Hurok un contrat fabuleux. Et quand le Met vient de vous claquer ses portes au nez, les dix mille dollars par soirée qui s'alignent dans les livres de compte du ménage — même si le fisc est sans pitié — sont toujours bien bons à additionner les uns aux autres.

Cleveland le 15 novembre, Detroit le 18, Washington le 22, San Francisco le 26 : on imagine Maria qui se produit dans une Public Music House, un Masonic Hall ou un Constitution Hall, voire un Civic Auditorium, avec une sorte de rage froide, méthodique. Oh! bien sûr, elle est charmante avec la presse, les journalistes, les invités — tous ceux qui, de près ou de loin, veulent toucher la frange de sa robe : comment pourrait-il en être autrement? On l'a tant insultée qu'il faut bien tout faire oublier. Mais quand un hôtel de Miami

Beach offre 5 000 dollars pour qu'elle chante seulement un air ou deux devant les vieux messieurs et les vieilles dames qui viennent attendre en Floride qu'à New York neige se passe, on imagine Maria Callas soudain devenue Lola Montès et qu'on produira dans quinze ans sur un trapèze volant. Ou dans une cage dorée : pour un dollar, un baiser ; pour dix dollars, trois notes de Donizetti ; et pour un billet entier, l'air aussi tout entier !

Nous plaisantons ? Que Maria regarde derrière elle. Chicago, Vienne, Rome, San Francisco, la Scala, le Met : autant d'opéras fermés. Le 26 novembre, elle est à San Francisco, certes, mais au Civic Auditorium ! 26 novembre, à Los Angeles : au Shrine Auditorium. Les dollars pleuvent ! Callas est au faîte de sa carrière, et n'a plus guère que Londres et Paris où chanter !

Le 19 décembre 1958, Maria Meneghini-Callas chante donc pour la première fois à Paris. Et c'est un déferlement d'articles, une tempête de reportages, un orage ininterrompu de flashes et de photos. Paris qui ne la connaît que par ouï-dire est prêt, lui, avant même de la recevoir, à l'adorer. « Seuls les Français ont cherché à me comprendre ! », titre le Figaro du 17 décembre. Mais les Français, qui ne savent rien d'elle hormis sa légende, ne demandent qu'à comprendre. D'ailleurs, honnie en Amérique et chassée d'Italie, Callas ne peut qu'être adoptée par Paris. Le ton de nos bons journaux dépasse dès lors les limites extrêmes de la complaisance. Avec parfois de bons moments. Lisons avidement le Figaro puisque nous avons commencé par lui. Samedi-Soir et Ici-Paris, nous les verrons ensuite...

« Callas ! Callas ! Par là ! Par ici...

Il est 8 h 30. Vêtue d'une pelisse de soie puce et d'une toque de fourrure, la cantatrice sourit sur le quai K de la gare de Lyon. Pour les photographes.

— J'ai sommeil, dit-elle, c'est tout.

Avec son bouquet de roses rouges et son caniche, Toy, elle s'engouffre dans une Simca Présidence. Une seconde voiture suit. Elle contient huit malles et des boîtes à chapeaux.

9 h 10. La prima donna pénètre dans le hall du Ritz et marque un temps d'arrêt devant les vitrines garnies de joyaux.

— Regardez ces diamants ! dit-elle, l'air gourmand.

Alentour, on adresse des regards vaguement inquiets en direction de son mari, M. Meneghini, resté en arrière...

En fin d'après-midi, dans son salon fleuri de lilas blanc, de gardénias et de roses noires, Maria Callas, très belle dans une robe Empire, en moire marron, trois rangs de perles au cou et un bracelet de diamants, répond avec une bonne grâce aux questions de trois cents reporters.

— Quel a été le programme de votre première journée à Paris?

— Un déjeuner très gai et très bon avec mon mari et trois amis. Une visite d'un représentant du général Catroux, et puis du repos.

— Avez-vous déjà répété?

— Je commence mercredi seulement.

— Que ferez-vous d'autre pendant votre séjour ici?

— Je n'ai encore aucun projet. Je resterai encore samedi et dimanche. En tout cas, je n'aurai guère le temps d'aller chez les couturiers.

— Que pensez-vous du public français?

— Je ne le connais pas encore et je suis très émue. Vous ne pouvez imaginer comme je suis heureuse de venir chanter à Paris! Les Français ont été les seuls en janvier dernier, à mon départ de Rome, à essayer de comprendre ce qui m'était arrivé; à penser que j'étais une femme sujette à une défaillance et qui souffrait. J'ai été tellement touchée par le comportement des journalistes français et par tout ce qu'on m'a dit lors de mon passage à Paris que j'ai juré de venir chanter pour vous remercier. Mon seul souhait, maintenant, est de chanter mieux que je ne l'ai jamais fait auparavant.

— Avez-vous le trac?

— Je dois dire oui. On ne peut jamais savoir ce qui se passera. La seule chose que je puisse faire contre ce trac est de trouver du courage dans ma tête.

— Si le public vous demande un « bis », vous exécuterez-vous?

— On verra le moment venu. Peut-être ne me demandera-t-il rien...

— Qui a choisi vos partenaires?

— J'ai fait des suggestions et notamment pour Tito Gobbi, mais les décisions finales ont été prises en accord avec la direction de l'Opéra.

— Y a-t-il des cantatrices que vous admirez? Lesquelles?

— Il y en a beaucoup, mais vous comprendrez que je ne puisse les nommer, elles sont si nombreuses.

— Etes-vous superstitieuse?

— Bien sûr!

— Quel est votre fétiche?

197

— Une petite « madone » que j'emporte partout avec moi.

— Quelles robes porterez-vous pour la première partie du spectacle, et pour le souper?

— Vous verrez.

Deux petits sujets de mécontentement, hier soir, pour la Callas. Dans le programme du gala, en effet, son nom ne figure pas en plus grosses lettres que celui des autres artistes. Quant à son chien, qu'elle ne quitte jamais, l'entrée des artistes lui est interdite. Un écriteau apposé à l'Opéra en fait foi. »

Voilà pour Callas *avant* le concert. C'est déjà éloquent.

L'occasion, maintenant. Fanfares et gardes républicains, nous avons Callas en soirée de gala. Au bénéfice des œuvres de la Légion d'honneur. Président de la République en tête : la Quatrième République s'abîmera dans les accents de Puccini après que René Coty, dont ce sera la dernière sortie officielle, eut reçu les sourires émus de la divine. Ajoutons à ce parrainage celui du journal *Marie-Claire* et celui, plus lointain de Luchino Visconti qui a réglé, entre deux avions, le détail de la soirée : trop occupé par ses travaux à lui, il ne pouvait rester le soir de la grande première. Des jeunes filles du monde vendront un programme qui pèsera un kilo (un disque y est encarté) et Callas elle-même fait don de son cachet aux œuvres de charité : ceux qui ont répandu le bruit que la diva était dure en affaires en seront, ce soir-là, pour leurs frais. Quant au public, il a été trié sur le volet : au prix où l'on vend les billets, on ne risque pas de se trouver en mauvaise compagnie! D'ailleurs *France-Soir* nous l'apprend : toutes les places ont été vendues en quarante-huit heures, et le premier acheteur a été Francis Lopez, qui en a pris douze d'un coup. Le milliardaire grec Goulandris a offert cent mille francs pour la promesse d'un strapontin. Au balcon, nous serons entre nous : rang A : Emile de Rothschild, Michèle Morgan et Henri Vidal, la bégum, Emile Roche, président du Conseil économique... Aux premières loges : loge 2 : Patachou, Yves Montand, loge 4 : Brigitte Bardot et Elisabeth Schwarzkopf (!!), loge 6 : Roger Frey (?), loge 16 : Paul-Louis Weiler et Charlie Chaplin... On croit rêver. Et, pour mieux nous aider à rêver, *France-Soir* nous offre un plan de l'Opéra : les loges y portent leur numéro, on peut voir d'où Janine Micheau et Gilbert Bécaud, côte à côte — loge 13, bien au milieu — pourront crier leurs bravos. On peut voir aussi que la pauvre Louise de Vilmorin, Gérard Philipe, Juliette

Gréco et Darryl Zanuck, tous entassés dans la loge 3, très de côté, sont vraiment bien mal placés!

Après, il y aura un souper. 15 000 francs de plus pour 450 personnes — « le gotha du gotha » — dans le grand foyer du Palais Garnier. Encore une fois, le ton de la presse est en lui-même un chef-d'œuvre d'humour glacial :

« Le menu de ce souper unique a été conçu et sera réalisé personnellement par Maurice Bataille.

Après les croustillants feuilletés et le caviar gris d'Iran de la réserve de l'empereur, le consommé au fumet de céleri sera « Rossini presto et allegro », puis les brioches de foie gras truffé précéderont la « salade d'arpèges Casta Diva » et le chaud-froid de volaille. Au dessert, les maîtres d'hôtel déposeront avec soin sur les petites tables les « ananas givrés dans leurs robes de chant » accompagnés de quelques « douceurs en forme de vocalises ».

Les dames auront droit à trois cadeaux-surprises sortis tout droit de chez Dior, Chanel et Hermès. Les cadeaux seront remis par vingt demoiselles d'honneur de Paris, habillées pour la circonstance par les vingt plus grands couturiers parisiens. En guise de divertissement, trois orchestres se produiront successivement, d'abord l'ensemble de musique de chambre de Pierre Bassieux, l'orchestre tzigane de Josha Muskai et une formation très moderne. »

Avant de déguster du caviar et de danser sur un air à la mode, tout ce bon public a quand même écouté un peu de musique...

« Vous m'avez semblé admirable, madame, dira René Coty. Et vous savez qu'il se trouve que je m'y connais en musique italienne! Grâce à vous, j'ai connu un des plus grands moments de ma vie! » Quinze jours plus tard, le président Coty prendra sa retraite... Comblé!

Pourtant, pour ce gala hors du commun devant un public aussi peu averti, on ne pourrait songer à imposer un opéra entier. Encore que toutes les dames se seraient pâmées, que ç'ait été *Norma*, *Lucia* ou *Tosca* qu'on leur ait proposé. Mais ce sera pour l'année prochaine. Cette fois, on s'est borné à demander à Callas de chanter son éternelle « *Casta diva* » de combat, l'air de Rosine — ce qui permettra à la presse de dire : « La terrible Médée s'est muée en souriante Rosine pour les Parisiens » — deux airs du *Trouvère* et le deuxième acte — entier celui-là — de *Tosca*. Avec Albert Lance et Tito Gobbi.

Bien sûr, Callas sera admirable, même si les plus chauvins de

199

nos critiques vont jusqu'à oser affirmer que « la voix généreuse, ensoleillée, d'Albert Lance éteignait, par contraste, le rayon assez pâle de leur illustre camarade ». Ce morceau d'anthologie s'achève d'ailleurs par une remarque tout aussi sublime dans les sphères du grotesque où elle navigue allégrement : « Son jeu dramatique allait-il racheter les défaillances vocales? Point : c'est honnêtement joué, sans plus. J'ai vu pour ma part bien des Tosca plus émouvantes que cette Joséphine de Beauharnais dangereusement amaigrie. » Le monsieur qui écrit cela signe « Le joueur de flûte » dans *Aux Ecoutes* du 26 décembre 1958...

Dieu merci, peu de critiques — car Callas avait insisté pour qu'on invite des critiques : on avait tout bonnement pensé que ce n'était pas nécessaire, au prix où on vendait les places — partageront la bêtise de ce joueur de pipeau. Quant au public, prêt à applaudir à tout rompre ce qu'on aurait pu lui offrir, *Norma*, *Lucia* ou *les Cloches de Corneville* — le public parisien, depuis, a fait des progrès en ce domaine! — il témoigne à Callas un enthousiasme délirant, un abandon total... Si elle s'est vu fermer quelques-uns des théâtres les plus célèbres du monde, en une soirée Maria a conquis Paris. Et Paris l'a conquise.

Trêve, donc, d'humour un peu facile : à la fin d'une année lourde en péripéties, riche en triomphes musicaux mais pleine déjà d'échecs personnels, Callas revient chez elle avec une victoire éclatante. Paris l'a traitée en reine, et reine, elle l'est vraiment. Aucune chanteuse au monde, répétons-le, n'a atteint la notoriété qui est désormais la sienne. Elle possède une voix qu'on ne discute même plus : on la connaît. On en reconnaît, entre mille, les nuances, les accents, les limites. Quant à ce qu'est Callas actrice, c'est au-delà des mots. Et le 19 décembre 1958 est en quelque sorte la consécration définitive de cette suprématie. Callas est aujourd'hui la première merveille du monde!

CINQUIÈME PARTIE

1959-1963
La reine sans royaume

Ne mâchons pas nos mots. En 1959, la machine Callas s'arrête. La voix se tait. La reine est sans royaume. A trente-six ans, la carrière de Maria Meneghini-Callas — qui va redevenir simplement Maria Callas — connaît un temps mort. En 1964-1965, ce sera le chant du cygne, un dernier sursaut, quelques moments sublimes, et puis plus rien. La fin, cette fois, et irrémédiablement.

Les chiffres sont éloquents. Ne parlons pas des concerts, qui représentent autre chose qu'un opéra entier chanté à la scène. En 1958, Callas a chanté vingt-huit fois sept œuvres différentes sur six scènes différentes. En 1959, elle chante onze fois trois œuvres sur quatre scènes différentes — dont deux *Pirate* donnés en version de concert. En 1960, elle ne chante plus que sept fois deux œuvres sur deux scènes ; en 1961 cinq fois *Médée,* à Epidaure et à la Scala (où elle est revenue : nous le verrons), et *Médée* seulement ; en 1962 elle chante deux fois *Médée* à la Scala, et c'est tout. En 1963, enfin, elle ne chante rien nulle part! Et si en 1959 elle a donné quatorze concerts en une année, ce qu'elle n'avait jamais fait auparavant, en 1960, elle n'en donne aucun, aucun non plus en 1961, cinq seulement en 1962 et six en 1963. Ainsi, de 1959 à 1963, on assiste progressivement à l'extinction quasi totale d'une voix. De 1947 à 1959, la carrière — la vraie carrière — de Callas a duré treize ans! Le « second souffle » — 1964-1965 — lui permettra de chanter encore trente fois à la scène. Et quoi? Douze *Norma* et dix-huit *Tosca.* Soit deux rôles qu'elle pourrait chanter à l'envers ou debout sur une scène, seule et sans partenaire — toujours avec la même splendeur.

On mesure dès lors le drame de Callas. Birgit Nilsson, le grand soprano wagnérien du troisième quart du siècle et sa presque contemporaine, a débuté à Stockholm dans le *Freischutz* en 1946, un an avant les débuts de Callas à Vérone, et elle chante toujours : cela fait trente-deux ans. Montserrat Caballé, qui succédera à Callas comme numéro un du répertoire italien, chante aujourd'hui (1978) depuis vingt-deux ans. Léonie Rysanek, la superbe Sieglinde de *la Walkyrie*, l'éblouissante impératrice de *la Femme sans ombre* de Strauss, depuis vingt-neuf ans. Adelina Patti un siècle plus tôt, a chanté vingt-cinq saisons consécutives à Covent Garden, et si la carrière de la Malibran n'a duré que onze ans, c'est qu'elle est morte des suites d'un accident de cheval. Quant à Rosa Ponselle, qu'on a souvent comparée, on le sait, à Callas, elle s'est certes retirée après une carrière de dix-sept ans seulement; mais en 1935, lorsqu'elle décida de renoncer à la scène, elle était encore au sommet de ses moyens.

Callas, elle, n'a chanté que treize ans sans problème. Quinze ans, si on ajoute à cela les quelques *Tosca* et les *Fidelio* d'Athènes. Ou dix-neuf ans, en tenant compte des années difficiles de la fin. Or jamais Callas n'a été si célèbre... que lorsqu'on ne l'a plus entendue que par intermittence. Et que lorsqu'elle n'avait plus d'Opéra où chanter.

Bien sûr, il y a eu, il y aura les problèmes vocaux. Cette voix qu'on a senti palpiter, s'élever ou se briser tour à tour. Il y a aussi la santé de Callas. Ses fatigues, les douleurs de plus en plus aiguës qu'elle ressentira dans les sinus, et les baisses de tension. Mais on ne peut pas aussi ne pas faire un rapprochement entre cette soudaine réduction de l'activité de Callas — et des moyens de Callas — à partir de 1959, et ce qu'est devenue sa vie privée, également à partir de 1959. La Callas qui défraie la chronique mondaine internationale dès le mois d'août 1959 n'est plus la même que celle que nous avons suivie, dans le sillage ambigu de Meneghini, depuis douze ans. Et cela aussi compte. Comme si Callas-tornade, Callas-vedette, Callas belle plante debout mais qu'on sent vibrante de toutes les angoisses, toutes les passions, toutes les fatigues du monde — quel monde? — ne pouvait plus être véritablement cette chanteuse unique qui avait pour elle et la voix, et la stature, et la musique, et le talent de tragédienne, et l'élégance, et la beauté —, et la voix, encore.

A partir de 1959, Callas n'est plus celle que nous avons connue.

LA REINE SANS ROYAUME

Et c'est au cœur de la vie privée de la nouvelle Callas qu'on va maintenant se perdre. Pour mieux comprendre, puisque la vie, dès lors, éclaire, habite — ou ronge — la voix. Vie privée qui demeure pourtant une façade, un décor — autre masque dont Callas, dans sa soif dévorante d'autre chose, se couvre les yeux pour mieux s'aveugler.

1

Le 21 avril 1959, Maria Meneghini-Callas fait son entrée chez *Maxim's* à Paris. Elle porte une robe du soir courte et étroite, de satin mat, ceinturée de velours noir. Son décolleté est carré, retenu par de fines bretelles. Sur ses épaules, une écharpe du même tissu. Longue et mince, statue soudain frileuse venue du fond de tous nos rêves, elle est enveloppée d'un manteau de chinchilla. Sur elle, pas d'autres bijoux que des boucles d'oreille de diamant en forme de poire : Callas, ce soir-là, est peut-être la plus belle créature du monde. On nous l'a dit.

A son bras, Giovanni Battista Meneghini : ils sont venus célébrer leur dixième anniversaire de mariage. Dans la grande salle ronde du restaurant, A. M. Julien, qui dirige maintenant la réunion des théâtres lyriques, est assis en face d'elle. On nous dira encore qu'on a placé sur la table deux fois cinq bougies disposées dans deux chandeliers d'argent. A la lumière des flammes nues, son visage est soudain, un instant, celui de Violetta avant la rencontre d'Alfredo : *la Traviata* ne fait encore que commencer, mais Alfredo sera un millionnaire grec et la belle histoire aura une autre fin. Une ombre passe, un sourire : Callas sourit. Elle pose une main sur celle de son mari : Meneghini et elle sont ensemble. Côte à côte. Encore.

Encore un petit moment, Monsieur le public...

Pendant tout le dîner, on lui remettra des lettres, des télégrammes, des bouquets, des corbeilles de roses rouges. Au menu, il y aura ce soir du caviar, cette selle d'agneau qu'on appelle « à la Callas », des têtes d'asperges et un gâteau d'anniversaire aux amandes. A la fin de la soirée, des violons joueront « Happy

205

birthday to you...! » et Arletty, Sophie Desmarets, tous ceux qui l'entourent ce soir-là, applaudiront. Dix années, donc, de mariage. C'est la veille — ou le lendemain — qu'elle a déclaré en parlant de Meneghini : « Je suis la voix, il est l'âme. » Tout heureux, Titta Meneghini s'agrippe des deux mains au bras couvert de fourrure de sa femme : nous sommes en pleine lune de miel.

Une autre fois, deux, trois ans après leur mariage, Callas avait dit : « S'il me le demandait, je m'arrêterais de chanter. » — Imaginons seulement Meneghini disant à Callas : « Tu ne chanteras plus! ». Avec l'accent de Vérone! Ou essayons de voir une Callas qui aurait cessé de chanter en 1951 ou 1952 : alors qu'elle était l'Elvire triomphante des *Puritains* et que, grâce à elle, tout un répertoire nouveau connaissait une seconde jeunesse...

Mais au-delà des mots, des déclarations émues et de ces clins d'œil attendris dont on veut encore nous accabler — toujours ces petits plats qu'elle lui mitonne, à son Titta; ou les bijoux en forme de trèfle, de cœur ou de poire, dont, au lendemain de chaque nouveau rôle, il prend plaisir à la couvrir —, il y a eu, pendant dix ans, pendant douze ans, une entente solide et équilibrée. Deux forces divergentes ont convergé; deux énergies se sont tendues. On a dit que Carlo Ponti a « fait » Sophia Loren. Que dire alors de Meneghini? Il a été là. Il a discuté les rôles, signé les contrats. Touché les chèques et placé l'argent.

Depuis douze ans, de même qu'auparavant elle s'était abandonnée à sa mère puis à Elvira de Hidalgo, Callas s'est laissé conduire par son mari. Le 21 avril 1959, ils soufflent ensemble les bougies d'un gâteau aux amandes, chez *Maxim's :* le 17 juin suivant, après la première d'une éblouissante *Médée* à Covent Garden, c'est une soirée au Dorchester, et les retrouvailles avec Aristote Onassis.

La vie d'Onassis, c'est déjà un autre roman. Un feuilleton, ou un mélo; les scénaristes de Hollywood ne se sont d'ailleurs pas trompés, qui en font un film avec Anthony Quinn dans le rôle du milliardaire et Jacqueline Bisset en Jackie Kennedy. Par quelles pudeurs a-t-on transformé dans le script la chanteuse Maria Callas en comédienne? Il suffit d'aligner quelques images et quelques clichés : la « prodigieuse ascension sociale », la « fulgurante carrière », les mariages successifs et les lunettes noires. L'ambition forcenée, la fortune colossale. L'ombre du rival, Niarchos. Les épouses successives, les maîtresses, les bateaux, le pétrole, les peintures de maîtres et les maisons, les appartements un peu partout dans le monde. Avec, pour couronner le tout, la silhouette du Parthénon, les bars à matelots du Pirée et les villas blanches, les îles entières gardées par des cerbères entraînés à tous les arts martiaux et peu enclins à laisser passer les visiteurs indésirables : une figure sombre, en noir et blanc, aux traits heurtés qui, dans la galerie de nos personnages de grand opéra, ressemble beaucoup plus à un roi terrible, à un banquier dévorant ou à un père sans pitié qu'à un amant passionné.

Mais quand on a déjà tout, les tableaux et les femmes, les yachts et les villas blanches, pourquoi ne pas s'offrir aussi une prima donna, du moment que c'est la plus belle ? Maria est grecque, c'est la première chanteuse du monde. Onassis est grec, il est l'un des hommes les plus riches du monde. Le Grec le plus riche du monde ? Quoi de plus normal qu'il donne une fête pour célébrer le succès de son illustre compatriote ? Ils ne se connaissent guère, ne se sont rencontrés que par hasard — à Venise, notamment, lors du fameux bal Maxwell, puis après la soirée du Palais Garnier —, mais quand on est Onassis et qu'on fête une diva, on n'invite pas moins de cinq mille personnes, on loue l'un des trois grands hôtels de Londres et on le décore entièrement de roses rouges.

Pour Callas, habituée au luxe bonhomme de son bonhomme d'époux, c'est subitement l'éblouissement. Que cet homme à la musculature de vieux lutteur fatigué, au sourire de requin méfiant et aux lunettes à montures d'écaille de tueur myope — que ce symbole même de la fortune et de la société internationale ambiguë à laquelle elle aspire d'appartenir — que cet ancien téléphoniste devenu brasseur d'affaires, cet amateur d'art qui achète presque les peintures au mètre, cet amateur de femmes qui les paie en diamants sur coussins de soie — qu'Aristote Onassis (Ari pour les amis) soit soudain là, à l'attendre et à la recevoir, lui le père, l'amant probable, l'ami possible et le protecteur certain retrouvés en un seul séducteur aux tempes argentées, c'est encore une forme de rêve, d'opéra de théâtre. Violetta Valery, qui n'a pas connu l'amour et qui découvre soudain que le vieux d'Obigny — son protecteur dans *Traviata* — est beaucoup plus que bel homme, Germont père et baron tout à la fois. Et puis, qu'elle observe seulement les femmes autour d'Onassis ! Le ballet qu'elles dansent, offertes avant même d'avoir été entr'aperçues, prêtes à tout donner pour un regard, et plus encore pour une nuit sur son yacht mythique : elle tombe dans le piège, notre Callas bourgeoisement mariée à un millionnaire de province. Il a de bien plus sauvages odeurs, l'argent d'un milliardaire du pétrole — et tout ce qu'il peut procurer de plaisir et d'autres gloires — que celui d'un millionnaire en lires sur le marché véronais de la construction immobilière! Dès lors, comme une petite fille amoureuse, Callas va aimer.

Quant à Onassis, on peut penser qu'il a été flatté d'avoir été reconnu pour ce qu'il était — ou croyait être — : le premier. Et cela par la femme la plus célèbre du monde. Ou presque. Plus tard, Jackie Kennedy le « reconnaîtra » de même. Une femme de Président assassiné, une chanteuse superbe : où est la différence? Au fond de lui, il recevra ce choix comme un hommage, une décoration; il en sera troublé et quittera tout aussi bien la chanteuse pour l'ex-*first lady*. Sans l'ombre d'un remords. Il est né couronné par les dieux, les déesses vraies ou fausses se succèdent à ses côtés, il ne fait pas de distinction. Et puisque Callas ne demande soudain qu'à être conquise, il va s'offrir Callas. L'étonnement émerveillé du petit Smyrniote monté en grade dans les arrière-salles de Buenos Aires.

Est-ce que Meneghini se rend compte tout de suite? Derrière sa femme, il se laisse emporter. Il est le mari. Voilà, c'est ça, il est là. Mais devant ce luxe, ces foules, ces visons et ces chinchillas plus beaux que tout ce qu'il a pu, lui, donner à Maria, il sent une étrange peur. Alors il s'accroche. Il tient bon. Etrange photo que celle prise à l'issue de cette soirée, où Callas et Meneghini, tenus dans une même embrassade par Onassis, sourient, sourient éperdument. Ou celle, plus incroyable encore, où Callas en fourrure, au moment d'entrer au Dorchester, se trouve littéralement enlacée par Meneghini *et* Onassis à la fois. La main de l'Italien est refermée sur celle du Grec et la tête inclinée d'Onassis semble reposer sur le sein de Callas. Arrimés les uns aux autres, les deux hommes et Maria vont *durer* ensemble quelques semaines. Puis le trio équivoque éclatera et Maria, sans Meneghini, essaiera de rester fidèle à sa nouvelle image.

A trois heures du matin, à l'aube du 18 juin 1959, lorsque chacun rentre chez soi, les Meneghini ont été invités par *les* Onassis — Onassis est marié, il a une femme, Tina, presque aussi célèbre que lui — à faire une croisière en Méditerranée. Enthousiaste, Maria a accepté tout de suite. Meneghini, lui, se fait prier. Tina, pourtant, a insisté : ce sera un voyage de couples, on fera escale dans les Iles grecques : Callas et Meneghini ne peuvent pas ne pas venir. Tout cela sera si charmant... Maria s'en va, rêveuse...

Au début de juillet, dans leur maison de Sirmione, les Meneghini ne sont toujours pas d'accord entre eux. Comme si Titta avait senti quelque chose. Mais il a senti, bien sûr... Maria, d'ailleurs, insiste trop. Il est fatigué? Mais c'est justement en mer qu'il pourra le mieux se reposer, le cher Titta! Et puis, qui Onassis a-t-il invité à se joindre à eux pour ces vacances de rêve? Winston Churchill et sa femme. Pas moins! Comment peut-on seulement hésiter? Alors Titta finit par accepter. Sans grand plaisir, bien sûr, mais puisque Maria y tient tellement...

La croisière du *Christina* a été racontée cent fois. L'un de ces voyages de damnés, comme on n'ose même pas en fabriquer pour le cinéma : les deux couples qui vont se déchirer et se défaire, sous le regard placide de Churchill qui savoure simplement le calme, la mer et le ciel bleu. Avec en prime Greta Garbo qui les rejoint en route! Plus belle distribution, même la Metro-Goldwyn-Mayer dans ses grands jours ne l'aurait pas osée! Quant aux décors... Le *Christina* jauge 1 744 tonneaux, c'est un hôtel particulier de luxe, avec piscine et tableaux anciens. Greco, impressionnistes, les porcelaines, les verres, les vins qui vont avec. L'équipage aurait pu être recruté chez les gladiateurs de Ben Hur; mais le chef a fait ses armes dans les plus illustres cuisines. Voilà pour les intérieurs. Les extérieurs : la Grèce, les Iles. Figuration intelligente de Grace Kelly. La princesse de Monaco, un Oscar sous le bras, est sur le quai — ou aurait pu y être! — lorsque le *Christina* appareille, et le prince Rainier fait un dernier salut de la main : le voyage va durer dix-sept jours. Maria a déclaré à qui voulait l'entendre qu'elle avait l'intention de se reposer et d'étudier — de parcourir un nouveau rôle : *la Straniera,* de Bellini.

Maintenant, nous sommes au théâtre. Et nous essayons d'imaginer le superbe dialogue des voyageurs. Dix-sept jours de cris et de silences, d'allusions, de rancœur. Du Pinter peut-être, ou tout simplement du Feydeau? Inquiétude métaphysique d'exilés de haut luxe ou caleçonnade digne du Palais-Royal? Onassis offre, donne, fait cadeau. Il étale, il expose, il accable. Il exhibe : son luxe, son argent, ses tableaux. Sa fausse simplicité d'éternel nouveau riche qui ne s'en est pas encore relevé : Maria, les ailes froissées du papillon qui déjà se brûle à la lumière trop crue, ouvre des yeux très grands, regarde. Admire. Fascinée. Le sourire d'Ari dans ces moment-là!

Elle, Médée, Norma, Turandot qui a connu tous les luxes, les diadèmes de pacotille mais aussi les petits cadeaux d'un bourgeois de Vérone, elle reçoit. Et le pauvre Meneghini, qui comprend que c'est fini... On parle anglais, français autour de lui, il répond comme il peut, il est malade, supporte mal la mer. A Portofino, Maria porte un pantalon trop large et une blouse à fleurs. On l'a vue aussi en perruque rouge, avec du rouge à lèvres violet : Onassis est épanoui, Meneghini, lui n'existe déjà plus.

Est-ce que Winston Churchill, sous son chapeau de paille et selon son habitude, faisait de la peinture à l'huile? Un soir, il demandera à Callas de lui chanter quelque chose, mais Callas refusera : elle est en vacances, et n'a pas d'accompagnateur. Churchill n'insistera pas... Meneghini plus tard expliquera que lui, au moins, il s'est excusé pour sa femme et que Churchill, homme du monde, a « parfaitement bien compris ».

Mais la croisière dure. Quelque part au large du Péloponnèse, le metteur en scène Carl Foreman les rejoint en pleine mer. Tout d'un coup, il a eu l'idée géniale de faire jouer Callas au cinéma. Il va tourner un film de guerre en Grèce et en Angleterre : *les Canons de Navarone :* pourquoi pas Maria? Elle serait la partenaire de Gregory Peck... Et Onassis trouve cela très bien, il la pousse : pourquoi pas? Meneghini, renfrogné, ose à peine dire que Callas est quand même née pour chanter. Et le peu de sympathie qu'on a pu avoir pendant si longtemps pour le déjà vieux petit Italien se transforme peu à peu en pitié. Quand un monde entier se dérobe sous vos pas... Ne plus manger, ne plus boire, attendre l'inévitable. Il le sait bien, Meneghini, que quelque chose va éclater! Que peuvent-ils avoir encore à se dire? Alors il s'enfonce dans sa cabine, pendant qu'Onassis fait à Maria les honneurs de leur pays à tous deux, qu'elle ne connaît guère. Les plages et les criques désertes au milieu des îles, les baignades en pleine mer ou les promenades dans les villages blancs que caresse le soleil : Maria y exhibe des tenues inventées pour elle à Paris et à Milan, et les photographes sont au rendez-vous qu'on ne leur a pas donné.

Au mont Athos, haut lieu de l'église orthodoxe, rocher fulgurant posé à pleine mer, le patriarche de Constantinople est là pour les accueillir. Il en est bouleversé, le patriarche! Et ses paroles sont presque une bénédiction, puisqu'il réunit dans une même emphase « la plus grande chanteuse **du** monde » et « le nouvel Ulysse ».

Onassis rayonne. Meneghini, lui n'a plus rien à faire dans cette galère.

Pendant ce temps, la presse joue le chœur antique — mais un chœur qui n'aurait pas encore compris — et nous rend compte au jour le jour des progrès du voyage. Jusqu'au moment où Callas vient enfin retrouver son mari dans sa cabine. On est en rade d'Istanbul, il fait un temps d'été qui brûle. C'est alors une de ces longues conversations qui déchirent sans remords, les mots qui blessent et les plaintes qu'on n'entend plus : il est si facile parfois d'être tout à fait sourd. Sur le pont, dans sa cabine, au salon, au milieu de ses tableaux et devant ses autres invités, qui font comme s'ils n'avaient rien deviné, Onassis attend. Dans la cabine, on supplie, on implore, on se bouche les oreilles et Maria sort enfin : c'est fini. Nous sommes le 8 août, la croisière est terminée.

Le lendemain, Callas se retrouve à Milan avec Meneghini. Ni l'un ni l'autre ne disent plus rien. Entre eux, à la presse : rien. Des journalistes venus pour les accueillir à l'aéroport se posent pourtant des questions. Parce qu'après Istanbul, la croisière a continué sans eux : pourquoi? Maria serre contre elle la partition de Bellini. Elle n'a guère travaillé, elle n'a rien d'autre à déclarer. Mais elle sait qu'elle aime désormais un autre homme. C'est cela qu'elle ne peut pas dire. Une sorte de rencontre mystique : la Grèce d'hier, qu'elle représente vivante dans une tradition disparue, celle du plus haut théâtre, Médée, Alceste. Iphigénie ; et la Grèce d'aujourd'hui, celle de ce temps de 1959, violente, brutale dans son pouvoir reconquis, sa souriante et implacable domination de tous par quelques-uns, qui ont l'argent et le pouvoir. Et puis il y a Byzance : le voyage s'est achevé à Constantinople. Une manière d'empire que Callas se voit partageant avec celui qu'elle adore soudain et qu'elle va bientôt retrouver.

A Sirmione, où ils vont s'abattre, épuisés, pour quelques jours, les Meneghini ne se parlent guère davantage. Giovanni Battista est brisé. Il est dans ces moments où on sait que plus rien n'est possible. Aussi, lorsque le 17 août Onassis arrive — à l'improviste? — au bord du lac de Garde, c'est à peine si Battista discute, s'il tente d'expliquer : Onassis a le pouvoir, l'argent, la gloire et Callas avec lui. Une heure après, Meneghini est seul dans sa grande maison vide. Il regarde le lac. Callas et Onassis sont repartis en voiture pour Milan, personne ne sait encore ce qui est en train de se passer.

On imagine les conditions psychologiques dans lesquelles Callas peut encore travailler... Elle doit enregistrer une nouvelle *Gioconda* et s'y prépare pourtant. Serafin travaille avec elle — Serafin, l'autre image du père — mais elle ne lui dit rien. Lui dire quoi, d'ailleurs? Qu'une page de sa vie, un chapitre, un livre entier, sont finis? Ses partenaires, Fiorenza Cossotto, Pier Miranda Ferraro, ne devinent rien. Cossotto pourtant est aux aguets : saisir le défaut de la cuirasse? Mais elle n'est toujours que le second rôle. On la verra triompher à Paris, six ans après. Le 2 septembre tout le monde se retrouve à la Scala pour une dure répétition et, le 3 septembre, c'est Milan tout entier, l'Italie, le monde qui apprennent la nouvelle fracassante, le flash d'actualité, l'éclair dans notre ciel : Callas et Onassis sont entrés ensemble au *Rendez-vous,* l'un des clubs à la mode de Milan! Ils y ont dansé amoureusement puis, à trois heures du matin, ils sont revenus ensemble à l'hôtel *Principe e Savoia.* Voilà. La nouvelle est écrite, à peine a-t-elle été vécue.

Nous, qui observons tout ce qui vient de se dérouler comme une histoire inventée en marge de l'histoire de Callas, nous voudrions être encore à l'Opéra. Nous voudrions que le fabuleux monarque qui vient d'entraîner notre reine dans les grandioses détours de ses appartements privés soit au moins un Philippe II, et que Callas, en Elisabeth de Valois selon Verdi, ait pour lui dû renoncer à l'amour d'un fougueux Carlo. Hélas, ce n'est pas un ténor, même bedonnant, qu'elle a laissé derrière elle, mais un petit vieux monsieur fatigué. Et le roi-Onassis ne s'interrogera jamais sur le monde et sur les hommes avec la superbe mélancolie du vieux souverain d'Espagne appuyé sur sa canne. Il engrange, simplement. Il achète et il collectionne. Quant à Maria, la Maria que nous n'avons cessé d'aimer, c'est bien plus tard qu'elle lancera aux ombres du passé son appel terrible : « *Tu che la vanità* », toi qui connais les vanités de ce monde...

Pour le moment, simplement, une machine est en marche : la machine à faire d'une aventure somme toute bien banale un moment de l'histoire universelle à faire pleurer Margot pendant trois semaines au fil des pages de *Samedi-Soir* et de *News of the World*—en fait Margot et les amateurs de scandale suivront l'affaire pendant plusieurs années — entre les démêlés d'un roi de l'étain et les fiançailles avortées d'une princesse royale. Alors, ce seront les comptes rendus, au jour le jour, des déplacements du mari, de la femme et de l'amant. L'un attend dans sa villa de Sirmione, il revient à Milan, repart; l'autre enregistre, vaille que vaille, la musique qu'on attend d'elle; l'amant, lui, entre Milan, Venise, son yacht et la Grèce, voyage et signe des chèques. Et les journaux en font une admirable distraction de fin de vacances — mais nous ne sommes qu'au début septembre! — pour cent millions de congés payés sur nos plages populaires. Meneghini dit : « Je n'espère plus rien ». Callas affirme : « Onassis n'est qu'un ami » — Au Harry's bar, où il monte sa vieille équivoque, Onassis se rengorge — « Maria est une très grande chanteuse; quel homme ne serait flatté qu'elle tombe amoureuse de lui? » — Aux aguets, les journalistes attendent encore quelque chose de plus précis. Et le 8 septembre, enfin, Maria fait sa déclaration à elle à la presse : « Je ne peux que confirmer qu'entre mon mari et moi, la rupture est définitive. Tout cela était déjà dans l'air depuis un moment, et la croisière sur le *Christina* n'a fait que précipiter les choses... Je suis maintenant mon propre imprésario... Entre Monsieur Onassis et moi, il n'existe qu'une grande amitié qui remonte déjà à un certain temps. Je suis aussi en affaires avec lui... J'ai reçu des propositions de l'Opéra de Monte-Carlo et il y a encore un projet de film. »

L'Opéra de Monte-Carlo ou un film à succès! *Les Canons de Navarone* ou un mélo allemand qui s'appellerait tout simplement *Prima donna* — coût : 200 millions! — quand pendant sept saisons on a été la vedette de la Scala! La partition de Bellini emportée sur le *Christina* n'a guère été ouverte et il y a quatre mois seulement on soufflait dix bougies chez *Maxim's.* On attend, on espère encore, mais Maria a déjà rejoint Onassis sur son yacht. Et le 17 septembre, si elle respecte un engagement prévu de longue date à Bilbao, c'est après avoir failli manquer son avion pour ne pas s'être réveillée — elle s'était couchée trop tard. « Elle faisait la noce! », diront les Espagnols furieux de voir que la divine qu'ils n'ont jamais entendue auparavant arrive en coup de vent, entre deux avions et à bout de voix, pour leur chanter quatre airs et s'en retourner tout aussitôt. On a dû glisser 25 policiers en civil dans la salle du *Coliseo Albia* où elle se produisait, pour éviter des incidents toujours possibles. Mais l'esprit de Maria est ailleurs... La musique semble soudain passer au second plan.

De même à Londres, où elle annule une émission de télévision — il est vrai que son chef favori, Rescigno, était malade —, et à Berlin, où elle ne chante qu'une fois au lieu des deux concerts prévus initialement. Rare bonheur, pourtant, de l'entendre chanter une fois encore l'air de *Don Juan :* « *Non mi dir.* » Enfin, à Kansas City, elle n'apparaît pas à une soirée donnée en son honneur : toute la bonne société locale de s'indigner. Il y a même eu cette alerte à la bombe au Midland Theater où elle s'est produite. Un canular, mais qui s'inscrit dans la même mise en scène. L'esprit de Maria est bien ailleurs. Et peut-être que la voix, aussi... D'ailleurs, à New York, à l'aéroport de La Guardia, et après s'être empêtré les pieds dans les fils des micros auxquels elle refusait de s'adresser, elle a eu une de ces splendides colères qui, en d'autres temps, ont déjà fait sa gloire. L'esprit, la voix : Maria pourtant semble bien en passe de ressembler de trop près à la légende qu'on a voulu faire d'elle : ne traite-t-elle pas les journalistes avec désinvolture? Et pire crime, en est-il pour nos bons journaux américains?

Les « amis » dès lors prennent leurs distances. Et Elsa Maxwell, la fidèle (?) compagne qui est aussi l'amie (?) de Tina Onassis, choisit le parti de l'épouse outragée. Callas chante moins qu'avant, et Tina est la belle-sœur de Niarchos... A qui lui demande ce qu'elle pense de Maria, elle répond seulement que c'est une grande chanteuse, un point c'est tout. Surtout ne pas se compromettre... On a eu beau s'entr'inviter à Venise, à New York et à Paris, danser aux mêmes bals en reines d'Egypte ou en impératrices complices, il faut savoir sentir d'où vient le vent. Ou même hurler avec les loups. Dès lors, maintenant qu'Elsa a lâché, la presse tout entière peut se déchaîner. « Maria Callas est fidèle à sa réputation de chanteuse impossible... » Quoi d'autre encore? Qu'est-ce qu'on peut encore trouver? D'ailleurs, cette réception à Kansas City : on ne sait même plus si oui ou non Callas l'a vraiment ratée!

Il reste à trancher définitivement avec Meneghini, qui s'est répandu en commentaires d'abord amers puis outrageusement, noblement, théâtralement généreux. Il essuie une larme et se rappelle : « Je me souviens que lors du dîner d'anniversaire chez *Maxim's*, au printemps dernier, un reporter a demandé à Maria s'il était vrai qu'elle attendait un enfant. Et je me souviens si bien de sa réponse. Elle a dit : « Je voudrais que ce fût vrai. Mais hélas, ça ne l'est pas. » Après ça, nous nous sommes embrassés... Oui notre mariage a été merveilleux. Nous avons été heureux jusqu'à la fin. » Pourtant, lorsque le procès qui doit régler leur situation financière se précise, Meneghini prend les devants : à eux deux ils ont amassé près de 600 millions d'anciens francs. « A eux deux » : Meneghini faisait bien les comptes. Aussi, finira par remarquer le mari offensé qui revient quand même sur terre, « je n'ai pas l'intention de la

214

récompenser pour ce qu'elle m'a fait! » Que Maria se le tienne pour dit!

Finalement, on parvient le 14 novembre à un arrangement. Le procès a lieu à Brescia et les curieux se pressent par centaines pour apercevoir la diva. On la bouscule. Fendant la foule, elle a une jambe légèrement contusionnée. Mais les affaires sont les affaires. Maria garde la maison de Milan et presque tous ses bijoux; Meneghini, lui, conserve Sirmione et leurs autres propriétés immobilières. Enfin, on s'arrange pour les objets d'art, les bibelots, les meubles. Même en sa position de mari offensé, Meneghini ne s'en tire pas trop mal! D'ailleurs, il reviendra sur ce règlement, qui ne lui suffira pas. Mais pour le moment, Maria peut repartir pour Dallas, où elle a commencé une nouvelle saison, et chanter encore deux *Médée*. Puis retrouver Onassis, son yacht et sa nouvelle vie.

Onassis, de son côté, a réglé lui aussi sa situation matrimoniale. Tout s'est terminé le mieux du monde, après qu'un moment on eut pu redouter le pire. Onassis n'avait-il pas offert à sa femme — on nous l'a rapporté à grand fracas! — le célèbre diamant « Hope » — espoir! — la pierre qui porte malheur? Et n'avait-on pas laissé entendre dans les milieux proches du cher Ari que c'était lui qui allait prendre les devants et dénoncer la liaison coupable de sa femme avec un jeune Vénézuélien de 28 ans baptisé — tout simplement! — « le roi de l'émeraude »? Entre altesses du chant, rois du pétrole et empereurs de la pierre verte, quelle somptueuse rencontre au sommet en perspective! Mais Onassis, galant homme, a su se taire, et Tina a cité comme complice en adultère de son mari une autre femme que Callas. La lessive familiale s'est faite dans le quant-à-soi des bonnes manières apprises de fraîche date mais retenues avec application. Maintenant, chacun est libre de faire ce qu'il voudra. Marieront, marieront pas, telle est la question. Et nous avons honte d'en être encore à raconter tout cela, détails croustillants, suggestions obscènes, l'odeur du pétrole qui traîne sur les visons — alors que, l'autre hiver encore, nous avons pleuré à *Médée*, et à Callas plus vivante que jamais!

Parce que nous devons bien parler de sa voix. maintenant.

2

Dans ce tohu-bohu de procès et de rencontres, de bals, de fêtes et de longs moments immobiles de croisières jusqu'au bout de l'inutilité, que pouvait-elle être d'autre que ce qu'elle a été, la voix de Maria Callas? Des jours de 1959 où, glorieuse, Callas conquiert une fois encore Londres dans cette éblouissante *Médée,* jusqu'à 1963, où on ne l'entendra pas une seule fois sur une scène, ce à quoi nous allons assister, ce que nous allons vivre à nous serrer le cœur, c'est une suite de combats — corps à corps, cœur à cœur — avec une santé qui s'effondre, avec une voix qui par instants se dérobe, des sons souvent déplaisants qui lui échappent et qu'elle habille pourtant de toute la splendeur de son talent. Elle ne fait pas toujours illusion, mais le plus souvent elle séduit, et toujours elle ravit.

Au commencement, d'ailleurs, tout semble encore possible. Dès le mois de janvier 1959, voilà donc Callas de retour à New York. Ses affaires l'y appellent — l'impossible procès Bagarozy — mais elle doit donner une version du concert du *Pirate.* Un enregistrement nous l'a préservé. Ses camarades y sont assez médiocres : un certain Pier Miranda Ferraro reprenait le rôle de Corelli à la Scala, et le baryton Constantino Ego chantait le mari d'Imogène : rien de bien passionnant. Mais Callas elle-même, encore parfaitement en voix et superbe de stature, drapée de blanc dans la salle obscure du Carnegie Hall, y remporte un immense succès personnel; pour nous qui la retrouvons, presque vingt ans après, son entrée — « *Io sognai ferito* », « J'ai rêvé qu'il était blessé... », est un modèle de chant bellinien, à la fois léger et qui peu à peu va s'enfler avec une musicalité constante jusqu'à emplir l'immense auditorium, qu'il habite d'une présence frémissante. Un peu fatiguée à la fin de la soirée, elle n'en offre pas moins une scène de folie infiniment plus riche sur le plan dramatique que l'enregistrement commercial de l'air qu'elle en a fait quelques mois auparavant.

Donc, début 1959, en ce 27 janvier, Callas est toujours la reine qui a ébloui Paris. L'un des plus beaux souvenirs du pauvre président Coty! Et au printemps, sa forme reste la même. Elle a beaucoup de temps devant elle, puisque les semaines qu'elle avait réservées pour ses apparitions au Metropolitan sont désormais libres; aussi se rend-elle plus tôt qu'elle ne l'avait prévu à Londres. Londres et Paris demeurent les deux grandes capitales où son étoile reste entière. Là, elle rencontre Joan Sutherland, qui marche sur ses traces en chantant à son tour Bellini et Donizetti. Bien sûr, Callas a ouvert une voie... Joan Sutherland, la jeune Clotilde des *Norma* de 1952 a fait son chemin : Zefirelli a conçu pour elle une nouvelle production de *Lucia* que Callas applaudit. Puis elle-même va chanter sa deuxième version enregistrée de Lucia.

Une comparaison entre les disques de 1953 et ceux de 1959 de *Lucia di Lammermoor* révèle, plus encore qu'une écoute comparée de ses deux *Tosca* commerciales, les transformations qu'a connues sa voix. Dans *Lucia,* en effet, elle a moins recours à l'extraordinaire potentiel dramatique qui est le sien. D'où deux interprétations de style sensiblement comparable, mais où on sent à la fois la restriction évidente des moyens en même temps que l'habileté suprême avec laquelle Callas module ses effets, joue des moindres nuances que lui offre Donizetti pour colorer à l'infini toutes ses intonations. Hélas, ni Ferruccio Tagliavini — qui remplace en 1959 Di Stefano, mais qui est à bout de forces malgré sa superbe technique — ni les autres chanteurs réunis autour de Serafin, ne peuvent être comparés à la première équipe qui, six ans auparavant, a réalisé l'un des chefs-d'œuvre absolus du disque lyrique.

Toujours sûre de ses moyens, Callas continue à faire des projets : elle doit chanter *Médée* à Paris à la mi-décembre, et on prévoit pour elle un échange entre les deux opéras de Dallas et de Covent Garden. La *Lucia* de Zefirelli chantée par Sutherland à Londres sera présentée à Dallas, tandis que la *Médée* grecque de Dallas va être produite à Covent Garden. On imagine que Rudolf Bing et Ghiringhelli, à New York et à Milan, se mordent les doigts : Callas sans eux peut continuer à être le plus grand soprano de son temps!

D'ailleurs, le succès qu'elle remporte à Londres, précisément dans *Médée,* la confirme dans la confiance qu'elle a en elle. Nous sommes le 17 juin et, devant une salle pleine depuis le jour même de l'ouverture de la location, elle achève sa soirée dans une gigantesque ovation. A cinq reprises, sur une durée de treize jours, elle démontre une forme vocale exceptionnelle. Meilleure, affirment les puristes chatouilleux qui n'avaient pas entièrement apprécié ses *Traviata* de 1958, meilleure en tout cas qu'en 1958. *Médée* n'a pas été chanté à

217

Londres depuis 1870 : on attendait un tour de force, c'est une révélation. Callas conjugue avec un bonheur total sa suprématie vocale avec ses talents de tragédienne : certains critiques iront même jusqu'à trouver qu'elle en fait trop ! Pour nous, qui connaissons les *Médée* de Londres par un enregistrement privé du 30 juin, nous la trouvons moins émouvante, plus dure qu'à Dallas, mais tout aussi souveraine. A ses côtés, Jon Vickers, Joan Cartyle et Fiorenza Cossotto se révèlent eux aussi dans une forme parfaite, mais ce qui compte ici, ce qui compte seulement, c'est Maria. Jamais plus nous ne l'entendrons aussi pleinement certaine de sa voix. A cet égard, les *Médée* de 1959 à Londres marquent déjà la fin d'une étape dans sa carrière. Après, elle mettra en œuvre d'autres moyens, ce sera différent...

C'est à l'issue de la *Médée* du 17 juin qu'elle retrouve Onassis ; la soirée du Dorchester, la chute, et plus rien, en rien, ne sera plus jamais pareil. Sa deuxième *Gioconda,* qu'elle enregistrera en septembre suivant à Milan dans l'angoisse de sa séparation d'avec son mari, s'inscrit déjà sous le signe d'Onassis. En trois mois, Callas a changé ses allégeances ; et sa voix, d'une certaine manière, va s'en ressentir. Ou, plus exactement, Callas n'étant plus conduite, menée, pilotée par Meneghini, sa carrière va entrer dans une phase critique. « Maria a besoin d'un homme », dira Meneghini — et Dieu sait si Onassis en est un ! Mais s'il s'est offert la plus grande chanteuse du monde, il se moque bien, au fond, de la façon dont elle chante. Et de ce qu'elle chante. « Elle a toujours choisi l'homme qu'il ne lui fallait pas », répète l'une de ses amies. Mais si elle aime Onassis ?

Sa *Gioconda* de 1959 n'est pas sans intérêt, loin de là. Simplement, enregistrée dans des conditions psychologiques désastreuses, elle révèle une Callas à la voix beaucoup plus limitée que par le passé, qui semble hésiter à se laisser aller aux grands emportements, à la vitalité, à la fureur puis à la passion mortelle que nous lui avons connus jadis dans le rôle. Et jusqu'à la fin de l'année 1959, on ne l'entendra plus qu'en concert, et quatre fois sur la scène de l'Opéra de Kansas City. Concerts encore à peu près parfaits, notamment celui qu'elle donne à Londres le 23 septembre au Festival Hall. Elle y chante l'air d'Eboli, « *O don fatale* », de *Don Carlo,* et des extraits de *Macbeth,* du *Pirate* et de *Hamlet.* Là encore, c'est la voix sombre, la voix noire et le tempérament de tragédienne qui font merveille. De même lors de ses autres apparitions, à Berlin ou à Kansas City. Mais chaque fois on a le sentiment que ces concerts sont donnés entre deux avions, et que chacune de ces apparitions est dérobée à une vie privée de plus en plus préoccupante. Le bonheur — le bonheur? — se paie cher... Maria Callas, emportée par le tourbillon Onassis, chante, bien sûr — elle est née pour cela — mais le chant, soudain, cette fantastique présence à la scène qui était sa raison d'être, paraissent maintenant une routine. Entre deux procès, deux croisières, deux bals. A perdre haleine, Maria Callas s'enfonce dans le gouffre aux chimères de sa nouvelle passion.

Et, à partir du 6 novembre, ce sont les *Lucia* de Kansas City. Lawrence Kelly a une fois de plus préparé ce qui devait être une saison mémorable : les *Lucia* importées de Covent Garden, une nouvelle série de *Médée* et de *Barbier de Séville* avec Teresa Berganza. Mais dès le début, il doit modifier ses plans : Berganza, enceinte, ne peut chanter. Courageusement, Callas accepte de la remplacer dans le rôle de Rosine. On sait pourtant que ses premières Rosine ne lui ont pas porté bonheur... Toute la saison de Kansas City repose donc sur les épaules de Callas. Une Callas, cette fois, à bout de forces et à bout de voix. Aussi sa première *Lucia di Lammermoor* la révèle-t-elle au pire de sa forme : nerveuse, elle rate ses notes hautes et s'effondre presque dans la scène de la folie. Elle se reprend pourtant et chante beaucoup mieux, le 8 novembre, sa deuxième *Lucia*. Mais elle doit brusquement annuler les *Barbier* prévus — Eugenia Ratti, de la Scala, la remplacera — pour se rendre à Brescia. Aller, venir, répéter : cinq jours après, elle est de retour à Dallas, chante deux fois *Médée* dans la belle mise en scène « couleur locale » de Minotis, puis elle s'arrête. De chanter.

Pendant six mois, Callas va se taire.

3

Les raisons de ce silence? On ne l'a su qu'après coup, mais Callas a traversé de la fin de 1959 à la mi-1960 la première de ces « crises » vocales qui, à plusieurs reprises dans les années qui viendront, vont la réduire au silence. Il y a bien sûr l'agitation des mois qui ont précédé, l'immense fatigue nerveuse, sa séparation d'avec Meneghini, l'excitation sans trêve de la vie que lui fait mener Onassis — mais il y a plus grave. D'abord sa santé générale est déficiente. Pendant des années, Callas avait cru qu'il lui suffisait de maigrir pour oublier tous les problèmes physiques — essentiellement glandulaires — qui l'avaient assaillie pendant sa jeunesse. Eh bien, Callas a maigri, mais après quelque temps de calme et de santé retrouvée, elle ne se porte pas mieux pour autant. On a déjà parlé des chutes de tension : celles-ci sont devenues plus fréquentes et impriment à son état général une très grande faiblesse. Et puis, sur un plan purement vocal, elle va se mettre à ressentir des douleurs des sinus qui, chaque fois qu'elle chante ou produit certains sons, lui causent de véritables souffrances. Plus tard au cours d'une série de représentations à la Scala retrouvée elle devra se faire déboucher les sinus — véritable opération chirurgicale — à l'issue de chaque soirée.

D'où cette retraite de six mois : sous le plein feu des projecteurs de l'actualité, Callas ne chante plus.

On nous crée alors, lentement, une nouvelle image d'elle. Comme pour faire oublier celle qu'on nous a si souvent donnée. On nous la montre calme, souriante, détendue. Elle vit dans un tourbillon de voyages, de soirées, de rencontres, mais se révèle douce, compréhensive. La petite sœur. La maîtresse soumise. Et nous, qui la suivons depuis les jours de New York et d'Athènes, nous la sentons soudain effroyablement malheureuse. « Callas m'a dit : « Je n'ai plus tellement envie de chanter... Je voudrais avoir un enfant », titre *France-Soir*. Et Callas de remarquer : « On m'accuse de tout, c'est trop facile... On m'a ôté jusqu'à la joie de chanter. Il y a vingt-trois ans que je chante mais depuis quelques années, c'est devenu un supplice. On m'attend au contre-*ut*, on ne me pardonne pas un rhume, une note enrouée. Chanter? Oui, mais pour moi seule, pour le plaisir. Le public est un monstre. C'est à cause de lui que je ne suis plus pressée de remonter sur scène. »

Et Callas attend. Il y a un projet de *Macbeth* à Covent Garden — encore *Macbeth* : l'opéra interdit pour elle! — mais elle se dérobe. Chanter la furie déchaînée de Verdi quand elle ne donne même plus de ces concerts de quatre ou cinq arias qui lui ont permis, l'année précédente, de rester encore une chanteuse en activité?

« Je n'ai plus envie de chanter. Je veux vivre, vivre, comme n'importe quelle femme. » N'importe quelle femme, Callas? Imagine-t-on Médée ou Tosca vivant *comme n'importe quelle femme?*

220

Mais c'est nous, qui l'avons faite prisonnière de cette image. Et c'est nous qui avons eu la réponse de Meneghini, lorsqu'elle lui disait qu'elle le voulait, cet enfant! : « Un enfant? Mais cela vous ferait perdre un an de carrière! » Et ses enfants d'opéra, Maria les a tués dans *Médée,* et Norma les a abandonnés pour mourir : comment pouvons-nous rêver une Callas mère de famille?

Callas se penche sur son passé. Il y a soudain de l'amertume en elle. Elle répète : « Aujourd'hui, je voudrais être une femme comme les autres. Avoir des enfants, avoir une maison, un chien. Quand j'ai connu Meneghini, à Vérone, je l'ai épousé. Je croyais à l'amour. Ce n'était pas un mari, c'était un imprésario. Il a voulu profiter de ma gloire. C'est pourquoi nous ne sommes plus ensemble. Croyez-moi, je voudrais tant avoir une vraie vie. Une vie privée. »

Parce que la vie aux côtés d'Onassis, c'est une autre tempête. Avec les yeux du monde, par presse et photographes interposés, braqués sur elle. Il n'est pas un déplacement, pas une sortie dans une boîte de nuit ou dans un restaurant qui ne nous soit contée, célébrée, immortalisée. Et les démêlés de Callas avec ses amis, ses ennemis. Ceux simplement dont elle croise le chemin, ou les altesses, les stars, les couturiers. *Le Figaro,* le 6 août 1960 : « Pas de brouille entre les souverains de Monaco et moi, affirme Callas. » On nous tient en haleine : c'est d'une affaire d'Etat qu'il s'agit! *France-Dimanche*, le 11 août 1960 : « Pour la deuxième fois Callas défie Monaco : elle n'osera pas assister au grand bal de la Croix-Rouge, et pourtant elle arrive un quart d'heure avant le prince et la princesse et va s'asseoir à moins de cinq mètres de la table de Grace et de Rainier. » *France-Dimanche,* le 15 août 1960 : « Grace et la Callas : et maintenant elles sont amies! » *Paris-Presse* un an après : « La Callas part en croisière avec Grace, Rainier et Onassis ». Ouf! nous avons eu peur!

Un exemple entre cent, mais on ne nous épargne rien, et nous en sommes friands, de ces nouvelles-là. Nous en faisons notre tous les jours et nous dévorons de la Callas-minute avec le café et les tartines beurrées du matin. « Folles soirées sur le yacht d'Onassis... » : on nous a dérobé notre part de beauté, Callas a fini de chanter, il faut bien que nous puissions encore rêver... : « Callas emplit le port de Monte-Carlo du fracas des soirées qu'elle donne à bord du *Christina* transformé par elle en palais flottant. Elle y vient en hélicoptère, assourdissant la ville du bruit de ses moteurs. La nuit, Monte-Carlo lui appartient. Elle en est, jusqu'à l'aurore, la véritable princesse... »

Il faut savourer cette prose : nous n'en aimerons que davantage, à l'infini, la Callas en disques et en photographies — Callas devant Visconti ou debout sur la scène de Mexico City — que nous avons conservée. Nous imaginons qu'elle est perdue mais qu'on la retrouvera... dans nos mémoires... « On la voit au *Maona* et au *Sea Club,* toujours en compagnie d'Onassis. Les chasseurs ont ordre de prévenir Tina de sa présence dans ces établissements, pour que les deux rivales ne se rencontrent jamais. » Enfin, et pour nous combler : « Parfois Callas donne un festin au 8e étage de l'immeuble de l'Olympic Maritime, qui a douze sorties secrètes (!!), un souterrain qui le relie au Casino — *C* majuscule à Casino! — ... et une cuisine équipée d'appareils électroniques. » Ménagères, devant vos fourneaux à butane et vos escaliers de service tristards et grisounets, donnez-vous trois bonnes minutes de Callas à la une : vous dormirez mieux cette nuit!

Même si la vie aux côtés d'Onassis n'est pas ce paradis de fourrures blanches et de ceintures dorées. D'abord — et de nouveau — la question : mariage ou pas mariage? Onassis a bien divorcé; mariée en Italie avec Meneghini, Callas ne peut ni y divorcer, ni s'y remarier; mais elle est libre de le faire ailleurs, car elle n'a jamais abandonné son passeport américain. Et pourtant ni l'un ni l'autre ne se décidera jamais vraiment. Callas l'aurait peut-être souhaité, mais Onassis, d'une manière ou d'une autre, s'est toujours dérobé. *Paris-Presse* le 12 août 1960 : « Mais oui, j'épouserai Onassis »; et Onassis, six jours après : « Maria et moi? Nous sommes bons amis, voilà tout! » Alors qu'elle nous la donne pourtant si bien, cette image de la jeune femme amoureuse, soumise et sage! *France-Dimanche* en rajoute encore : « Elle fait absolument tout ce qu'il veut, parle s'il veut parler, se tait quand il est silencieux, sourit quand il est de bonne humeur... Enfin elle vient de lui donner la plus grande preuve de sa totale soumission en renonçant pratiquement pour lui à sa carrière : depuis sa séparation légale, on n'a pas entendu chanter la Callas une seule fois, ni en Europe, ni en Amérique. Et même son éclatante revanche : devenir la reine de Monte-Carlo, diriger en maître le théâtre de la principauté, elle a dû y renoncer. Onassis n'ose même plus essayer de la faire chanter à l'Opéra de Monaco : sur le programme de la saison qui doit être soumis à l'approbation du prince Rainier, le directeur de l'Opéra a refusé de mettre le nom de la Callas, ce nom synonyme de scandale. Du temps de Meneghini, elle dévalisait chaque année les grands couturiers parisiens. A présent, elle va chez Biki, un couturier italien réputé pour la sobriété de ses modèles. Elle lui a dit : — « Je ne veux pas faire comme Tina, qui dépensait chaque mois une fortune pour ses toilettes. Onassis m'aime simple. » Elle a toujours porté des lunettes, mais un jour Onassis lui a fait comprendre qu'il trouvait que cela l'enlaidissait. Depuis, sans rien dire, la fière Callas se force de s'habituer aux verres de contact. Au début de leur liaison, Onassis traversait le monde en avion pour le seul plaisir de la serrer une seconde dans ses bras. Aujourd'hui ce temps est révolu. C'est elle qui doit aller où il est : elle a vendu son appartement de la via Buonarroti, à Milan, pour en acheter un à Paris, et se trouve ainsi sur l'axe Onassis, dont les deux pôles sont Londres et Monte-Carlo.

« A Milan, où chacun de ses éclats faisait plus de bruit que ses apparitions sur la scène de la Scala, on m'a dit : « Vous ne pourriez plus reconnaître la Callas ; elle est douce et soumise comme un petit chien, c'est Onassis qui a opéré ce miracle. » C'est la vérité, l'incroyable vérité. Elle qui se flattait d'avoir toujours une nuée de photographes à ses trousses, mène, lorsqu'elle est à Monte-Carlo, la vie d'une femme qui fuit le monde. Elle se cache à son hôtel dans une chambre du troisième étage, et ne sort que la nuit venue, en passant par l'escalier de service ! »

Il faut bien, toute amertume avalée, maintenir les apparences. Et Onassis, le roi de Césarée, accepte tout : Callas est vraiment devenue Violetta qui s'abîme devant le mâle avant de l'adorer, car elle est née pour cela ! Un jour elle en sourira : « Notre vie était un enfer, mais avec l'argent que nous avions ! » En ces années d'après sa grande époque, à la croisière désespérée sur le *Christina* succède le séjour des « Maudits ». A deux, on se déchire si bien...

4

Et pourtant, Callas va quand même se remettre à chanter. Sa voix semble aller mieux, sa vie nocturne ne l'a pas entièrement épuisée et on la réclame en Grèce avec la bénédiction d'Onassis, pour qui une soirée à Epidaure a une aura presque sacrée. Elle va donc descendre de nouveau dans l'arène à la fin du mois d'août 1960.

Auparavant, poussée par E.M.I., elle a tenté de se remettre au disque et a enregistré au mois de juillet quelques airs en Angleterre. La *Sémiramide* de Rossini, l'air d'*Armide* : « *D'amore al doce impero* », et « *Arrigo, ah parli a un core* » des *Vêpres siciliennes*. Mais l'enregistrement, réalisé sous la direction d'Antonio Tonini avec qui elle n'est pas habituée à travailler, a pris longtemps à se faire, et Callas elle-même n'est pas satisfaite. Il y avait aussi un projet de concert à Ostende devant lequel, au dernier moment, Callas a reculé : les représentations de *Norma* à Epidaure s'annoncent mal.

D'autant plus mal que le soir de la première, à quelques instants à peine de l'ouverture, c'est une pluie diluvienne qui s'abat sur le théâtre antique, et la soirée de gala doit être annulée. On se souvient des scandales qu'avait entraînés la dernière apparition de Maria à Athènes : un gouvernement avait failli sauter pour elle! En 1960, pourtant, tout a changé. Callas, la diva qui ne chante presque plus, a cessé d'être une cantatrice sublime et fantasque, un tempérament de feu, une dévorante qu'on dévore à petit feu : en partageant la vie d'Onassis, elle s'est au bout du compte — et après les premiers soubresauts de nos chers amis que sa décision avait surpris (les Maxwell, les Rainier et les Grace) — acheté une respectabilité. En Grèce, c'est mieux encore — ou pire — : maîtresse d'un armateur, elle est une personnalité officielle. Plus que jamais Violetta qui, au bras de son vieil amant, veut conquérir Paris, Callas peut repartir dans le monde, et la tête haute. A Epidaure, donc, cette année, nul ne proteste : deux ans auparavant, on aurait accusé Maria d'avoir fomenté un orage. Sorcière comme elle est, elle sait sûrement parler aux nuages! Et le surlendemain, le 24 août, puis le 28, c'est un triomphe.

A peine est-elle apparue qu'une immense ovation salue Callas : la Grèce enfin, debout — 20 000 personnes chaque fois — reconnaît son enfant. Entourée d'une troupe de jeunes chanteurs grecs, Kiki Morfoniou, Emilie Koussi..., elle est en quelque sorte le symbole d'une tradition retrouvée — celle de la plus ancienne et de la plus noble tragédie. La voix, d'ailleurs, est bonne. Les critiques présents vont crier au miracle — mais ils saluent le retour de l'enfant prodigue et nous n'avons gardé aucune trace de ces deux soirées. Nous ne pouvons pas juger. A l'issue de la première représentation, dans le tonnerre des applaudissements, c'est d'une couronne de lauriers dont, à l'antique, on va lui ceindre le front. Et si, pour la soirée du 28 août, elle a une brusque montée de fièvre, si une grande fatigue la saisit et si son médecin lui conseille de s'aliter, elle tient quand même à honorer son contrat et elle se retrouve au théâtre d'Epidaure. Pour chanter encore. Dans la foule, il y avait un monsieur que personne n'avait reconnu. C'était monsieur Callas père. La famille est réunie. Aristote Onassis plastronne. Sa chanteuse perdue est retrouvée. Et comme Meneghini n'est plus là pour faire la caisse et que Callas n'a plus besoin d'argent, elle donne son cachet — 10 000 dollars — à une fondation grecque pour encourager les jeunes talents : la fondation Callas.

Dès lors, Maria a repris confiance en elle. Après quelques jours de repos, elle repart pour Milan enregistrer sa seconde *Norma,* toujours pour E.M.I. Adalgise, cette fois, c'est Christa Ludwig, l'un des plus beaux mezzos du monde, mais curieusement mal distribuée dans son rôle, trop chaleureuse peut-être. Franco Corelli est encore une fois Pollione, Tullio Serafin est au pupitre. La voix de Callas a étrangement évolué depuis son enregistrement de 1953. Et sa *Norma* 1960 porte son âge : une superbe maturité, une musicalité retrouvée, des signes de fatigue, certes, mais une émotion, une couleur vocale très dense — presque épaisse — qui fait de sa druidesse amoureuse une figure aussi pitoyable que noble : elle s'abandonne au destin qui veut que les guerriers romains préfèrent les très jeunes filles aux mères de leurs enfants! Cette interprétation, moins brillante que la précédente, n'empêchera pas la deuxième version de *Norma* d'être un grand succès commercial. Et Callas paraît désormais avoir retrouvé toute la stature qu'elle semblait avoir perdue sur la scène lyrique internationale. Un à un, donc, les théâtres, de nouveau, s'ouvrent.

Le premier à se rouvrir, c'est la Scala, où elle fait sa rentrée le 7 décembre 1960 — le 7 décembre! le jour de la Saint-Ambroise : comme si rien n'était changé — dans le *Poliuto* (Polyeucte) de Donizetti. Elle n'est plus la chanteuse prestigieuse abonnée à faire toutes les ouvertures de saison, la glorieuse tragédienne que Visconti et Zefirelli se disputaient l'honneur de diriger, elle est seulement une gloire établie du régime. Notre régime. La concubine d'un milliardaire. Une figure drapée de noir ou de blanc qui, d'une certaine manière, appartient déjà au passé : bientôt, on la réconciliera avec Tebaldi, les deux femmes s'embrasseront à New York. La photo en fera le tour du monde et ce seront Joan Sutherland, Montserrat

Caballé, Mirella Freni qui deviendront les sopranos en activité les plus en vue de leur génération. Alors que Callas, pourtant, n'a que trente-sept ans!

Mais que ceux qui ont trop vite tendance à parler d'elle au passé écoutent les deux disques de ce *Poliuto* qui nous sont parvenus. Et qu'ils feuillettent les photographies de Callas en Paolina-Pauline — face à Ettore Bastianini-Severo et Franco Corelli-Poliuto.

C'était Visconti qui devait assurer la mise en scène, assisté pour les décors par Nicola Benois, qui avait déjà travaillé à plusieurs reprises avec Callas — *Fedora, Anna Bolena...* — mais, pour des raisons à la fois personnelles et politiques, Visconti se retira à quelque temps de la première représentation. On a dit qu'on l'avait censuré ailleurs — pour *Rocco et ses frères* et pour une pièce de théâtre, *Arialda,* jugée trop scabreuse —, il ne voulait plus travailler avec aucune institution officielle. La Scala en était une... Herbert Graf, au pied levé, a donc remplacé Visconti, mais qu'importait au fond qui mettait en scène ou qui décorait, qu'importait aussi qui allait diriger — ce fut en fait Votto —: le public et la critique n'attendaient que Maria Callas.

Car l'œuvre elle-même de Donizetti n'est pas l'une de ses plus intéressantes — et le livret de Camarano est à proprement parler incompréhensible. De la pièce de Corneille il ne reste à peu près rien. C'est d'ailleurs en français, et sous le nom des *Martyrs,* que *Poliuto* est surtout connu, et sa plus célèbre représentation a eu lieu à Paris en 1840, à Paris, où Duprez, qu'on a déjà vu — le premier Benvenuto Cellini de Berlioz —, créa le rôle de Polyeucte. Parenthèse : le rôle avait été prévu pour un autre ténor, encore plus fameux, Nourrit, qui devait le chanter à l'Opéra de Naples, mais la censure interdit alors l'œuvre, considérée comme sacrilège dans sa représentation de l'Eglise des martyrs! Depuis 1848, on avait oublié ce *Polyeucte* hybride mais, pour Callas, le rôle de Pauline avait l'avantage, au point où elle en était de sa carrière vocale, de ne présenter guère de danger. C'est avec soin qu'elle l'avait choisi : peu de beau chant orné, pas de fioritures périlleuses, pas de notes trop hautes, aériennes, à soutenir trop longtemps. Aussi ce que Callas en fera sera à proprement parler bouleversant. Bouleversant car on sent pourquoi elle a choisi de chanter cette Pauline, et parce qu'on devine ses limites, ses faiblesses possibles. Et surtout une détérioration des qualités proprement techniques de sa voix à mesure que l'action progresse. Un trémolo qui devient de plus en plus déplaisant dans le registre bas au cours du dernier acte — et quelques notes aiguës, malgré tout, écrasées. Et pourtant, oubliant ces défauts, on découvre une tendresse, une douceur, une résignation amoureuse dans le choix que Callas-Pauline fait de son martyre qui, aux antipodes de la Callas Médée ou Norma qui sera la Callas de ces dernières années, nous la fait retrouver innocente et fragile comme nous l'avions perdue de vue depuis *la Somnambule*.

Si la critique fera des réserves et soulignera d'une manière générale qu'elle n'est pas en très bonne voix, le public, bien sûr, lui assurera un triomphe. A elle, aux superbes décors en trompe-l'œil sépia de Nicola Benois, à Bastianini, à Corelli, à Votto — mais à elle, à elle et encore à elle : ils ne s'en doutent pourtant pas, eux qui sont venus jusque d'Amérique pour l'acclamer, mais c'est son dernier rôle qu'elle est en train de créer devant eux. Mais sauront-ils seulement reconnaître la façon dont elle ménage sa voix, son extrême prudence sous la plus belle beauté? Il suffit de lire les rubriques « mondaines » des journaux du 7 et 8 décembre dans tous les pays civilisés de notre planète : Elsa Maxwell elle-même est revenue! « C'est un spectacle des Mille et une nuits, le brocart, le lamé l'emportent sur la soie, la mousseline et l'imprimé. Malgré la chaleur étouffante, les femmes gardent jusqu'au dernier moment leurs fourrures, vison, chinchilla ou zibeline... Cette année, les diadèmes, peu nombreux, ont fait place aux parures, surtout en émeraudes, saphirs et turquoises. Dans la salle, seize mille œillets rouges — encore! — offerts par Balmain forment des guirlandes, ornant les six étages de balcon. » Au moment où l'ouverture a commencé, Onassis s'est glissé dans sa loge, derrière une colonne. Près de lui — on imagine : en retrait, distance respectueuse! — Grace et Rainier de Monaco... A la fin de la soirée, il y a eu un souper donné par les souverains de Monaco et la police italienne sur pied de guerre avait pour mission de protéger la diva contre les journalistes et les photographes.

Quelques jours après, avec une Birgit Nilsson sublimement jeune et un Hans Hotter encore parfaitement maître de ses moyens, la Scala donne sa deuxième nouvelle mise en scène de la saison, un admirable *Fidelio*. Mais seule la critique musicale est présente. Les courriéristes affamés de « on-dit » ont déjà fui vers d'autres cieux, cherchant qui dévorer de neuf.

Callas elle aussi est repartie. Monte-Carlo, Paris : elle se repose et continue à essayer de vivre. Bien sûr, son retour à la Scala a prouvé au monde, et surtout à elle-même, qu'elle était encore une chanteuse adulée — et pas seulement la maîtresse d'Aristote Onassis — mais elle en a payé le prix : ces douleurs du larynx et des sinus, et cette fatigue, maintenant grandissante. Elle sait ce que cela lui coûte de chanter — et elle connaît les limites de ses moyens. Et c'est à ce moment qu'elle en prendra la décision : elle ne chantera plus à la scène que deux rôles parce qu'elle les possède au plus haut degré : *Norma* et *Médée*. Trois ans après, elle reprendra encore *Tosca*. Mais, surtout, ne plus se lancer dans des aventures dangereuses...

Alors pourtant que la soif d'être encore Callas la tient toujours...

5

Une Callas française...

Maintenant Callas vit définitivement à Monte-Carlo et à Paris. Au début de l'année 1961, elle cherche avec Onassis une résidence qui corresponde à ce qu'elle est devenue. Un moment, on va jusqu'à parler du *Trianon Palace*. En mai, elle visite avec Onassis le château du Jonchet, en Eure-et-Loir, aménagé par l'architecte Pouillon. C'est d'ailleurs l'occasion d'une somptueuse colère que la presse rapporte scrupuleusement : « A peine descendue de sa voiture, la cantatrice fonça sur un photographe, et le poing en l'air, cria : « Allez-vous-en ! Allez-vous-en au diable, nous n'avons pas besoin de publicité, nous ne sommes pas des comédiens. » On imagine qu'Onassis, lui, ne dit rien. Il regarde : s'être payé Callas comme garde du corps, pour un petit Smyrniote émigré en Argentine, c'est tout de même une jolie réussite. Le lendemain Onassis s'est envolé à Caracas où l'attendaient ses affaires. Callas, elle, a réfléchi, puis n'a pas acheté le château du Jonchet.

Mais elle s'est mise à travailler de plus en plus à Paris. L'amitié du chef d'orchestre Georges Prêtre l'y encourage. La présence de Michel Glotz, déjà aperçu en 1958. Et puis des journalistes, des critiques, des admirateurs fervents. Alors, tandis qu'elle se prépare à enregistrer un disque d'airs d'opéra français, on découvre soudain une autre Callas : « La tigresse rentre ses griffes pour chanter ».

Le Journal du Dimanche raconte : « Depuis huit jours, la Callas a mené à Paris une vie de champion avant un match. Plus de boîtes de nuit, plus de petits plats cuisinés qu'elle adore, et une bonne humeur inaltérable, signe chez elle d'une grande envie de chanter. La diva du siècle était pourtant hier soir au Théâtre de Paris en compagnie du metteur en scène Luchino Visconti et sans Onassis.

Voici donc la journée type de la Callas dans l'appartement de son hôtel des Champs-Elysées.

10 h 45 : Sa femme de chambre Bruna la réveille avec une tasse de café très fort.

11 h : Maria Callas fait sa toilette et s'habille.

12 h 30 : Déjeuner léger. Maria mange toujours trois heures avant de chanter, même si elle n'a pas faim. En général : grillades « bleues » presque crues, légumes verts, salade, fruits et café.

Les chanteurs ne doivent jamais s'alourdir l'estomac ; cela les gêne pour respirer. Certains s'interdisent même de parler. Mais pas la Callas, qui est très bavarde.

De 15 h à 18 h : Séance d'enregistrement. Elle arrive salle Wagram en taxi, accompagnée de Bruna. Onassis ne vient jamais. C'est là, surtout, que Maria Callas se montre angélique. Elle enregistre son air d'un bout à l'autre, puis va écouter la bande magnétique. Elle remarque toutes ses fautes, demande l'avis de son directeur artistique et chef d'orchestre Georges Prêtre.

Ensuite commence le travail proprement dit. Un ami français se tient à côté d'elle pour lui indiquer la prononciation française. Elle demande conseil à tous.

Après la séance, elle écoute les bandes, en général peu de temps, rentre directement à son hôtel, se met en robe de chambre et s'étend sur son lit jusqu'au dîner.

19 h 30 : On lui monte son dîner dans sa chambre. A nouveau, grillade, légumes verts, quelquefois un entremets.

20 h 30 : La Callas bavarde avec Bruna, lit des journaux, écoute des disques de danse. Elle adore les disques sud-américains. Ou bien elle téléphone à ses amis pendant des heures à leur raconter tout ce qui lui passe par la tête.

23 h : Elle éteint la lampe et s'endort, la conscience tranquille. »

Le résultat sera un fort beau disque, un peu guindé, où une Callas un peu trop sur la défensive chante des airs qui ne sont pas ceux de son répertoire « Amour, viens aider ma faiblesse... » de *Samson et Dalila*, ou « Depuis le jour où je me suis donnée », de la *Louise* de Gustave Charpentier. Avec *le Cid, Mignon, Roméo et Juliette,* du Gluck et du Bizet. Mais ce qu'il y a de toujours extraordinaire, c'est la versatilité de Callas, son adaptabilité, voire son intensité, quand bien même elle serait parfois surprenante. Alors qu'autrefois, à la scène ou au disque, elle vivait tout un rôle jusqu'au dernier mot inaperçu d'un obscur récitatif soudain rendu essentiel et inoubliable par une inflexion caractéristique, aujourd'hui, ce sont des héroïne étrangères qu'elle affronte, et qu'elle n'aurait jamais pu incarner à la scène : et voilà qu'elle en rend six plausibles en un seul disque! Bien mieux, chacune a son profil caractéristique, ses nuances, ses différences. Miracle donc, d'un savoir venu de l'intérieur et qui éclaire en un seul aria un personnage inconnu qu'on découvre brusquement tout entier.

La critique saluera l'enregistrement avec un respect à peine contraint, et Callas, de nouveau, va s'éclipser. Curieuse vie, en effet, que celle qu'elle vit maintenant : elle est vraiment devenue une institution. Pour la presse, oui, mais pour le public aussi : ses éclats font partie d'une manière de protocole. On respecte, on admet cette semi-retraite où elle s'est enfermée, et lorsqu'elle en sort, c'est avec toute la pompe qu'on doit à une sorte de déesse enveloppée frileusement dans les voiles de l'immortalité. Or Callas n'a que trente-huit ans! Elle se déplace entre Paris et Monte-Carlo, fait des croisières, fait des affaires. Onassis place pour elle de l'argent.

A Londres, au mois de mai, elle donne un concert au palais de Saint-James. Au bénéfice d'une œuvre de charité toute aristocratique : la Fondation Edwina Mountbatten. C'est Sir Malcolm Sargent qui l'accompagne au piano. Des dames en robes du soir scrupuleusement démodées, chignons victoriens et épaules livides, l'applaudissent du bout des doigts dans son grand « classique » : « *Casta diva* ». Plus trois airs suffisamment courts pour n'épuiser personne : ni la chanteuse, ni son public : « *Tu che la vanità* », de *Don Carlo,* un air du *Cid* de Massenet, un autre de *Mefistofele* de Boito. Après une dernière photographie — elle est très belle, les bras nus, à côté de Sir Malcolm au piano et devant un portrait en pied, drapé de blanc, de la reine Victoria — elle repart en croisière.

Mais l'été venu, on la retrouve à Epidaure. Fidélité à la Grèce, à ses origines retrouvées. aux relations publiques d'Aristote Onassis.

Après les *Norma* de 1960, elle chante cette fois *Médée*. Avec Jon Vickers et de jeunes Athéniens.

C'est de nouveau Minotis, le mari de la grande Paxinou, qui a réglé la mise en scène; et Serafin, le vieux, l'éternel Serafin, est au pupitre. Minotis a raconté comment naturellement, par une divination prodigieuse, Maria avait retrouvé les gestes qu'on prête aux déesses antiques, aux tragédiennes de la plus grande Athènes qui jouaient Euripide et Sophocle, et qu'il avait mis au point, jadis, avec sa femme. Maria à Epidaure, c'est le théâtre vivant revenu au cœur même du théâtre le plus ancien. A genoux, elle implore la pitié de ceux que, debout, rugissante, elle foudroiera ensuite. Elle danse, elle vole, elle s'humilie pour mieux triompher. Sa rage est noble, son visage reflète toutes les colères et tous les espoirs. La magie du monde le plus archaïque défie Corinthe, la policée, en Epidaure l'antique, et c'est la magie de l'opéra qui l'emporte : est-ce que Cherubini est seulement pour quelque chose dans ce prodige-là?

Plus encore que pour les *Norma* de l'année précédente, c'est un triomphe. Cette fois, après une alerte soudaine et une averse qui aurait pu laisser prévoir le pire, le ciel est resté serein et Callas a retrouvé toute la beauté, toute l'ampleur de sa voix. Le public, plus que jamais, lui crie ses bravos. Le maire d'Athènes lui remet les clefs de la ville. Le soir de la dernière représentation, le 28 août, son père, sa mère et Jackie, sa sœur, sont réunis autour d'elle : cette fois Callas est non seulement réconciliée avec Athènes, mais aussi avec toute sa famille.

Et quatre mois après, ce seront à la Scala les mêmes *Médée* mises en scène par Minotis. En 1961 et en 1962 Maria ne chantera en effet que *Médée* à la Scala. Hélas avec un bonheur inégal! Ses *Médée* de 1961 sont pourtant encore satisfaisantes. La distribution, elle, est éclatante : Jon Vickers, encore, et Nicolai Ghiaurov — la jeune basse bulgare en est à ses débuts : il sera un formidable Philippe II, un grand Boris — dans le rôle de Créon; Giulietta Simionato chante Neris, la nourrice. Thomas Schippers, également dans la première phase de sa carrière, dirige. La soirée du 11 décembre 1961 a été enregistrée. Elle est restée célèbre dans les annales de l'opéra pour l'un de ces admirables gestes de Callas qui, plus que tout autre, ont fait sa légende. On se souvient du « *palco funesto...* » du *Pirate* : Callas qui interpelle Ghiringhelli dans sa loge, à cette même Scala? Le 11 décembre 1961, alors que Callas s'adresse, implorante, à Vickers-Jason, on entend, venant des galeries, quelques cris hostiles : Callas n'est pas en particulièrement remarquable voix, mais les disques de cette soirée nous la montrent, on l'a dit, « satisfaisante ». Ce qui ne suffit pas à ses détracteurs du dernier balcon. Alors Callas, emportée par sa flamme, lance un premier cri à Jason : « Cruel » — *crudel!* — cri qu'elle doit répéter une seconde fois. Mais il y a, au contraire, un silence. Callas se tait. L'un des plus beaux silences, peut-être, de l'histoire de l'opéra. L'impératrice de *la Femme sans ombre* de Strauss qui refuse de voler l'âme d'une autre qui pourrait pourtant la sauver : la musique s'arrête. Nous attendons tous... Mais Callas, face au public, le regarde. Celui de l'orchestre, qui a payé très cher pour la voir déchirer sa voix devant nous — le lendemain, huit jours après, on l'opérera de nouveau d'une sinusite —, et le public du paradis, qui l'a huée. Et c'est face à ce public, à lui et à lui seul, qu'elle adresse son second cri : « *Crudel!* » Public cruel qui ne comprend pas que Callas, en ce moment précis, se tue d'amour pour toi. « Je t'ai tout donné! » « *Ho datto tutto a te!* » Callas peut lui montrer le poing, au public et au monde!

Personne ne dira plus rien. Il n'y aura que des bravos, des cris encore, mais d'enthousiasme. Deux fois, Callas va chanter encore sa *Médée* à la Scala puis, très vite, elle va retourner à Monte-Carlo, la gorge déchirée, les sinus en feu. En cette année 1961, Maria Callas, devenue au sens le plus exact du mot une sorte de monstre sacré figé dans sa légende, n'est sortie de son silence superbe pour affronter la scène et un vrai public que cinq fois.

Elle est un objet admirable, une machine de chair palpitante en même temps qu'une relique miraculeuse qu'on ne montre aux fidèles que les jours de grand pardon à Epidaure, pour réconcilier la Grèce d'hier et celle d'aujourd'hui; et à la Scala, parce que c'est la plus vénérable des traditions qui impose — trois fois l'an? — ce sacrifice rituel. Dès lors, chantera? Chantera plus? On évoque un projet de *Huguenots* de Meyerbeer, à Londres, avec Joan Sutherland. Déjà la mode est venue de ressortir une à une les plus grandes machines du « grand opéra » du XIXe siècle français. Un peu plus tard, ce sera Massenet. Mais pour le moment, voir les deux grandes cantatrices côte à côte dans les deux superbes rôles de Marguerite de Valois et de Valentine des *Huguenots* : on imagine quelle Valentine brisée Callas pourrait être...

L'année 1962 et, dans une certaine mesure, l'année 1963, vont la voir au pire de sa forme vocale.

Sa vie personnelle continue à défrayer la chronique mais les coupures de presse sont moins nombreuses à son sujet. Onassis est toujours là, mais il voyage de plus en plus souvent. Des bruits commencent à courir sur la solidité de leur liaison. Et de mariage, il n'est plus question. Quant à Meneghini, il a décidé maintenant de jouer les époux bafoués qui se vengent. Avec une âpreté ironique, les journaux nous expliqueront qu'après avoir accepté leur séparation sur la base d'un accord mutuel, il est revenu sur sa décision et veut attaquer maintenant son ex-femme. « Son ex-mari fait manquer le mariage royal à la Callas! » titre *Paris-Jour* en mai, pour nous expliquer ensuite que le petit Meneghini, sortant ses griffes un peu limées, a pris un malin plaisir à convoquer Maria devant le tribunal civil de Milan le jour même où « un prestigieux rassemblement de têtes couronnées » devait se rendre au mariage de Sophie de Grèce et de don Juan d'Espagne. Elle y aurait si bien « paradé », affirme le journaliste besogneux en quête de sensation. Quelques semaines après, il y a encore une sombre histoire de photographies : Meneghini veut se servir de photos de Maria et d'Onassis pour prouver qu'il a bien été trompé! Maria réplique qu'elle n'est pas seule avec Onassis sur lesdites photos, et que la qualité des autres personnes photographiées suffit à prouver la respectabilité de ses relations avec le cher Ari. Tout cela devient soudainement triste et sordide...

Du côté familial, la situation, qui a paru se stabiliser après la rencontre « historique » d'Epidaure — papa, maman et la sœur réunis par les miracles de l'art, de la nature et de la publicité —, se détériore aussi. Et de quelle manière! La presse américaine annonce la tentative de suicide d'Evangelia. « Madame Callas, qui est âgée de 62 ans, travaille comme couturière à façon pour subvenir à ses besoins, et elle vit dans un petit meublé d'un quartier populeux de New York... » Callas, la fille toujours aussi indigne, accule sa mère à un acte désespéré!

Ces avatars, les absences d'Onassis, son état physique qui ne s'améliore guère : on comprend que sa voix continue à se ressentir d'une situation psychologique et physique aussi instable. Le 27 février 1962, elle donne un récital au Festival Hall de Londres. Pour la première fois, la presse londonienne, généralement bien disposée à son égard, est sévère. On n'hésite pas — le *Sunday Telegraph* — à parler de « diva sur la pente descendante ». Et le même journal compare son apparition à celle d'une statue précieuse et fragile entourée d'une chrysalide : on ne la sort que très vite, à 15 guinées la place et avec un maximum de publicité. « Tout, dans le concert, son organisation et son programme, a été fait pour nous donner une image enfantine et fragile de l'ancienne tigresse... »

Le *Times* n'est guère plus généreux : « Beaucoup des sons que produit maintenant madame Callas sont franchement laids, lit-on avec mélancolie le 1er mars : ils sont perçants, enroués, mal stabilisés et même faux. Sur scène, ou même en disque, l'intensité de son sens dramatique et son extraordinaire musicalité réduisent ces défauts. En concert, ces qualités n'ont pas le temps de jouer... et les sons sont souvent désagréables. » Et de citer à l'appui de ces affirmations la mauvaise qualité de ses interprétations d'*Anna Bolena* et d'*Oberon*. La longueur du programme, la direction d'orchestre de Georges Prêtre, enfin les éclairages très « pop music » dirigés sur la diva : tout le monde, ou presque, s'accorde pour conclure qu'une soirée de ce type — une exhibition? — n'était pas digne de la grande Callas.

Mais pourtant, sur un plan purement vocal, on note avec surprise une évolution de son timbre. Certes, elle n'est guère bonne dans Donizetti, où elle a jadis excellé, mais en revanche, dans l'air de la princesse Eboli de *Don Carlo :* « *O don fatale!* » et dans le rondo de la *Cenerentola :* « *Nacque all' affano* » elle est presque sublime. Or, que sont ces deux airs? Des morceaux du plus classique répertoire de mezzo soprano! Et le *Times* de poser la question : « Est-ce que Callas n'est pas en train de devenir un mezzo? »

Si Callas avait continué à chanter, une telle évolution aurait peut-être été logique. Bien sûr, avec les années, les fameuses « cassures » entre ses trois registres — au prix de quel travail! — se sont atténuées; mais il n'en demeure pas moins que Callas, et jusqu'à la fin de sa carrière, va continuer à chanter avec trois « voix ». Si son aigu lui joue quelquefois de mauvais tours — au maximum de sa puissance, surtout — et si son grave peut sembler quelquefois rauque et caverneux, son médium qu'on avait souvent trouvé faible, est devenu avec les années beaucoup plus homogène et d'une superbe musicalité. Dès lors, un abandon progressif et calculé, travaillé, exercé, du registre supérieur, n'aurait pas été inconcevable. Et on imagine dès lors quelle superbe Carmen ou Didon, quelle redoutable Amnéris, quelle terrible Eboli, Callas aurait pu devenir à la scène. Mais il était peut-être déjà trop tard. Emprisonnée dans sa chrysalide, enfermée dans son cocon d'éternité, Callas ne pouvait plus, et pour un temps limité, qu'être Médée, Norma, Tosca...

234

D'ailleurs, les airs de mezzo qu'elle va enregistrer en avril 1962 — la *Cenerentola* précisément, et Eboli — ne seront jamais diffusés.

Les concerts qu'elle fera en Allemagne — quatre soirées entre le 12 et le 23 mai — apporteront pourtant une surprise à ses admirateurs : la découverte éblouie de ce qu'elle peut faire du rôle de Carmen. Toujours dirigée par Georges Prêtre, à qui une amitié profonde la lie désormais, elle lance dans la salle des congrès du Musée allemand de Munich — puis à Hambourg, à Essen et à Bonn — les insolents éclats de rire d'une *Habanera* et d'une *Séguedille* comme on avait oublié qu'on pouvait les chanter : tout en raillerie, en défi, en cruelle ironie. Triomphe de l'art, certes, du « maquillage » de chaque son, mais de quel art! Et de quelle ironie! Ce sont d'ailleurs les deux airs de *Carmen* qu'elle chantera devant une foule en délire le 19 mai suivant au Madison Square Garden de New York pour marquer le quarante-quatrième anniversaire du président Kennedy.

Dès lors, découvrant *Carmen,* qu'elle enregistrera deux ans plus tard, s'amusant à chanter un rôle qui les défie tous et toutes, ceux et celles qui doutent de son genre, Callas n'a plus aucune raison de tenter le diable. Chanter *les Huguenots* avec une Sutherland au sommet de sa forme vocale? Même pour ses amis de Londres, pour David Webster, de Covent Garden, qui la poursuit à travers le monde entier, ce serait un exploit suicidaire. Inutile. Ainsi Callas renonce-t-elle à ce projet un moment caressé.

Même si la carrière entière de Callas n'a été, depuis ses *Tristan* et ses *Walkyrie* de Venise, qu'un défi, qu'une course en avant, qu'une manière de long et voluptueux suicide...

Mais le moment est venu des terribles *Médée* des 29 mai et 3 juin 1962 à la Scala. Cette fois, on n'a sorti Callas de sa chrysalide que pour deux soirées. Jamais sa voix, physiquement, presque matériellement, n'a été en pire condition. Chaque note haute ou prolongée la fait horriblement souffrir. C'est une déchirure qui part du fond de la gorge et lui traverse la tête de part en part jusqu'au sommet du nez, à l'arcade sourcilière et au front. Une véritable sinusite qu'il faudra opérer d'urgence. A ses côtés, la même équipe d'amis qu'en 1961 : Schippers, Simionato, Vickers et Ghiaurov. La même mise en scène monumentale d'Alexis Minotis, dans des décors de Vannis Tsachouris : deux élévations de colonnes aux chapiteaux nus précédés d'un proscenium sur lequel, debout, tendue, le bras levé dans un geste qui n'appartiendra jamais qu'à elle, Callas-Médée tente en vain d'arrêter le temps qui lui fuit entre les doigts, et l'amour qui meurt, et le sort qui s'acharne. Nous la voyons dressée, superbe, tout à tout implorante, vulnérable ou dominante, terrible. C'est une statue d'un autre temps, archaïque, et hautaine, venue s'égarer dans nos rêves les plus lointains.

Elle s'apprête à dire les mots que chacun redoute. Quelle est cette inconnue voilée de noir qui semble défier et Corinthe et nous, qui l'avons déjà reconnue : « *Io? Medea!* » « Moi? je suis Médée... » et là, d'un coup, la voix qui craque — Callas à bout de voix, triste pour nous à en pleurer, porte du mieux qu'elle peut le rôle de la magicienne maudite, mais la voix se dérobe et ne la suit plus. Jacques Bourgeois, seul — ou presque —, fera entendre un avis contraire : « Callas plus étonnante que jamais. Même son timbre avait reconquis une qualité veloutée dépourvue des stridences qu'on lui reproche parfois... Trois ou quatre notes dangereusement bougées furent les seules failles dans une interprétation qui est probablement un des plus extraordinaires accomplissements jamais réalisés sur une scène lyrique. »

Extraordinaire accomplissement : comment ne pas retenir que cela, lorsqu'on écoute Callas dans n'importe laquelle de ses *Médée,* que ce soit avec Serafin, Bernstein, Schippers, ou avec un autre : bien sûr, il fallait une Callas, et nulle autre, pour faire sortir la musique de Cherubini de son siècle et demi d'ennui pompeux — bien qu'après elle Rysanek ait été, à Vienne comme à Arles, une Médée elle aussi bouleversante, mais une autre sorte de Médée, voilà tout. Pourtant, à Milan en 1962, il ne reste — nous dit-on, car nous n'avons aucune trace de ces deux soirées — que le fantôme d'une voix.

Qu'on retienne pourtant cette date : le 3 juin 1962. Jamais plus Callas ne remontera sur la scène de la Scala. D'ailleurs, à bout de voix et de forces, elle ne reviendra pas non plus sacrifier à Epidaure cette année-là. Plus de Callas à Milan, plus de Callas en Grèce : la deuxième période Callas s'achève. Pendant six mois, elle va se reposer, et on ne l'entendra plus chanter qu'une seule fois en public en 1962, lors d'un gala télévisé à Covent Garden, le 4 novembre. Trois airs : *Carmen* encore, la *Habanera* et la *Séguedille*, et « *Tu che la vanità* » de *Don Carlo*. C'est que Callas est en train de traverser la seconde de ses grandes crises vocales. Et, à l'exception de ce gala du 3 novembre, elle va en fait s'arrêter de chanter pendant une année entière : du 3 juin 1962 au 3 mai 1963, où elle commencera de nouveaux enregistrements à Paris.

Pendant une année entière, sa vie professionnelle sera faite de projets avortés. Un *Trouvère* mis en scène par Visconti à Covent Garden, une *Traviata* à Paris, qui ne pourront se réaliser. On parle même plus tard d'une *Traviata* à Moscou, avec la Scala tout entière. Sans plus de résultat. Projets encore : chanter la *Poppée* de Monteverdi, voire la comtesse des *Noces de Figaro*. Ou jouer avec l'idée de créer l'*Ophée* de Gluck à Dallas, chez Lawrence Kelly. Ou même, plus près de nous, moins impensable : une *Médée* à New York, une *Traviata* ou une *Anna Bolena* à Covent Garden. Tout cela fait parfois l'objet de quelques brèves discussions, parfois de négociations poussées, mais chaque fois Callas se dérobe. De même qu'elle ne le fera pas, ce grand *Tristan* auquel elle songe le plus sérieusement du monde pour l'hiver 1962. Comme si, épuisée — on l'a même opérée d'une hernie à la fin de 1962 —, elle voulait encore prouver au monde qu'elle a été cette Isolde de 1947, dont il ne nous reste rien.

Près d'elle, toujours, l'amitié de quelques hommes qui l'entourent, l'aident du mieux qu'ils le peuvent. La protègent presque contre elle-même : Michel Glotz, de E.M.I., et Georges Prêtre. « Je sais maintenant, au risque de faire rire bien des gens (et Maria elle-même), dit Prêtre — qui est devenu son chef attitré à Paris — qu'au moment où elle va monter en scène, apparaître devant des milliers de gens venus pour écouter sa voix, elle a plutôt l'air d'une petite fille qui va passer son certificat d'études que de la cantatrice la mieux payée du monde... Quand elle arrive dans une ville où elle doit chanter, elle descend aussitôt à l'hôtel, s'enferme dans sa chambre et n'en sort que pour de grandes occasions. Ce qu'elle y fait? Elle se repose, elle dort, elle travaille et surtout elle s'isole... Elle veut rester loin du bruit, loin de la foule. Elle sait que si elle bouge le petit doigt, on en parlera pendant des jours, et pourtant... »

Callas, donc, qui partage son temps entre Paris et Monte-Carlo, ne bouge plus guère. Onassis, de son côté, se montre beaucoup en public. Seul, ou avec d'autres femmes. La princesse Radziwill traverse sa vie. Nouvelles grosses manchettes dans la presse du soir. L'odeur du scandale. Callas ne dit rien ni ne demande rien. « Je le savais, répond à un journaliste Meneghini, qu'on est venu interroger sur les déboires de la femme qui l'a quitté. Je savais aussi qu'Onassis s'intéressait beaucoup à la princesse Radziwill. Pauvre Maria! J'ai peur qu'elle se remette difficilement de cette rupture. C'est une merveilleuse chanteuse, mais son talent a besoin d'être cravaché. Je crois qu'Onassis aura été son dernier coup de cravache!» Mais la princesse Radziwill passe. Onassis reste. Et Maria se montre peu. La presse tout entière — la presse française, puisque Callas vit désormais à Paris — a d'ailleurs pour elle le même ton tristement apitoyé. J'ouvre au hasard *Ici-Paris* du 2 décembre 1963 : « La Callas se remet aux spaghettis : elle voudrait reprendre quelques kilos et affirme : « Oui, il faut bien l'avouer, les belles voix ne se plaisent que dans la graisse.» Et on nous parle longuement de sa santé. Qu'elle soit désormais chancelante n'est plus un mystère pour personne, et il est loin le temps où on criait au caprice lorsqu'elle renonçait à un concert. « Ce ne sont pas les kilos qui comptent, dit elle, c'est le volume de ce que je mange. Le fait est que je meurs toujours de faim. C'est une boulimie qui m'affaiblit.»

On suit Maria pas à pas comme une grande malade. Oublié le château de Fernand Pouillon? On visite la villa de Luis Mariano, au Vésinet. Pourquoi ne pas s'y retirer? Et sur sa vie familiale même — elle qu'on avait dite monstrueuse, ingrate, pourquoi pas matricide? — on s'épanche en commentaires émus. « La diva a fait il y a quelques jours — juillet 1963 — une apparition très remarquée au casino de Monte-Carlo, au bras d'un monsieur mince en smoking blanc et portant d'étonnantes lunettes rondes. On a cru découvrir un rival d'Onassis, ce n'était que papa!... » Ou encore : « Sur la route des vacances, Evangelia Callas Kalogeropoulos, qui a fermé sa boutique de couture à New York, va rejoindre sa fille en France... Elle s'arrêtera à Paris, peut-être pour choisir les cadeaux qu'elle désire offrir à Maria. Sa chambre est déjà retenue à l'hôtel *Prince de Galles* » : nous sommes en pleine idylle familiale.

Et puis, en mai 1963 — toujours avec le fidèle Prêtre, Maria enregistre encore un disque d'airs d'opéra français : *La Damnation de Faust, Faust, les Pêcheurs de perles, Werther, Manon, Iphigénie en Tauride.* Un autre de ces disques qu'on écoute avec plus de respect que de passion, plus d'amour que de vraie joie. Elle y est belle, oui, constamment tendue, comme dans l'attente de la difficulté qu'il lui faut par tous les moyens éviter, mais belle. Georges Prêtre peut pourtant être heureux : grâce à lui, Callas aborde avec une confiance accrue la série de concerts qui a été organisée pour elle en mai et en juin : entre l'Allemagne, Londres, Paris et Copenhague, six soirées qui seront ses six seules apparitions publiques de l'année. Avec un programme à peu près unique : *Semiramis, Norma, Nabucco, Bohême* et *Butterfly.* A Londres, elle y ajoute le « *O mio babbino caro* » du *Gianni Schicchi* de Pucini.

Pour Paris, le 5 juin, Maria prévoit encore quelques changements : *La Cenerentola* à la place de *Norma,* et elle chante deux morceaux de plus : l'air des lettres de *Werther* et la « petite table » de *Manon.* Mais il est vrai que Paris, pour Callas, représente désormais autre chose qu'une simple étape. L'amitié qui la lie avec Georges Prêtre est certainement pour beaucoup de ce « traitement spécial » que reçoit Paris au cours d'une tournée par ailleurs sans grand éclat. D'ailleurs c'est Prêtre lui-même qui a accompagné Maria à travers l'Europe, et ce sont lui et Michel Glotz qui vont la convaincre de chanter l'année suivante *Norma* au Palais Garnier. Certains journaux n'hésitent d'ailleurs pas à gloser sur l'amitié du chef d'orchestre. *Minute,* fidèle à ses bonnes habitudes, fait état des cachets dérisoires que recevra Callas à l'Opéra de Paris par rapport à ce qu'elle demande habituellement par soirée. Et cela grâce à l'intervention de Prêtre, qui là aussi, a su la convaincre.

Cinq jours avant le concert du 5 juin, c'est l'atmosphère des grands jours. Et des paniques. Ce gala prévu à Paris doit être donné au bénéfice des chevaliers de Malte. Or ceux-ci ont loué presque toute la salle. Résultat : pas de places pour les journalistes, pour les amis, pour le Tout-Paris. Callas, qui a quitté l'appartement où elle habite, avenue Foch, pour s'installer dans un hôtel des Champs-Elysées où elle est plus libre de ses mouvements, lance un ultimatum : qu'on dégage des places pour d'autres spectateurs que les chastes chevaliers! Ou bien elle ne chantera pas. Puis elle s'envole pour Londres.

Finalement tout se passera bien. Dans le luxe des grands jours, le Tout-Paris attendu est en place : la begum et la princesse Guy de Polignac, — en robe d'organdi blanc et zibeline bleue! — la princesse de La Tour d'Auvergne, la comtesse de Castellane, Romy Schneider, et Maurice Chevalier. Les chevaliers de Malte sont là aussi, mais ils ne portent pas leurs uniformes : le pape Jean XXIII vient de mourir et ces messieurs sont en deuil. « C'est dommage pour le coup d'œil », relève un journaliste, sans une pointe d'humour. La salle est décorée de « dizaines de milliers de fleurs » offertes par les roseraies du Val de Loire, et des clefs de voiture sont offertes avec les programmes — qui, eux, sont vendus bon prix leur poids de papier! — : l'une d'elles permet d'ouvrir la portière d'une Renault R 4 exposée dans le hall du théâtre. Qui l'ouvrira, l'aura. On vend aussi dans le hall le dernier disque que Callas et Prêtre ont enregistré le mois précédent.

Quant au concert lui-même, ce ne pouvait être qu'un succès. Des derniers balcons — trente francs la place — aux corbeilles à deux cent cinquante francs le fauteuil, c'est du délire. Callas aurait chanté n'importe quoi, qu'on aurait applaudi de même. Comme on a applaudi Maurice Chevalier à son entrée dans la salle.

Mais la voix, où était-elle? Olivier Merlin, à l'époque, en a fait dans *le Monde* l'analyse la plus juste, les autres comptes rendus paraissent pour la plupart partiaux ou entachés d'autre chose que de pure critique lyrique. « Dans le programme qu'elle avait choisi, écrit Olivier Merlin, Maria Callas avait évité avec soin les vertigineuses tessitures du Bellini de *Norma,* du Donizetti de *Lucia* et du Verdi du *Trouvère* ou *d'Aïda,* préférant le répertoire moins connu de la période romantique italienne ou les airs plus faciles, chantonnés sur toutes les lèvres de la fin du siècle. Elle put ainsi jouer de son charme, filer des demi-teintes, voiler son timbre jusqu'au camouflage pour ne laisser percer que quelques aigus stridents au cours de vocalises conduites avec une musicalité consommée et cette débauche de couleurs et d'inflexions diverses qui ont fait la réputation de ses enregistrements.

« Il fallait beaucoup de cran à la diva pour attaquer son concert dans le registre aérien de la colorature par la cavatine « *Bel raggio* » de la *Semiramide* de Rossini. J'avais entendu celle-ci interprétée par Joan Sutherland, en décembre dernier à la Scala, avec un souffle inépuisable et une articulation escamotée. Privée de ces drapés sculpturaux qui cadrent sa silhouette dans les décors babyloniens du vaste plateau milanais et lui confèrent une beauté de gestes digne de l'Antiquité, la Callas n'en a pas moins été dix fois plus intéressante par le sentiment, que sa rivale australienne. Le récitatif de *la Cenerentola,* qui faisait suite, révéla des aigus pincés très fort — notamment un — entre d'admirables teintes sombres. Puis, après l' « adieu à la petite table » de *Manon,* distillée en mezza voce et presque soupiré, « l'air des lettres » de *Werther,* chanté à ravir, confirma quelle étonnante carrière de mezzo peut s'ouvrir demain pour l'héroïne de *Norma* et de *Médée.*

« La deuxième partie du programme était la répétition du concert que Callas a donné à Londres vendredi dernier. La valse de Musette de *la Bohème* (celle-ci bissée) et la mort de Cio-Cio-San de *Madame Butterfly* furent interprétées tour à tour avec un enjouement et une passion qui auraient été droit au cœur de Puccini.

« Le morceau où l'on se trouvait le mieux en mesure de « faire le point » était en définitive le grand aria d'Abigaïl de *Nabucco,* que Verdi, chantre du Risorgimento, a écrit pour la Strepponi dans un style qui s'apparente encore à Donizetti. Près de trois octaves sont à parcourir, où la chanteuse passe des escalades himalayennes aux gouffres de la spéléologie. Il eût été extraordinaire qu'une chanteuse du rang de Callas, à court de scène et aussi d'entraînement depuis bientôt trois ans, pût si facilement « faire l'ascenseur », pour reprendre sa propre expression. Rien qu'à sa façon de se renverser en arrière pour sortir ses notes hautes, la prima donna témoignait de quelque malaise. Mais là encore son médium, long, ample, puissant, prenait des résonances de toute beauté. »

Olivier Merlin parle encore de la splendeur de Callas. Et c'est sur cette image d'une Maria plus belle, plus longue, plus mince que jamais, une Callas radieuse devant un Paris qui la rappelle quinze fois de suite, qui en demande et en redemande encore — qu'on terminera cette période de sa vie. Après le concert des Champs-Elysées, après un dernier concert à Copenhague, Maria Callas, une fois de plus, rentre dans l'ombre. On l'a dit : six apparitions en un an. De 1959 à 1963, on a vu Callas, progressivement, se taire.

Il reste à entendre son chant du cygne...

SIXIÈME PARTIE

1964-1965
La mort du cygne

1964. C'est soudain le miracle : c'est Callas retrouvée. Après trois années qui ont vu lentement sa haute silhouette s'effacer dans les limbes de derrière la scène — un à un les rideaux tombaient sur elle, chaque voile était pour nous une déchirure, et ceux qui la voyaient s'échapper avaient le sentiment que c'était à jamais — c'est d'un coup le retour, le face à face avec le génie. Callas de nouveau au sommet des moyens qui sont les siens — qui ne sont plus ceux des années 1953-1958, qui sont différents — sort d'entre les ombres. Et jamais tragédienne ne nous est apparue plus grande que la Callas d'alors.

Beaucoup d'éléments concourent à expliquer ce retour. Il y a d'abord le triomphe de sa volonté à vouloir prouver — et se prouver à elle-même — qu'elle pouvait encore chanter ces femmes dont la musique sonnait à ses oreilles, lorsqu'on les lui proposait encore et encore comme une ritournelle mélancolique et tendre : Traviata, Léonore, Tosca... Puis il y a le rôle de quelques hommes, dont on a déjà parlé et qui vont, à force d'encouragements, de paroles d'espoir, de ténacité, lui redonner le goût de l'aventure : ceux qui croient encore, et de toutes leurs forces, en elle — parce qu'ils ont su l'aimer pour ce qu'elle était : Michel Glotz, Georges Prêtre, Jacques Bourgeois, David Webster, qui dirige Covent Garden.

Mais il y a surtout le vrai miracle : la voix qui paraît retrouvée. Depuis 1959, Maria Callas a traversé deux crises graves. Mais la plus dangereuse, celle de la mi-1962, l'avait laissée sans voix pendant plus de six mois. Et ce qu'elle en avait regagné n'était que l'ombre de ses grandes heures. Beaucoup de ses amis les plus

245

proches ne cachaient pas leur pessimisme : les concerts de 1963, cette évolution, aussi, vers un mezzo qui ne voulait pas s'avouer comme tel, étaient les derniers moments de la carrière de Maria. A quarante ans, elle allait se retirer et vivre, entre Paris, et Monte-Carlo, Onassis et les siens, des jours d'exilée mondaine et royale. Un peu comme ces souverains qui ont fait d'une plage portugaise le dernier refuge du Gotha. Elle serait grande dans ses souvenirs. Et puis il y avait ses disques. Les « pirates » aussi, qu'on commençait à collectionner.

Mais voici qu'à la fin de 1963, il ne fait de doute pour personne qu'elle va mieux. Les terribles sinusites de l'année précédente se sont peu à peu effacées et lorsque Glotz et Nicola Rescigno organisent pour elle, au mois de décembre, une nouvelle série d'enregistrements, elle paraît avoir retrouvé une forme tout à fait exceptionnelle. Dans un répertoire qui n'est pas le sien : Mozart et Weber, elle atteint à une intensité dramatique dont on pouvait la supposer capable, mais soutenue par un timbre à peu près parfaitement égal et une musicalité sans cesse miraculeuse. De même, dans les airs d'*Otello* et de *Don Carlo* — dont elle chante tour à tour les deux personnages d'Eboli et Elisabeth de Valois. Diffusés en août 1964, ce disque viendra prouver à ceux qui ne demandent qu'à le croire que Callas existe toujours.

Mais ce sont les *Tosca* de Covent Garden qui nous font pénétrer de nouveau dans la plus grande histoire du plus grand opéra. A plusieurs reprises, on a relevé les déclarations de Callas sur le rôle de Tosca, qu'elle n'aime guère. Quand bien même nous aurons continué depuis le début de ce livre, qui est aussi de souvenirs, à si aisément l'associer à la figure de la chanteuse amoureuse. Et même si, des heures durant, nous écoutons et réécoutons ses *Tosca* : *Tosca* 1950, la première qui nous soit restée, l'appel « *Mario! Mario!* » venu du tréfonds de la tendresse, ou *Tosca* de 1964, avec Georges Prêtre, où les premiers cris de Callas qui entre à Saint-André de la Vallée — « *Mario! Mario!* » — sont déjà ceux de la louve jalouse. Avec, pour nous faire sentir l'inexorable progression, la sublime et pure *Tosca* 1952, encore de Mexico City, ou la radieuse et bouleversante « première » *Tosca* commerciale de 1953 : jalons, repères, balises d'une vie qui est devenue autant la nôtre que la sienne — vie d'art et d'amour — où nous avons frémi avec elle d'espoir — Scarpia mort — et d'horreur — Mario assassiné.

C'est David Webster qui s'était mis dans la tête de faire chanter chez lui à Callas ses premières *Tosca* depuis 1958. Puisque, depuis six ans, Callas avait « oublié » le rôle de Tosca. Webster avait également pensé à *Traviata,* au *Trouvère,* mais les rôles de Violetta comme de Léonore auraient pu maintenant poser à Callas des problèmes qu'en interprétant Floria Tosca comme elle devait le faire, en tragédienne économe de ses moyens et dramatiquement survoltée, elle pouvait éviter aisément. Donc, le principe d'une série de *Tosca* à Londres au début de 1964 est finalement acquis. Ce sera une sorte de nouvelle première. Des retrouvailles fracassantes avec le public : Callas à nouveau parmi nous. Ses dernières apparitions sur une scène d'opéra remontent, on se le rappelle, aux *Médée* de la Scala, en mai-juin 1962... Encore fallait-il une mise en scène à la hauteur des ambitions du projet — et c'est Zefirelli qui fut l'artisan du fantastique succès que devaient être ces presque ultimes apparitions.

Avec son décorateur Renzo Mongiardino, il a réalisé une production qui, aujourd'hui encore — en 1978 —, est l'une des plus grandioses qui se puisse voir de *Tosca*. Il aimait passionnément, et depuis longtemps, l'opéra de Puccini mais il avait attendu de trouver la Floria idéale : qui, mieux que Callas, pouvait chanter le rôle d'une chanteuse dévorée par l'amour et par la jalousie, prête à tuer pour cet amour et à en mourir ensuite? Taillant donc, sur mesure, un opéra pour Callas, Zefirelli a imaginé un contraste fabuleux entre la Rome la plus grandiose du plus grandiose néoclassicisme qui se puisse concevoir, et une femme éclatante de féminité, de jeunesse et de désir. « Je ne veux pas d'une Floria enveloppée dans les voiles du succès et de la célébrité, dit en substance Franco Zefirelli, mais d'une jeune fille toute pleine d'émois et de gaieté... » D'où cette Callas qui apparaît un soir de janvier à Londres, radieuse en robe rouge, des fleurs des champs à la main. « Pour un peu, et si ce n'était dans une église, elle ferait l'amour sur scène en retrouvant Mario », remarque Zefirelli.

Feuilletons une fois encore les photographies que nous en avons gardées : il existe cent, cinq cents photos de cette *Tosca* de 1964 ou de sa reprise en 1965. Et c'est une manière d'extraordinaire cinéma, violent, passionné, contrasté, qui se déroule devant nous. D'autant plus heurté et superbe que le Scarpia en est un Tito Gobbi étincelant, redoutable, féroce et patelin. D'où cette succession d'instantanés à vous couper le souffle : « *Ed or fra noi parliam da buoni amici...* » « Et maintenant, soyons amis, qu'est-ce qui vous tourmente? » interroge Gobbi devant Callas, l'air d'un loup aux aguets, le profil d'aigle, les doigts qui sont des serres... Callas, les yeux inquiets et qui démentent ce qu'elle dit, la main droite appuyée sur le dossier du siège où elle est assise, ne pourra jamais paraître indifférente : « Rien ne me tourmente. » Elle se détourne, soulève la main droite, tend la main gauche et tout son corps bascule : « Cette histoire d'éventail? » lance encore le bourreau. Maria veut toujours donner le change « *Fu sciocca gelosia* » — « Jalousie absurde »! Mais elle en tremble... et, médusés, nous suivons le terrible dialogue qui nous touche plus que ne le feraient les plus beaux vers de Racine ou Shakespeare tout entier. C'est cela, Callas et Gobbi face à face.

Ou plus tard, les bras ouverts, crucifiée au vide du Palais Farnèse, Gobbi presque à ses genoux : « *Non toca mi, demonio, t'odio, t'odio...* », Maria se cabre. Le corps cette fois est une longue plante, une longue plainte, un cri qui se refuse. Et la musique qui anime ces images : la voix qui plane — si loin dans nos rêves — « *Vissi d'arte, vissi d'amore* ». Puis la main qui repose le verre qu'elle tient : les doigts s'immobilisent. Elle *a senti* le couteau avant de le voir. « Civitavecchia? » interroge Scarpia. Pour le prix du sauf-conduit sans valeur pour Civitavecchia, elle lui assure donc qu'elle sera à lui? Oui, répond Callas. « *Si!* ». La main s'est refermée sur le couteau. « *Questo è il bacio di Tosca!* » : nous savons que Scarpia est mort.

Jamais plus, au tréfonds de nos mémoires d'opéra, nous ne pourrons recréer pareils souvenirs.

La soirée du 21 janvier a été enregistrée. La voix de Callas y est parfaitement maîtrisée, capable de la plus exquise désolation dans son « *Vissi d'arte* » et d'un rugissement de fauve qui va périr ou tuer lorsqu'elle poignarde Scarpia-Gobbi. « *Come la Tosca nel teatro...* » : comme la Callas à l'Opéra... Quelques vibrations, bien sûr, dans les aigus — surtout au commencement du premier acte — et une certaine fatigue du médium, qui paraît moins intéressant, un peu voilé dans le duo du troisième acte : pour le reste, Callas est redevenue la déesse qu'on — on : la maladie, sa voix, Onassis, les autres, sa vie — nous avait dérobée.

Le résultat : c'est un succès incroyable, une salle entière qui — debout — applaudit Callas revenue. C'est une presse, une critique qui accumulent les superlatifs — et cela pendant six soirées. Jusqu'au 5 février. « Presque plus trace de ce vibrato trop large qui nous gênait dans l'aigu, ni de ces notes grinçantes qui ont si souvent défiguré sa voix récemment. Il y a bien des années que sa voix n'a été si bonne... », remarque l'un des meilleurs critiques londoniens, Peter Heyworth. Le 9 février, le deuxième acte est enregistré pour la télévision et là les images reprennent vie : Maria lègue enfin, à tous ceux qui l'aiment à la folie, le rôle que nous l'avons presque forcée à nous donner. Jamais elle ne nous le dira mieux.

Maintenant la machine Callas semble fonctionner de nouveau. Nous n'avons plus qu'à ouvrir les yeux et à la suivre : Londres et Paris, New York, Paris encore, Londres... D'étape en étape, pourtant, c'est une sorte de lente ascension, de marche vers la beauté suprême — la tragédie —, en même temps que vers le silence. Cette résurrection va durer à peine dix mois. Une sorte de trêve. La résurrection, bien sûr — et puis la nuit. A nous de vivre cette tragédie-là comme Callas l'a vécue : avec encore et toujours l'espoir. Mettant nos pas dans les siens, d'étape en étape, nous la suivons. Des dates, des noms, des villes : étapes, donc, de cette résurrection.

Paris, février-avril 1964 : à la salle Wagram, en compagnie de Nicola Rescigno, Maria enregistre des extraits d'œuvres du « jeune Verdi » : *Attila,* les *Lombards à la première croisade* et les *Vêpres siciliennes,* en même temps que deux airs du *Bal masqué* — dont un « *Ecco l'orrido campo* » (la scène d'Amelia sous les potences à minuit) à vous donner la chair de poule. Un « *Ritorna vincitor* » d'*Aïda,* aussi, indifférent. C'est pourtant encore Maria retrouvée. Puis, quelques semaines après, ce sont de nouveaux airs des *Lombards* et du *Bal masqué* et des extraits du *Trouvère,* mais elle jugera ces disques insuffisants, et E.M.I. ne les mettra pas dans le commerce. Pour le moment. Un doute?

Mais déjà Callas prépare sa rentrée à l'Opéra de Paris. Nous sommes tous là, nous attendons. 22 mai 1964 : Maria Callas chante pour la première fois un opéra entier sur la scène du Palais Garnier. Cet opéra ne pouvait être que *Norma.*

Jusqu'ici Paris ne l'a vue que deux fois. Deux galas, deux soirées privilégiées pour privilégiés, mais deux soirées de morceaux choisis, en 1958 et 1963. Grâce à Georges Prêtre et à Zefirelli, qui va une fois encore signer une mise en scène somptueuse et précieuse, Callas éclate de beauté. Au premier acte, la voici le front couronné de lauriers, debout sur un rocher, qui s'adresse aux guerriers gaulois : un velours écarlate barre sa robe blanche, et c'est tout. Elle est la statue perdue et retrouvée. Ou encore, dans sa vaste tunique blanche du deuxième acte dont les voiles flottent derrière elle, presque transparents : elle est émouvante, diaphane. Un profond décolleté révèle son cou, sa gorge, comme nous ne l'avons jamais vue ailleurs. Et, les cheveux ramenés en un vaste chignon bas qui lui descend sur la nuque, elle a vingt ans, elle a dix-huit ans. Lorsqu'elle embrasse ses enfants, vêtue de noir, au troisième acte, sa tendresse est désespérée, passionnée, tendue... Près d'elle, Charles Craig d'abord, mais surtout Franco Corelli pour deux soirées, qui sera un admirable Pollione. Et le plus sublime des amis, qui l'aide, l'appuie, la soutient dans les duos où sa voix de jeune ténor puissant, un peu brutal, risquerait de gêner une partenaire à l'équilibre vocal bien entendu toujours délicat. Fiorenza Cossotto, en revanche, qui chante Adalgise, ne fait pas preuve des mêmes attentions. Au sommet d'une forme vocale jusqu'à ce jour rarement démentie, et dotée de moyens puissants, Cossotto ne fait grâce de rien à Callas. Au court de ces premières soirées, pourtant, Maria tiendra le coup...

Quoique sa voix ne soit plus celle de ses *Tosca* de Londres. Inégale d'un soir sur l'autre, elle trébuche parfois — et lourdement. Claude Samuel, aujourd'hui au *Matin de Paris* et au *Point,* alors à *Paris-Presse,* remarque que son premier « *Casta diva* » l'a fait souffrir, lui, mais qu'à partir du deuxième acte, elle « s'envolait vers le sublime ». En revanche, le quatrième soir « elle a à peu près manqué toutes les notes au-delà du *la* ou, si vous voulez, à partir du *mi* bémol. Ce qui signifie une bonne dizaine de frissons entre huit heures et minuit, et deux chocs particulièrement violents pendant le quatrième acte ». Harold Rosenthal, de la revue anglaise *Opera,* parle de son côté de la cinquième soirée, le 10 juin — avec Corelli —, pour dire qu'après un début décevant, jamais depuis les *Norma* de 1952 Maria n'a été meilleure que dans son quatrième acte de Paris. Callas : « Un numéro de trapèze volant? » interroge le critique de *Paris-Presse.* Le public, le grand public, n'y voit, lui, que du feu et hurle à tout rompre. Et le souvenir qu'on garde de la *Norma* de Callas-Zefirelli est quand même celui d'une somptueuse réussite. Même si nous avons senti que la voix, déjà, se fêlait...

Etape encore : la *Carmen* du disque, 6-20 juillet 1964. Cette fois, c'est de nouveau le bonheur. En parfait équilibre vocal, et guidée pas à pas, note à note, par un Georges Prêtre qui connaît chaque danger qui risquerait de menacer la voix — mais aussi chaque éclat glorieux qu'il pourra en tirer —, Callas réalise l'un de ses disques « commerciaux » les plus fascinants.

Le combat n'était pourtant pas gagné d'avance. Maria n'a jamais chanté le rôle de Carmen. On se souvient qu'enfant la légende veut qu'elle l'ait connu par cœur : c'est la légende. Depuis quelques années, en concert — et même au disque — elle a donné avec un brio et un abattage superbes la *Habanera* et la *Séguedille*. Mais de là à chanter tout l'opéra... C'est donc, de nouveau, une initiative Glotz-Prêtre. Comme si le couple directeur-chef d'orchestre — tous les deux jeunes et pleins d'ambition pour elle — s'étaient substitués à ces vieillards qui pendant si longtemps montèrent autour de Maria leur garde vigilante et jalouse. Et puis, l'aventure avait de quoi tenter Callas. D'abord l'évolution de sa voix : on a dit qu'avec des airs comme ceux d'Eboli, de la Cenerentola, elle s'était déjà engagée en direction des rôles de mezzo. Et même si la distinction entre mezzo et soprano est relativement récente — au XIXe siècle, les rôles de Norma et d'Adalgise, par exemple, étaient interchangeables et on se souvient que Giuditta Pasti et Giula Grisi les chantaient indifféremment — il ne fait pas de doute que la musique de Bizet convient désormais parfaitement à son timbre de voix. D'autre part, le caractère même de Carmen avait de quoi tenter Callas. La cigarière amoureuse et violente, aguichante et terrible dans ses refus, marquée surtout du sceau du destin et qui va s'offrir au couteau de Don José, en un suicide presque parfait : tout en ce rôle a de quoi lui faire envie. On n'oublie pas non plus qu'on lui a reproché jadis de chanter la Rosine du *Barbier* comme si c'était Carmen : eh bien, cette fois ce sera vraiment *Carmen!* En huit jours de croisière sur la mer Egée, pour travailler la partition et surtout le livret, les mots, le sens profond du texte, Callas est devenue Carmen...

Engageant dans l'entreprise l'une des sommes les plus importantes jamais consacrées en France à l'enregistrement d'un opéra, surtout d'un opéra français, E.M.I. a tout fait pour donner à cette *Carmen* une publicité et un lancement exceptionnels. Aux côtés de Callas, on a recruté Nicolaï Gedda, l'un des plus fins, des plus musicaux ténors de son temps — quel Faust! quel Orphée et encore aussi près de nous qu'en 1977, quel sublime Ricardo du *Bal masqué!* — ainsi que Robert Massard, qui chantera Escamillo. Et puis l'encore très jeune Andréa Guiot dans le rôle de Micaela. Les sessions d'enregistrement ont lieu à la salle Wagram entre deux combats de boxe et un bal de pompiers ou d'anciens élèves d'une école technique — par une chaleur torride. Encore une fois, la presse parisienne suit les déplacements de Callas avec beaucoup d'attention, mais une tendance déjà remarquée se confirme : c'est moins la vedette de la

CALLAS

café-society qui les intéresse, ces bonnes gens, que la chanteuse. On dirait que ses *Norma* à Paris ont ramené tout le monde au sérieux. Callas, après tout, est le premier soprano du monde, non?

Oui : Callas reste le premier soprano du monde. Et sa *Carmen,* qui sort à la fin de l'année dans le monde entier, est stupéfiante. Ne serait-ce que la diction de Callas : les intonations étrangères, étrangement italo-gréco-américaines qui sont les siennes, donnent à chaque mot qu'elle prononce une coloration heurtée, exotique, rugueuse et terrible. Qu'on l'entende lancer à Don José qui lui interdit de parler parce que Don José, c'est un homme, et que c'est un flic : « Je ne te parle pas... je pense! Il n'est pas interdit de penser! », et c'est un défi ouvert. Une invitation à toutes les libertés : la première phrase de la première vraie femme qui s'affirme libre sur une scène d'opéra. Callas-Carmen assume son destin, lucidement, terriblement. « La mort, la mort, la mort... » : avant même de la lire inscrite dans les cartes, Carmen-Callas sait ce que sera son aventure, et elle ne recule pas. Aussi, lorsque, au quatrième acte, et d'une voix qui lui sort du plus profond des entrailles, elle répond à José qu'elle ne l'aime pas, c'est le plus bel aveu de la plus belle passion — passion : la mort — qu'il nous ait été donné d'entendre.

Vocalement, tout passe admirablement : tant les médiums, qui cessent d'être flous, que les aigus, durs encore, mais maîtrisés, avec des graves qui semblent sortis de l'âme la plus sombre de la plus sombre gitane.

Etape *Carmen,* donc, de cette course à la fin qu'est la fin de la carrière de Callas : réussite absolue! Et, après les deux semaines d'enregistrements, Maria peut regagner la Grèce. Période, dès lors, de repos et de calme. La vie qu'elle partage avec Onassis semble traverser une période d'accalmie. Sur le *Christina* ou dans l'île de Skorpios, qu'Onassis a achetée dans la mer Ionienne, elle se repose, joue du piano, profite d'un moment de bonheur où sa voix retrouvée lui donne l'assurance qu'elle chantera encore, tandis que le tous-les-jours, les problèmes, la presse qui la harassent, tout semble oublié pour une longue plage de silence, de ciel et de mer.

Quelques projets encore, dont certains se concrétisent : un échange de productions entre la *Tosca* de Londres et la *Norma* de Paris. Et puis, les vieux rêves : enregistrer enfin *Macbeth,* faire au disque une seconde *Traviata :* là, les rêves restent rêves. Qu'aurait

252

été pourtant la Callas-Carmen de 1964 dans le rôle de Lady Macbeth? Un rêve aussi pour nous.

Mais ce sont déjà les *Tosca* de 1965, à Paris. Nouvelle étape. Huit *Tosca*, du 19 février au 10 mars, qui sont un tel succès que Callas accepte d'en chanter une neuvième le 13 mars. La production et la distribution sont celles de Londres transportées purement et simplement au Palais Garnier : Zefirelli, Gobbi, Renato Cioni. Mais tout Paris attendait ces *Tosca* et était prêt à aimer. Et Paris a raison. Vocalement, Callas paraît à peu près en aussi belle forme qu'à Londres. Le spectacle de sa Floria Tosca sur la scène du Palais Garnier nous laissera un autre souvenir ébloui. « Si les représentations de *Norma,* la saison passée — c'est Jacques Bourgeois qui parle —, marquèrent une renaissance véritable, il semble qu'aujourd'hui Callas ait retrouvé l'usage complet de ses moyens. Avec une « place de voix » remontée est revenue la pureté du timbre en même temps que l'homogénéité du registre. Et les détracteurs les plus sauvages de la grande artiste auraient eu bien du mal, le soir de la générale, à relever un seul son pénible dans toute son interprétation de Tosca. »

En fait, jamais à Paris Callas ne sera plus belle. Et, comme à Londres, l'époustouflant face à face Scarpia-Tosca — avec un Gobbi égal à lui-même, c'est-à-dire aussi grand acteur que chanteur parfait — reste un grand moment de nos histoires d'amour. Et comme l'amour n'a pas de prix, *France-soir* note que Callas, pour chanter à Paris à 25 000 francs par soirée, demande beaucoup moins pour se produire n'importe où ailleurs dans le monde.

Mais le souvenir, la beauté des images déformeraient-elles la réalité? Quelques semaines avant de chanter ses *Tosca* au Palais Garnier, Callas en a fait, salle Wagram, son second enregistrement commercial. Avec Carlo Bergonzi, Gobbi encore, et toujours Georges Prêtre. Et nous les aimons, bien sûr, ces deux disques, car les cris rauques de Tosca au deuxième acte sont d'une telle vigueur — la louve ici qui mord — qu'ils nous blessent jusque dans notre chair. Mais quel que soit l'amour qu'on puisse porter à cette voix presque déchirée à force d'être déchirante, doit-on constater, comme un chroniqueur récent de la revue *Lyrica,* que la voix est « dégradée et l'interprétation, jadis géniale et comme instinctive, est désormais calculée, soulignée d'un trait plus noir, comme des yeux trop faits »? Ainsi l'image macérée au suc du souvenir l'emporterait sur la froide réalité, gravée dans la résine synthétique par une machine sans âme? Quels que soient leurs défauts, ces disques demeurent un témoignage sans égal d'un art lui aussi sans égal. Et, jusque dans leurs défauts, nous les réécouterons. Inconditionnellement? Non. Mais avec passion, et en sachant ce qui les différencie de ceux que Callas a enregistrés en 1953 et qui, eux, atteignent au sublime.

Sublime aussi, disent les critiques, que l'étape New York de cette dernière année de chant. Aller plus vite, chanter encore, brûler la vie et la voix pendant qu'il en est encore temps. Après Londres et Paris, le Metropolitan va enfin entendre la *Tosca* Zefirelli-Callas. Avec Gobbi, et tour à tour Corelli et Richard Tucker dans le rôle de Mario. Callas recueille 25 minutes d'ovation au tomber du rideau. On a payé, dit-on, jusqu'à 4 000 francs nouveaux des places de fauteuils d'orchestre et le Tout-New York, Jacqueline Kennedy en tête — la Kennedy qui se prépare à entrer en scène! —, est dans la salle. Il nous reste un enregistrement de la soirée du 19 mars, dirigé par Fausto Cleva. Et là Callas nous y paraît assez curieusement plus retenue, moins instinctive et plus musicale que dans le disque commercial de décembre précédent. On dirait qu'en studio — salle Wagram —, elle a voulu « en rajouter ». Et dans le même temps, pourtant, ses vociférations à Scarpia « *Assassino!* » — ou ses défis : « *Quanto?* » « *Il prezzo!* » —, sont le fait d'une tragédienne qui sait « parler » son texte comme aucune chanteuse, pas même Callas « avant », n'a osé le faire. Corelli aidant — un Corelli dont le cri de victoire est, à l'annonce du résultat de la bataille de Marengo, applaudi par toute la salle — les disques du 19 mars 1965 sont hallucinants de vérité et de somptuosité vocale. Très naturelle, avec seulement deux contre-*ut* pas tout à fait réussis et un « *Vissi d'arte* »... qui s'achève mal, Callas y reste de bout en bout parfaitement en commande de sa voix. Et puis elle paraît plus emportée par son chant, plus sûre d'elle-même, quand elle « dit » son rôle, qu'elle ne l'a été quatre mois auparavant.

Ce seront les *Norma* du mois de mai, à Paris, qui marqueront le commencement de la fin. Pendant un an, Callas a réuni toutes ses forces. Et sa voix, presque intacte — ces quelques fêlures... — est restée l'instrument que nous avons connu. Mais brusquement à Paris, en ce printemps 1965, rien ne va plus.

Callas est revenue fatiguée de New York. En quelques semaines elle a encore maigri de cinq kilos. Meneghini, de son côté, continue à multiplier les arguties juridiques et Onassis est absent de Paris : pour Maria, les signes contraires s'accumulent. Les médecins qui l'examinent constatent une baisse de tension inquiétante et on lui suggère de ne pas chanter. Mais Maria sait ce qu'il lui en coûte de ne pas paraître sur une scène où elle a été annoncée. Un Mario Del Monaco, quelques jours avant, à Catane, a pu s'arrêter de chanter au milieu d'une *Carmen :* c'était une indisposition bien compréhensible chez un artiste, et voilà tout. De même, si Renata Tebaldi déclare forfait au Metropolitan, le public, la presse, tout le monde comprend parfaitement. Mais que Callas, « la » Callas, se récuse, et c'est un scandale, ou — pire! — un caprice. Et puis Maria aime Paris : elle ne veut faire faux bond ni à Georges Auric, qui dirige le Palais Garnier, ni à Georges Prêtre, qui a confiance en elle comme elle a confiance en lui. Alors, faisant contre mauvaise fortune bon cœur, Callas décide de chanter. Brûler la voix, les étapes, la vie : il lui reste six fois à chanter sur une scène.

Le 14 mai, une heure avant le début de la première représentation, elle est dans sa loge. Elle y est seule avec son habilleuse et elle sent soudain, brusquement, qu'elle « ne pourra pas ». Le trac brusque, irrémédiable. On l'a bourrée de piqûres, de médicaments, elle a quarante-deux ans et affronte pour l'avant-dernière fois un public d'opéra. Qui, lui, pas plus qu'elle, n'en sait rien : il garde le souvenir des *Tosca* de février. Alors elle prend sa décision finale : elle va chanter, mais on annoncera, devant le rideau, qu'elle est souffrante. Au public d'être indulgent. Si bien que lorsque commence le premier acte de la production de Zefirelli, déjà vue l'année précédente, chacun redoute le pire : aux côtés de Giulietta Simionato, sa vieille amie, qui chante Adalgise, elle est tout bonnement sublime. Côte à côte, les mains nouées, Callas et Simionato triomphent ensemble. Et même si le « *Casta diva* » a été chanté mezzo voce, la critique tout entière applaudit ce qu'elle a entendu.

Trois jours après, au cours d'une émission télévisée, Maria offre le même visage serein, la même confiance en soi, et chacun de s'étonner : comment Callas peut-elle faire annoncer qu'elle est souffrante, lorsqu'elle apparaît au meilleur de sa forme? Et pourtant, la série noire des *Norma* de Paris a commencé. Désormais le « numéro » de Callas à Paris sera l'exercice de haute voltige dont depuis des années elle répétait le saut de la mort, sans filet et au trapèze volant. On attend, on redoute, on retient son souffle, Callas tient bon — puis Callas craque! Le troisième soir, le 21 mai, Fiorenza Cossotto a remplacé Simionato, et Callas se sent moins bien. Elle termine pourtant le premier acte, mais de justesse, et on doit lui faire une piqûre de coramine à l'entracte. La suite de l'opéra se déroule sans incident, mais la fatigue de Callas reste telle qu'elle profite du dernier entracte pour s'étendre, ne prenant même pas le temps de changer de costume. De son côté, Cossotto « tire la couverture à elle » et chante à pleine voix tous les duos, épuisant la malheureuse Callas, qui ne peut la suivre. Mais le 25 mai tout se passe encore bien. Chantera, chantera pas? Pourra, pourra pas? Debout au sommet du cirque où elle a choisi de s'exhiber, car il n'y avait pas d'autre issue, Callas regarde le vide, le trou noir du Palais Garnier, la fosse d'orchestre, elle ferme les yeux et elle se lance. Chantera... Roulement de tambours, marche triomphale, Bellini et Callas, Callas et Zefirelli : une fois encore, c'est gagné.

Reste la soirée du 29 mai : la dernière. Et là, rien ne va plus. Avant même d'entrer en scène, Callas sait-elle qu'elle ne pourra terminer la soirée? Elle redoute en tout cas le pire. Tous ses partenaires le savent : « Je n'en puis plus de la regarder en proie à cette épreuve, physique, mentale et vocale », dit l'un d'entre eux cité par Olivier Merlin. Dans sa loge, il y a des roses, le parfum de Lanvin qu'elle aime et elle a soudain l'impression qu'elle se sent mieux. La rémission de Violetta qui fait un pas, deux, avant de tomber à jamais. Alors elle se lève, achève de se préparer, fait glisser les voiles sombres sur la tunique blanche : elle n'a plus peur. Prêtre, Ivo Vinco, le jeune Gianfranco Cecchele qui chante Pollione, sont à ses côtés. Un acte, deux actes se passent. Elle est une autre qui se regarde chanter... Elle se sent une autre, qui chante et qu'elle entend. Troisième acte : le duo avec Adalgise. Brutalement, tout change. Cossotto, qui chante à perdre haleine, qui hurle, qui nous tue et qui entraîne tout sur son passage, la défie : pourra-t-elle, pourra-t-elle encore la suivre aussi loin? Et Callas soudain ne peut plus. Callas n'a plus qu'à se taire. L'acte s'achève dans une manière de coma debout, et Callas peut enfin s'écrouler en coulisse, à peine sortie de scène. On la transporte évanouie dans sa loge. On lui fait une piqûre : le rideau ne se lèvera pas sur le quatrième acte. Lentement le public s'écoule.

Une heure et demie après, soutenue par deux hommes, Callas quitte le Palais Garnier : là non plus, elle ne reviendra plus. Cette fois, Maria traverse une véritable crise de dépression nerveuse. La presse, pourtant, a été pour elle d'une très grande gentillesse. Lorsqu'elle a quitté l'Opéra, il n'y a eu qu'une voix solitaire, tout là-haut, au balcon, pour crier « remboursez ». Mais sa tension est désormais très basse. Pour quelques jours, elle regagne donc le *Christina.* Se reposer. Surtout se reposer. Onassis est venu la rejoindre et elle passe les quelques semaines qui la séparent de sa prochaine série de représentations — des *Tosca,* encore à Covent Garden — à tenter de retrouver un équilibre : manger normalement, travailler un peu sa voix, espérer que sa tension enfin va se stabiliser. Mais nous en sommes vraiment aux derniers jours et, tous, nous le sentons bien.

C'est le 28 juin qu'elle doit arriver à Londres. L'avant-veille, à Paris, son médecin qui l'examine est formel : dans l'état physique et psychologique où elle se trouve, ce voyage à Londres est une folie. Pour ne pas parler de quatre apparitions sur la scène de Covent Garden! Entre Londres et Paris, le téléphone fonctionne. A Covent Garden, on s'affole : les quatre soirées ont été « vendues » dès l'ouverture de la location. Et Prêtre, Gobbi, Cioni, sont prêts à commencer les répétitions.

C'est alors que Maria accepte un marché : elle ira bien à Londres, mais elle ne chantera qu'une fois. Dès que la nouvelle est connue, la presse britannique, pourtant jusque-là toujours correcte à son égard, commence à jouer la carte du sensationnel. Comme s'ils ne comprenaient pas que le temps n'est plus aux caprices de Callas! Comme s'ils n'avaient pas su que c'est une Callas exsangue, défaillante, à bout de forces qui a quitté le Palais Garnier le 29 mai! Comme s'il fallait, jusqu'au bout, la harasser, la déchirer : elle est notre prima donna, dévorons-la!

Comme promis, Callas arrive à Londres, deux jours seulement avant la date prévue pour son unique apparition. C'est la touchante Marie Collier qui l'a remplacée le soir de la première : nous savons que Marie Collier, un soir de tempête, basculera dans la nuit « *come la Tosca nel teatro!* ». Puisque tant est que nous les tuons toutes, celles que nous adorons... La veille de la représentation, toute la nuit — a raconté au *Daily Express* un homme d'affaires canadien, son voisin de chambre au *Savoy* —, Callas chantera : « Elle paraissait en bonne voix », aurait dit le Canadien. Mais le soir du 5 juillet, le bon public, le cher public de Londres — qu'on pardonne à Londres : ce n'était que le public mondain des premières! celui qui paye 100 livres un fauteuil d'orchestre parce que c'est pour une œuvre de charité et qu'on peut tenter de le déduire des impôts... — est de marbre lorsque Tosca fait son entrée dans l'église Saint-André-de-la-Vallée. Elle que les vivats accueil-

257

laient jadis dès son premier cri de « *Mario!* » lancé des coulisses...
Pourtant elle chante, et la critique, tout en reconnaissant que sa
voix n'était pas particulièrement puissante ce soir-là, fera de cette
soirée des compte rendus favorables.

Au dernier rideau, Maria revient saluer en compagnie de Tito
Gobbi, de Renato Cioni, de Georges Prêtre; puis elle revient saluer
seule. Une voiture l'attend, qui l'emmène au *Savoy :* jamais plus, sur
aucune scène du monde, Maria Callas ne chantera un opéra.

Paris-Jour, le 7 juillet 1965 — deux jours après — annonce en
page intérieure : « Le triomphe londonien, qui cache un drame : la
Callas va perdre sa voix! »

SEPTIÈME PARTIE

1966-1977
Tu, in questa tomba!

Aïda

On a beaucoup parlé, on a beaucoup trop parlé des dernières années de Callas. On a fait beaucoup trop de bruit autour de son silence. Et tous ceux qui l'ont approchée, fût-ce de très loin, y vont aujourd'hui de leur anecdote. A la grande clameur des journaux qui déployait au-dessus d'elle, vivante et en pleine carrière, ses ailes de papier déchiré et de tristes mesquineries — a succédé sur Callas silencieuse ou aujourd'hui morte une autre rumeur : un déferlement d'amitiés soudain révélées et qui brûlent de se raconter. On l'a interrogée vingt minutes à la télévision ou on lui a adressé la parole au cours d'un débat public, et on se déclare son ami très proche, son familier, son intime. Alors on parle d'elle — et surtout on se raconte à travers elle.

Aussi, de ces dernières années, je ne voudrais plus dire que ce qui la raconte, elle, vraiment. Tenter aussi peut-être maintenant — maintenant que tout est fini — de comprendre. De savoir. Avec cette précaution : sur les dernières années de la vie de Callas, chacun a son avis, chacun a son point de vue. Et comme ses affaires sentimentales, professionnelles et financières ont fini par constituer un imbroglio redoutable, chacun croit être le seul à détenir la vérité — encore une fois, toute la vérité, rien que la vérité. Alors, pour ne heurter de front aucune de ces vérités — qui pourrait aller contre celle que nous croyons nous aussi, et de bonne foi, détenir — prendrons-nous la précaution d'annoncer, comme dans le meilleur des romans-feuilletons — mais n'est-ce pas aussi un roman feuilleton que cette vie-là? — *que toute ressemblance avec des personnes existant ou ayant existé serait purement fortuite...*

261

Comprendre et savoir, donc, comment et pourquoi nous en sommes arrivés là. Nous : son public, et elle au milieu de nous qui l'avons fait chanter jusqu'au bout, jusqu'à ce qu'enfin elle se taise. Comprendre aussi son silence. Les rideaux qui, un à un, tombent, les portes qui coulissent comme glissent un à un les blocs de pierre qui vont sceller la tombe d'une déesse-pharaonne ou d'Aïda murée vivante dans sa pyramide de silence. Sans qu'aucun Radamès ne soit là cependant pour chanter avec elle. Callas, enfin enfermée dans son appartement de l'avenue Georges-Mandel, entre Bruna et Ferruccio, qui veilleront sur elle jusqu'au bout — et puis plus rien.

D'abord, bien sûr, il y a sa voix. Ou plutôt, il n'y a plus sa voix. Il y a un instrument désormais abîmé, capable encore parfois des accents les plus beaux, mais sur lequel Callas sait bien qu'elle ne peut plus compter. La triste, l'horrible constatation : Maria Callas n'a plus confiance en sa voix. Lorsque celle-ci s'élève, cantilène, superbes élancées, aux pages de Bellini ou de Puccini — et brusquement, d'un coup, il n'y a plus rien. La note qui craque, le trou. Ce son strident ou enroué qui ne nous rappelle plus que de très loin la vibration tant honnie par certains mais qui pouvait nous émouvoir aux larmes. Ou la basse profonde, bronze aux sonorités lointaines, venues du tréfonds de la gorge superbe. Bien sûr, Maria fait encore des *do,* ou des *ré* — mais elle en rate, aussi, et elle ne peut plus dès lors oser aborder une scène.

Mais il y a pire : c'est en elle-même, surtout, que Maria n'a plus confiance. On a dit les angoisses et le trac des dernières *Norma :* et si tout cela devait recommencer? La peur, et la gorge qui se noue. Le vide. « Ce n'est pas ma voix, ce sont mes nerfs qui sont malades », avouera-t-elle un jour. Et ce n'est pas une coquetterie : Maria sait — après ces *Norma* de Paris, cette unique *Tosca* de Londres — qu'elle ne peut plus tenir le coup. Parce que sa santé va elle aussi, de jour en jour, devenir plus incertaine. Vitamines, coramine, café noir, piqûres, comprimés : on la « remonte ». Sa tension est basse, il faut la doper. Alors Maria sourit, gentiment, faiblement : « Oui, je suis plus fragile que j'en ai l'air... » Comment dès lors oser se décider à tout recommencer?

Jusqu'en 1974, pourtant, et pendant huit années, Maria va continuer. Continuer à espérer d'abord : espérer chanter, à l'opéra, en concert, en disque, dans un film. Elle se remettra même à chanter en 1973, dans une série de concerts au succès public fracassant. Et puis continuer à faire de la musique et du chant son unique souci.

Elle lit de la musique, joue du piano et surtout elle donnera en 1971 et 1972 ces fabuleuses leçons de chant, ces « masters classes » de Philadelphie et de la *Julliard School of Music* à New York, dont tous ceux qui les ont fréquentées se souviennent avec une émotion qui dépasse de très loin l'enseignement qu'ils recevaient. Continuer, donc! En 1973, elle fera même une mise en scène d'opéra!

Après, ce sera autre chose. Ce sera vraiment la porte de pierre qui se referme sur la chambre d'Aïda, sans Radamès.

1

Dès 1965, la situation matrimoniale de Maria se stabilise. Après le procès de Brescia, Meneghini était revenu sur sa générosité initiale. Il avait attaqué, défendu, réclamé : dans le courant de l'été 1965, une ultime décision de justice aboutit à un règlement que Maria peut espérer définitif : la séparation est prononcée aux torts partagés des ex-époux. Les juges de Milan blâment certes Maria pour sa liaison avec Onassis « qui déborde le cadre d'une simple amitié » — mais ils considèrent également Meneghini coupable d'avoir fait à Callas des « torts graves », et de s'être lancé dans des interviews susceptibles de lui nuire. Le recours de Meneghini pour que leur séparation soit seulement imputable à Maria a été rejeté — malgré les protestations du gros petit monsieur, qui continue à s'affirmer outragé, mais qui se prétend toujours blanc comme neige. « J'ai toujours été un parfait gentleman... », lance-t-il. Exit, cette fois pour de bon, Meneghini.

Avec Onassis, pourtant, la vie de Maria va parfois se révéler difficile. On a dit qu'Onassis admirait Callas : c'était de l'idolâtrie. Il reconnaissait en elle la beauté, le talent — et il était fier de se dire que cette beauté, ce talent lui appartenaient. Il les avait achetés. Et Maria aussi aimait. Elle aimait Onassis, et souvent comme une folle. Avec l'énergie du désespoir de celle qui sait qu'elle ne peut pas aimer autrement : l'homme qu'il ne faut pas, d'une passion aveugle qui détruit tout à la fois, et elle, et lui, et leur amour. Car Maria jalouse, car Maria passionnée, car Maria amoureuse, était insupportable. Pour Onassis — et pour lui seul — elle était bien l'esclave. Mais ce n'était pas la petite Liu du prince Calaf de *Turandot!* Bien plutôt Turandot elle-même, princesse amoureuse qui a choisi son esclavage. Alors elle invente tout un cérémonial, des préséances, des rites qu'il faut respecter, des amitiés qu'il faut bannir, des haines qu'il faut entretenir. Epousera, n'épousera pas? La question, toujours, demeure ouverte. Et peut-être qu'au fond Onassis l'aurait épousée, Maria — si Maria n'avait pas, de jour en jour, exigé davantage en même temps qu'elle-même pourtant donnait tout. « Nous étions un couple de maudits », a dit un jour Callas, en évoquant à la télévision ce temps-là, et nous l'avons déjà répété après elle, « mais nous avions tellement d'argent »! Elle a un sourire nostalgique et pourtant presque amusé : Callas savait bien ce qu'elle était devenue avec Onassis qui sera, quand même, son seul véritable amour. Alors, côte à côte — et à quelques numéros d'intervalle, avenue Foch — mais aussi l'une à Paris, l'autre aux quatre coins du monde, on continue à vivre. Pour le pire, le pire encore, et pourtant, quelquefois quand même, pour le meilleur.

Maria va jusqu'à faire des affaires avec Onassis! Il est question de films qu'on produirait ensemble, de bateaux qu'on achèterait... Mais quelquefois tout se termine assez mal. Ainsi « l'affaire Vergottis », sombre histoire d'amitié perdue avec un financier grec que Maria considérait pourtant « comme son père ». Onassis et Vergottis ont des intérêts communs et ils décident un jour d'acheter ensemble un cargo, l'*Artemision II*. Mais comme Maria a de l'argent à placer, Onassis lui suggère de prendre part à l'opération. Tous les détails, précis, terre à terre... Les chiffres : pour 60 000 livres sterling, elle aura 25 % des parts, et Onassis, de son côté, lui fera cadeau d'encore 26 % des parts, grâce à quoi elle sera majoritaire dans l'entreprise. Mais Vergottis, qui détient lesdites actions, se vexe d'un coup de téléphone un peu sec de Maria, et se brouille avec elle. Avec un entêtement de vieillard déjà fatigué, il va dès lors refuser de céder à Maria ce qu'il lui doit et à quoi elle a droit, tout simplement parce qu'elle l'a payé, obligeant Onassis et Callas à porter l'affaire devant les tribunaux. Là, ayant trouvé une tribune, Vergottis donnera libre cours à ses médisances et à ses questions indiscrètes. Faire dire à Maria tout ce qu'elle a toujours refusé d'avouer. La salir aussi... La rage d'abîmer... Finalement, en 1967 — puis en 1968 en appel — Vergottis sera condamné, mais toute l'affaire, dans ses sordides implications sentimentalo-financières, a un parfum amer. Cela aussi, c'est l'argent, l'amour et la vie avec Onassis. Deux êtres enchaînés l'un à l'autre par l'amour et l'argent, la joie de ne plus être des petits Grecs pauvres et la peur qu'on leur demande de partager. Une vie quand même. La leur, dont toute la presse sait jusqu'aux plus infimes détails, et qui, brusquement, tourne court. Au début de l'autonome 1968, on apprend soudain que l'armateur grec a épousé la veuve d'un Président assassiné : Maria va désormais vivre seule.

Avec ses rêves, ses souvenirs. Avec elle-même toujours. Mais Maria ne s'avoue pas encore vaincue. On lui propose tant de choses... Alors elle échafaude des plans, fait des projets...

D'abord, faire du cinéma. Depuis la première croisière sur le *Christina* et l'arrivée de Carl Foremann avec son projet de lui donner le principal rôle féminin des *Canons de Navarone,* l'idée de faire du cinéma tourne dans la tête de Maria. Son visage, sa beauté, sa stature : nombreux sont aussi les metteurs en scène qui pensent à elle. On lui a même proposé de jouer dans une *Bible!* Plus réalistes ont été les idées de Joseph Losey et de Visconti. Le premier, qui préparait *Boom!* d'après une pièce de Tenessee Williams, aurait voulu que Callas tînt le rôle de la vedette enchâssée dans ses diamants et ses souvenirs sur une île au milieu de la Méditerranée et que visite l'ange de la mort. Quelle déesse sublime Callas aurait été, dévorée de bijoux et brûlée par la flamme d'un dernier amour! Mais elle se dérobera et c'est Elizabeth Taylor qui jouera le rôle, aux côtés de Richard Burton et de Noël Coward dans l'une de ses dernières apparitions. « Je ne pouvais tout de même pas commencer une carrière de cinéma en jouant le rôle d'une vieille actrice! » Bien sûr, Maria a eu peur...

Visconti, lui, aurait voulu tourner une vie de Puccini et il aurait souhaité que Maria accepte d'être Maria Jeritza, le soprano tchèque dont le chemin a croisé celui de Puccini. Mais, cette fois, c'est le projet qui va avorter de lui-même, et Maria n'aura même pas à refuser. Car elle continue, Maria, à ne savoir dire ni oui, ni non, à faire traîner les réponses aux questions qu'on lui pose — et finalement à acculer les autres à prendre pour elle ses décisions. Qu'on se souvienne de Rudolf Bing en 1958... Il faut que tout soit parfait, puisqu'elle est Maria Callas. Mais la perfection est-elle de ce monde? Nous la voyons se débattre au milieu de ces châteaux de sable qu'elle échafaude sans jamais oser les habiter...

Cette même indécision dominera toutes les tractations qu'elle pourra encore avoir à propos d'une éventuelle rentrée à la scène. Fût-ce pour y faire ses adieux, même si l'expression, au moins autant que l'idée, lui répugnait. Jusqu'en 1967, Michel Glotz tentera bien de la faire revenir sur sa décision de ne plus chanter, mais elle lui opposera chaque fois tant de difficultés, tellement de propositions et encore plus de contre-propositions qu'aucune de ces initiatives, finalement, ne pourra voir le jour. Comme si Maria vivait désormais dans la terreur de ne plus être cette légende, ou d'apparaître différente de l'image qu'elle sait bien qu'elle représente. Alors, vouloir et ne pas vouloir, oser et ne pas oser...

D'abord, un vrai retour à la scène : il y aura le projet d'une grande mise en scène nouvelle de *Médée* pour l'Opéra de Paris. Une fois encore, ce serait Alexis Minotis qui aurait assuré la production et, des sommets d'une Corinthe une dernière fois recréée, Callas la magicienne aurait paru une fois encore dans le dernier de ses grands rôles. Des contacts seront pris, des lettres échangées, mais on n'ira pas plus loin. De même l'idée d'une *Traviata* de Luchino Visconti, et pour l'Opéra de Paris, elle aussi. Cette fois, les discussions vont plus loin et tout le monde, à Paris, espère. Mais là encore, c'est l'échec. Visconti comme Callas demandent un budget — et surtout un nombre de répétitions — que le Palais Garnier ne peut assurer. « Je n'ai posé qu'une seule condition, dira Callas en 1970 : vingt à trente jours de répétitions pour l'orchestre et les chœurs. Je n'ai pu l'obtenir. Alors le projet est tombé à l'eau... » Ce n'est pas la faute de Callas. Mais quel Opéra au monde pouvait, à la fin des années soixante, envisager trente jours de répétitions, chœurs et orchestre, pour une *Traviata?* Et la Callas le savait bien...

Ainsi, sans fermer elle-même une porte, Maria la laisse se refermer quand même. Avec une sorte de volupté désespérée. Mais aurait-elle pu? Aurait-elle pu à la fin des années 60 être de nouveau *Traviata* sur la scène de l'Opéra de Paris? De même à Dallas, où Lawrence Kelly et Nicola Rescigno souhaitent la faire revenir, toujours pour chanter Violetta? Et à San Francisco, où les *Trouvère*, les *Norma* qu'on lui propose ne sont pas assortis, non plus, de suffisamment de répétitions? Et avec le Met : Callas est réconciliée avec Rudolf Bing, elle veut bien y chanter de nouveau, à New York, mais qu'on se mette d'acord sur les dates! Et sur les dates, bien sûr, lorsqu'il faut prendre un calendrier, choisir un mois, un jour, Callas ne suit plus. Rien ne lui convient. Ni les projets de Lawrence Kelly, ni ceux de Kurt Herbert Adler, qu'elle a cessé de considérer comme un ennemi. Ni ceux de Bing, ni de personne.

Prise au piège de ses envies de recommencer et de ses refus qui n'en sont pas vraiment pour en être quand même, nous la sentons souhaiter qu'on l'encourage, qu'on l'aide, qu'on la soutienne. Mais elle se sépare de Michel Glotz, et ceux qui sont auprès d'elle l'aident peut-être à cultiver cet élan sublime qui la pousse à ne pas s'engager. Tu es belle, Maria, tu ne dois jamais accepter que le meilleur... Suicidaire, cette démarche? Désespérée, cette marche au silence absolu? Plutôt résignée, incertaine... Callas, encore une fois, n'ose pas... Il y a cette incertitude absolue et cette voix qu'elle ne peut plus maîtriser.

Deux cas bien précis illustreront cette volonté d'inertie — comme on dit une force d'inertie — : les deux projets de films, *Tosca* et *Traviata* — encore. D'abord *Tosca*. A partir de la mise en scène de Zefirelli de Londres, Maria a caressé un moment le projet de faire un film. Filmer enfin Callas dans l'un de ses plus grands rôles : quand nous savons qu'il n'existe que deux fois un deuxième acte de *Tosca* à Paris, et à Covent Garden, dans de mauvaises copies! Plus quelques minutes de *Norma :* trois, très exactement, filmées à Paris. Pas plus de trois minutes, car c'est tout ce que les syndicats de musiciens d'orchestre autorisent au Palais Garnier, faute de quoi — une minute de plus! — ils plient bagage. Nous pouvons donc rêver : Callas dans la grande mise en scène de Zefirelli, filmée par Zefirelli lui-même. Karajan est associé au projet — car Michel Glotz est parvenu à le réconcilier avec Maria — et, pour la bande sonore, on hésite entre trois solutions : utiliser la Tosca de 1953, celle de Prêtre de 1964, ou enregistrer une nouvelle fois l'opéra tout entier avec Karajan lui-même. Bien entendu, Maria ne se décide pas; Franco Zefirelli, qui a beaucoup d'autres projets, y tient quand même tout particulièrement, et il attend. Puis il hésite à son tour. Enfin il se lasse : il n'y aura pas de film de *Tosca!*

Pour *Traviata,* le scénario est à peu près identique. Maria veut bien, chacun la pousse, on s'entend désormais très bien avec Karajan, qui sera encore une fois de l'entreprise, et on dîne ensemble, on se rencontre au *Berkeley,* avenue Matignon, ou même en pleine mer. Outre le film, il y aura des disques : cette fameuse seconde *Traviata* que Maria n'avait pu faire jusque-là. Mais Maria réserve toutes ses positions. Elle veut avoir par contrat le droit de décider de tout, jusqu'au plus petit détail de distribution ou de

267

photographie — ou presque. Alors c'est Karajan qui se fâche. Et on ne parle plus de cette *Traviata*. Nous, comme de la *Tosca* filmée par Zefirelli, nous pouvons en rêver. Pour tenter de rattraper la chose, Callas lâche au dernier moment le nom de Giulini : et si Giulini remplaçait Karajan? Mais Giulini n'a même pas été consulté, et il est trop tard. Voilà ce qu'il en sera, des mirifiques projets d'un retour de Callas.

L'un d'entre eux, cependant, verra le jour, ce sera la *Médée* de Pasolini. Et ici nous pénétrons en un royaume où l'image souveraine est là pour étayer la légende : pour la première fois, vivante — et en couleurs! —, Callas nous est rendue dans sa stupéfiante beauté.

L'idée de Pier Paolo Pasolini était simple : de même qu'il avait fait un *Œdipe* enfoncé à pleine chair dans le paysage qu'il racontait, face à Callas-Médée qu'il avait vue et aimée sur les principales scènes du monde, il se dit qu'il va enfin pouvoir construire un film où actrice et personnage se confondront absolument avec le paysage brûlé et brutal, qu'elles investiront. Pas de dialogues, ou presque, mais des scènes construites comme des séquences d'opéra d'une cruauté au-delà du réel. Et pas de chant, bien sûr : noblement sublimement et de bout en bout, Maria se taira. Ou presque.

Franco Rossellini, le principal producteur — et Pierre Kalfon en France —, appuient l'opération de toute leur énergie, et Pasolini — un autre maudit, lui aussi, un autre parmi tous ceux que nous avons aimés jusqu'à les assassiner — relit Mircea Eliade et Jung. Il ne s'agit pas de décalquer Euripide, mais de retrouver les sources mêmes de la tragédie dans l'inconscient poétique d'un monde méditerranéen figé dans sa légende. A Jason et à Corinthe qui sont l'ordre et la police — Athènes toute proche qui va s'affirmer en raison universelle —, s'affronte (et s'affrontera en vain, car son crime sera *dérisoire*) la souterraine et lointaine religion de Médée. Celle qui veut croire encore, lorsque les hommes ont choisi de préférer aux épousailles sacrées la technique nouvelle et le mariage bourgeois.

Et Maria accepte. Pourquoi? Elle n'aime guère, semble-t-il, l'œuvre antérieure de Pasolini. Elle a vu *Théorème,* et se serait affirmée choquée par les gros plans de braguettes qui y abondent! Et puis ses goûts en matière de cinéma sont rudimentaires. « Il y a assez de choses affreuses dans le monde, je vais au cinéma pour me distraire et m'amuser. » Mais maintenant que sa voix est morte, c'est pour elle l'occasion, avec la même intensité, de nous laisser voir son visage. L'empreinte au-delà de la musique d'un rôle qui a été l'un de ses plus grands. D'ailleurs elle aime bien Pasolini : il l'amuse, il la fait rire, et Maria aime tant qu'on l'amuse ! La presse, qui ne recule vraiment devant rien et, surtout pas devant les plus monumentales des invraisemblances, ira jusqu'à suggérer qu'il y a une idylle entre eux ! Et Maria prendra la peine de le démentir... Mais Pasolini respecte Callas et Callas aime aussi qu'on la respecte.

Le tournage aura lieu en 1969, en Asie Mineure et en Italie. Maria, admirablement, se pliera au jeu qu'on lui demandera de jouer. Entre la Turquie et Alep, Pise, la lagune de Grado — sur l'Adriatique — et la banlieue de Rome, les paysages sont chaque fois, hors de tout contexte, plus désolés, et Maria plus déchaînée. Là encore, fatiguée, elle s'évanouit parce qu'elle tourne une journée entière en plein soleil. Ou elle manque brûler vive, doublant sa propre doublure pour franchir une muraille de feu quelque part au centre de la Turquie. Et là encore, chacun d'admirer sa conscience professionnelle, l'étude approfondie qu'elle fait de chaque moment de son rôle, son acharnement ensuite à le jouer. Dépêchés du monde entier, des dizaines de journalistes suivent le tournage... Mais Maria, désormais, accepte toutes les interviews. Comme si, entrée jusqu'au cou dans son rôle de vedette — de vedette au passé — elle en assumait tous les risques...

Il reste à dire sa beauté et sa voix — quand elle parle. Les mots grecs anciens lui viennent au bord des lèvres comme une langue rugueuse, archaïque, un long cri de violence jamais interrompu. Quant à son visage... Maquillée, modelée, redessinée plus naturelle encore que naturelle, les épaules superbes, les plus beaux bras du monde, Callas est une statue de chair que le soleil a brûlée puis que l'horreur lentement assèche. Dans les admirables costumes de Piero Tosi — qui l'a déjà habillée à la Scala —, elle est une princesse barbare, sculpturale ou échevelée : il ne fait pas de doute qu'en tournant ce film, Maria Callas a le sentiment qu'elle est en train de parachever sa propre légende. Car pour nous, qu'il ne reste rien d'elle comme actrice d'opéra — hormi ces deux « deuxième actes » (de la *Tosca*!) de Paris et de Londres — est un des plus stupides scandales de l'histoire du théâtre et de la musique de ces cinquante dernières années. Quand Geraldine Farrar, Carmen célèbre de l'âge d'or du Met, joua le rôle de Carmen au temps du cinéma muet! Et pourtant, en Médée, Maria se donne à fond — se donne : s'offre — pour qui voudra quand même avoir gardé une image vivante d'elle.

Et la première du film renouera avec la tradition équivoque des

269

grands galas parisiens, ceux dont *France-Soir* nous récite les versets des premiers rangs de corbeille et des garnitures de loges avec d'ineffables hyperboles. C'est de nouveau la litanie : Régine et Marie Bell, la begum et Maurice Chevalier, onze ambassadeurs, trois prix Nobel, deux académiciens... A vingt et une heures vingt très exactement, dans la salle du Palais Garnier qui suspend son souffle, Maria fera « une entrée de reine » — longue robe de crêpe de soie bleu de nuit. Trois minutes après arrivera madame Georges Pompidou flanquée de quatre ministres, et le film pourra commencer. A l'entracte on tirera la tombola rituelle et, comme il y a une justice sur terre, ce sera la femme de l'ambassadeur d'Allemagne, madame von Braun, qui gagnera le coupé Fiat 24 de sport exposé devant l'Opéra ! C'est le 28 janvier 1970.

Le film fera ensuite une honorable carrière dans les cinémas d'art et d'essai. Puis Maria va rentrer chez elle et fermer sa porte. Visconti aura beau la supplier d'être n'importe qui — déesse ou bourgeoise, grande dame selon tous les Gothas ou simple tragédienne — pourvu qu'elle tourne un jour pour lui, elle refuse. Une fois, elle a osé, c'est déjà beaucoup.

Mais un peu plus de deux ans après, Maria sort pourtant de nouveau de l'isolement dans lequel elle est en train de s'enfoncer. Et cette fois, ce n'est plus du cinéma ! C'est pour renouer avec ce qui a été sa gloire et sa raison de vivre : le chant. Maria va nous léguer, enfin, un peu de son savoir, et laisser à ceux qui l'admirent quelques clefs, un aperçu plus direct sur sa manière d'être Callas. Entre 1971 et 1972, elle accepte en effet de diriger aux Etats-Unis des « masters classes », c'est-à-dire des cours de chant pour élèves très avancés. Et pour les observateurs, pour nous tous qui avons lu et suivi ce qu'on en a dit, ces leçons seront une occasion unique de voir Callas au travail. De mieux comprendre.

La première série de ces classes a pourtant été très brève, puisqu'elle s'est arrêtée à la deuxième leçon. Le *Curtis Institute of Music* de Philadelphie n'avait pas, en effet, réuni en février 1971 des élèves assez brillants pour que Callas pût s'y intéresser et l'expérience a été un échec. Mais elle a recommencé quelques mois après, et ce sont les leçons données à la *Julliard School of Music* de New York qui ont constitué ce véritable legs de Callas à toute une génération de chanteurs nouveaux.

La *Julliard School* est un des conservatoires de musique les plus réputés du monde et Callas y donnera deux séries de cours, en octobre-novembre 1971 et en février-mars 1972. Cette fois, les élèves avaient été soigneusement choisis par les responsables de l'école et par Maria elle-même, qui avait auditionné plus de trois cents candidats. Ne conserver que la poignée des meilleurs... S'inscrivant dans le cursus normal de l'école pour les étudiants qui en faisaient partie, la série de douze leçons coûtait en revanche 240 dollars aux élèves venus de l'extérieur. Mais on pouvait aussi assister aux leçons en prenant un abonnement d'auditeur : en fait, si peu nombreux furent les admirateurs de Callas informés de ces leçons que la première série de douze classes se déroulera — surtout au début — devant une salle de mille places à moitié vide ! Par la suite, et comme la *Julliard School* refusait de vendre autre chose que des abonnements entiers pour une série complète, il semble qu'on ait resquillé quelque peu et que les callasiens enthousiastes aient eu la chance de pouvoir se glisser dans l'auditorium en se fabriquant de faux laissez-passer ! Ainsi, au hasard de la salle, on trouvait côte à côte le ténor Placido Domingo et l'éternel Rudolf Bing, le pianiste Alexis Weissenberg et la sublime Lilian Gish.

Car quelle démonstration que ces leçons ! Callas devenue professeur a abandonné sa stature de prima donna, mais elle vit, elle vibre toujours en Callas. Les leçons ont lieu tous les lundi et jeudi et elles durent deux heures, de 17 h 30 à 19 h 30. A chaque séance, Callas travaille cinq ou six airs avec autant d'élèves. Et c'est chaque fois un extraordinaire numéro d'enthousiasme. Callas explique, Callas raisonne, Callas chante et Callas écoute. Ce n'est pas seulement la musique qu'elle fait vivre, mais le rôle tout entier, tous les aspects d'un personnage qu'elle découvre, en quelques minutes, aussi subtilement qu'elle avait su le faire dans les années parisiennes de sa carrière en une courte plage de disque. Feu d'artifice d'adaptabilité et de versatilité, d'intelligence profonde de tout ce qu'elle révèle. Ne chantant chaque fois que quelques mesures d'un air, elle interprète tous les rôles, ceux de ténor, de mezzo ou de basse comme les siens : tout le registre de tous les sopranos. Et les auditeurs qui la voient sentent monter en elle une énergie et une vigueur qui ne sont que l'énergie et la vigueur qu'elle mettait jadis à vivre à la scène ses personnages. Pas autre chose et tout cela : le génie. Adrienne Lecouvreur humble qui se fait plus humble encore, Rigoletto qui gronde comme une bête, Marguerite de *Faust* dont les yeux et la voix brillent de la même convoitise innocente devant les bijoux : jupe sombre et corsage blanc, les cheveux dénoués et — enfin ! —

271

des lunettes sur le nez, Maria devient, et pour quelques secondes, une héroïne de Cilea, un baryton de Verdi, une prima donna à la française. Si bien que chaque fois, aussi, pour ceux qui l'écoutent puis suivent ses conseils, c'est la même révélation. En un quart d'heure, vingt minutes de leçons presque « particulières », elle transforme un chanteur, lui insuffle son ardeur à elle et lui fait oublier toutes les mauvaises habitudes héritées d'un enseignement traditionnel, pour lui donner soudain l'envie de brûler les planches.

« Il faut vibrer ! » lance Callas. Et la jeune fille qui chante s'arrête et la regarde, sans comprendre : « Vibrer comme un violon ! ». Callas fait un pas en avant et murmure quelques notes de *la Bohème*. C'est tout. Nous avons compris. La salle, derrière elle, retient son souffle. En un instant, le génie, tout simplement, est passé. Mais personne n'aura le droit d'applaudir. Taisons-nous : c'est un miracle et voilà tout. Parce que d'autres fois, au contraire, la voix de Callas s'élève, superbe, puis d'un coup elle se brise. Comme dans les *Norma* de Paris : il n'y a plus rien. Le vide. La mort. Une phrase de cinq ou six notes flotte dans la salle, avec tout le velours de jadis — et puis s'en va, sans crier gare. Mais que Callas ait accepté de donner ces leçons — et de s'exposer ainsi par la même occasion au public — était le signe qu'elle voulait en faire davantage...

Et c'est vrai : Maria se sent maintenant davantage en confiance. Comme un grand malade qui relève d'une grave maladie et qui se dit, d'un coup, que tout est encore possible, Maria, pendant deux ans, va se remettre vraiment au travail. Et ce sont les derniers éclats — brisés ! — de sa voix. Même plus le chant du cygne : les derniers balbutiements...

Mais d'abord il y aura la malheureuse tentative de mise en scène à Turin. On a proposé à Callas de produire — avec Di Stefano, qu'elle veut avoir près d'elle — *les Vêpres siciliennes*. Ces mêmes *Vêpres* avec lesquelles, vingt et un ans plus tôt, à la Scala, elle faisait tout simplement ses débuts... Alors, Maria, qui est dans un moment de sa vie où elle veut oser, ose. Elle se rend à Turin, commence par se disputer avec Gavazzani, qui devait diriger et finalement sans grand éclat met en place des chanteurs qui sont Raina Kabaivanska — aujourd'hui encore une émouvante Tosca — et Gianni Raimondi. Mais tout cela n'ajoute guère à sa gloire et la première, en avril 1973, n'est suivie qu'avec un intérêt mélangé.

Ce qui va suivre, en revanche, la tentative de retour au disque et surtout les concerts de 1973-1974, vont montrer que Callas, pour le grand public, est toujours une vedette qui déplace des foules et qu'elle est en train, debout, hiératique et la voix brisée, superbe statue figée dans sa légende, d'entrer vivante dans l'histoire du chant mondial.

On aimerait pouvoir parler longtemps de ce dernier disque, jamais diffusé, enregistré à la fin de 1972 à Londres. Callas avait recommencé à revoir Di Stefano, le bouillant Giuseppe Di Stefano de sa jeunesse avec qui — affrontements, éclats de fureurs et triomphes — elle n'avait que des souvenirs qui tous, soudain, lui paraissaient heureux. Si bien qu'un impresario londonien, Gorlinsky, avait eu l'idée de leur faire enregistrer ensemble des duos. Entre le ténor et Maria, c'était alors une relation étrange, faite d'une immense tendresse en même temps que de tout un arrière-plan professionnel, sentiments et affaires étroitement mêlés. Maria avait littéralement *retrouvé* Di Stefano et, avec lui, toute une mémoire : ce qu'ils avaient pu faire ensemble. Ces disques à l'enseigne de la Scala qui étaient restés. D'où l'envie de renouer. De continuer. De tenter : encore une fois. Ensemble.

Le jeune chef d'orchestre Antonio de Almeida, aujourd'hui directeur de la musique à Nice, spécialiste d'Offenbach et qui monte les opéras les plus rares du répertoire italien ou français, conduisait le London Symphony Orchestra et les enregistrements eurent lieu dans la vieille église de Saint-Giles Cripplegate, à Londres. Aujourd'hui, Saint-Giles se dresse en bordure de l'énorme ensemble de bureaux, de résidences modernes et de salles de concerts et d'expositions — en chantier en 1978 — du Barbican Centre, au cœur de la City. C'est l'une des plus anciennes églises de Londres, endommagée par la guerre, qu'Olivier Cromwell et Shakespeare ont fréquentée. Milton y est enterré. Là, pendant deux semaines, Almeida a tenté l'impossible : faire renaître une voix. Les duos étaient des classiques : *Don Carlo, la Force du destin, Otello, les Vêpres siciliennes, l'Elixir d'amour* et *Aïda*. Mais la voix de Callas était maintenant affectée par un terrible vibrato qui dénaturait tout ce qu'elle faisait. Di Stefano, de son côté, avait perdu tout *piano*, et ne pouvait plus guère chanter qu'au maximum de sa voix. C'est aussi pendant cette période que Maria a appris la mort de son père : les conditions psychologiques étaient les plus mauvaises qui se puissent imaginer — et finalement c'est Maria elle-même qui décida que le disque, réalisé au prix d'un montage complexe d'une

273

multitude d'airs plusieurs fois enregistrés, ne paraîtrait pas. Aucun de ceux qui ont participé à ces séances n'a conservé de bandes des dernières tentatives de Maria pour nous laisser encore quelque chose de sa voix...

De ses concerts de l'année suivante, en revanche, il nous reste cent, enregistrements pirates... et tous sont plus douloureux à écouter les uns que les autres. Douloureux, mais évocateurs quand même. Car Maria veut toujours essayer. Elle tente maintenant, désespérément et de toute son énergie, de retrouver ce qui était perdu. Et puis il y a encore Di Stefano en qui elle voit toujours le reflet d'un temps passé et avec qui, pour la première fois, elle se sent bien. Heureuse, presque. Ils voyageront ensemble. Affronteront le public ensemble. Et c'est la « grande tournée » de 1973-1974. Une autre histoire. Une histoire triste, celle-là : parce que s'il y a des adieux éclatants, des départs superbes, cette longue série de concerts dans huit pays échelonnée sur sept mois — puis son prolongement en Extrême-Orient — n'a été qu'une longue démonstration de fin absolue, de la mort irrémédiable de la voix de Maria Callas. N'ayant plus ni les moyens vocaux ni les ressources techniques nécessaires — et n'osant plus se reposer entièrement et uniquement sur son registre drama-tique — Maria flotte. Elle hésite. Aux côtés de Di Stefano, dont la voix n'est plus, elle aussi, qu'un souvenir, elle aborde la *Gioconda* ou l'air de *Gianni Schicchi* : « *O mio babbino caro* » avec des précautions émouvantes : on sent si bien qu'elle sait ne plus pouvoir! Mais elle essaie quand même! Elle lance des sons qui sont des ombres : ombres de tout ce que nous avons pu aimer mais que nous retrouvons ici, subitement, outré dans ses défauts jusqu'à la caricature.

Lorsqu'elle chante en duo avec Di Stefano, elle s'accroche parfois à lui, elle s'arrime à sa main, leurs doigts noués, comme si l'un donnait du courage à l'autre. Et ce sont les duos de *Don Carlo*, des *Vêpres siciliennes*, de *Cavalleria rusticana*, qui passent comme ils peuvent, plus ou moins bien. Plus souvent mal que bien. Et de Hambourg à Düsseldorf, de Munich à Londres, la tournée dure. Chaque fois, ce sont les mêmes faiblesses, et pourtant chaque fois les mêmes enthousiasmes de la part de spectateurs qui applaudissent frénétiquement chaque morceau. Car le succès de cette tournée sera phénoménal, tant en Europe qu'en Amérique puis au Japon où elle s'achèvera. Emus, la main dans la main, Callas et Di Stefano reçoivent les bravos et saluent ensemble, bouleversés. Mais ce qu'on

274

applaudit à tout rompre, nous savons bien que ce n'est pas un air, ni la voix qui vient de le chanter. C'est une légende. C'est enfin *la* légende. Parce que la plupart de ceux qui, dans une salle de concert en Allemagne ou en Italie, se laissent ainsi emporter, n'ont jamais entendu la vraie Callas. Le disque, bien sûr... Mais en présence d'un mythe, peut-on faire autrement que dire oui? Surtout lorsque le mythe est toujours la femme la plus belle du monde.

Sur la scène du Festival Hall de Londres, le 26 novembre 1973, Maria en robe noire était l'image tremblée de tous nos plus anciens souvenirs. Et son « *Suicidio...* » prononcé d'une voix désormais rauque et gutturale, c'est quand même encore le reflet, le reflet terni, mais toujours vibrant, de cette première *Gioconda* que nous lui avons entendu chanter à Vérone, vingt-six ans auparavant. Chaque son bouge ou nous gêne : chaque son, pourtant, nous le reconnaissons si bien... C'est Maria, c'est Norma, c'est Floria Tosca, cette voix pour laquelle nous avons su nous damner. L'ombre dans la loge, qui se penchait vers nous. La silhouette noire et rouge, or, sang, qui murmure la cantilène de *la Somnambule* jusqu'à cet instant précis où le rêve devient notre vie. Alors, le reste, la vie... La tournée dure. Madrid, Paris, Milan — et puis Philadelphie, Boston, Chicago où elle revient, jusqu'à Miami Beach et Montréal : les mêmes moments d'émotion intense devant une voix qui n'existe plus, Lola Montès qu'on exhibe quand même et qui reçoit les roses et les baisers. En Corée, un peu plus tard — octobre 1974 — et au Japon, c'est le même spectacle, la même montée d'images enfouies, et la même folle ovation qui accueille les chanteurs. Mais c'est aussi presque la fin. Séoul, Tokyo, Fukuoka, Tokyo encore, Osaka, Hiroshima, Sapporo : les noms s'égrènent, les villes et les théâtres, les auditoriums... Hiroshima, Sapporo : le 2 novembre 1974, Maria Callas chante pour la dernière fois en public. C'est au *Hokkaido Koseinenkin Kaikan* de Sapporo. Qu'est-ce que le *Hokkaido Koseinenkin Kaikan*? Et qui de nous est jamais allé à Sapporo?

Callas a fini de chanter.

2

Maintenant c'est le silence.

Nous marchons à pas feutrés dans l'appartement de l'avenue Georges-Mandel où elle a choisi de vivre. Les rideaux de trop bon goût, les canapés de soie, les meubles anciens qui fleurent trop précisément le décorateur. Et le silence. Une femme de chambre, Bruna, un chauffeur-maître d'hôtel, Ferruccio, veillent sur Maria. Avec quelques amis. Ceux qui restent, car beaucoup sont partis — ils sont partis ou ils sont morts, mais bien souvent ils sont partis — et elle en a écarté d'autres. Ou, plus exactement, elle les voit moins. Et puis moins encore. Beaucoup moins, presque plus du tout. La liste serait longue de ceux qui ont ainsi disparu : Michel Glotz, Zefirelli, Di Stefano lui-même. Il y a eu un simple malentendu, un rendez-vous manqué ou une véritable brouille, des questions d'argent, parfois, car l'argent compte beaucoup pour Maria ! — ou simplement de la lassitude. Trop à faire pour les uns, pas assez pour Maria... Les rideaux de velours retombent silencieusement. Le téléphone sonne plus rarement.

Alors, on vit une manière de rêve éveillé au milieu de ce qui reste. On refuse les signes tangibles du présent comme ceux du passé tel qu'il a été — et on se souvient du passé tel qu'il aurait dû être. On idéalise. On vit dans une image. On invente... « Il n'y a plus de grands chefs d'orchestre ! Seuls Serafin et Giulini savaient diriger un opéra ! » Seulement Serafin est mort, et Giulini ne dirige plus d'opéras ! « Il n'y a plus de ténor : comment voulez-vous monter un Bellini ? » Ou, après un concert de ce mezzo superbe, on lance à cette amie qui fait une petite moue parce que le mezzo superbe n'a pas été de bout en bout admirable : « Que voulez-vous, maintenant, il faut que vous fassiez avec ce que vous avez ! ». Maria n'en dit pas plus, mais « maintenant », c'est « maintenant » qu'elle ne chante plus... Alors qu'autrefois, tout était si bien ! « Vous vous souvenez de l'orchestre du théâtre San Carlo, de Naples ? Quelle merveille ! » Mais c'était une casserole, l'orchestre du San Carlo, et Maria le savait bien !

Refuser le passé tel qu'il a été et le présent tel qu'il est. Vivre de souvenirs... Du monde entier, on envoie à Maria des enregistrements de ses concerts, des « pirates » plus pirates encore que tous les pirates du monde, de ses apparitions sur telle ou telle scène d'opéra. Et inlassablement, Maria les écoute. Et les fait écouter. Une nouvelle *Norma,* de nouveaux *Puritains?* « Tu te souviens de ce moment où... » Les amis réunis autour d'elle prêtent l'oreille. Le violon qui souligne si bellement les inflexions de la voix d'Amina qui murmure que même ses pleurs ne pourront ressusciter l'amour — notre amour — perdu. Dans le chuintement des bruits de fond, la voix s'élève encore qui dit sa peine ou qui crie la folie. La bande qui tourne sur le magnétophone vient de Berlin ou de Tokyo, de Seattle, de Nice — et c'est un concert à Dallas, un opéra à New York, une *Lucia* à la Scala qu'on lui envoie. Celui qui l'a recueillie, dans la salle ou à la radio, en a fait deux copies, l'une qu'il garde jalousement, l'autre qu'il lui a envoyée. En hommage. Nul autre que Maria et le collectionneur fanatique ne connaîtra cette *Lucia-*là, ces *Puritains...* Qu'importe, puisque le souvenir existe...

Les amis s'en vont parfois sur la pointe des pieds. Parce que Maria a peur de ses amis. Peur qu'on la mette en avant, peur qu'on se serve d'elle : « C'est très difficile d'être ami avec une vedette », a-t-elle lancé un jour à qui l'aurait tant voulue, cette amitié. Mais « c'est très difficile » : une mise en garde. Maria ne veut s'engager à rien. Attention! Ne vous approchez quand même pas trop près! La peur qu'on découvre quoi? D'ailleurs elle se dérobe. Décommande un déjeuner, un thé, à la dernière minute. Bruna téléphone. Ou on téléphone à Bruna : « J'allais justement vous appeler. Madame a une migraine terrible... » De même Maria, dans les derniers temps de sa voix, se dérobait-elle ainsi, s'abritant derrière un perfection-nisme paralysant, et repoussait un disque, un concert. « Il n'y a plus ni ténor, ni chef d'orchestre... » : à quoi bon monter une nouvelle *Traviata?* Comme ce disque dont elle a refusé la sortie : « Tu n'entends pas la harpe? La harpe joue trop fort! Il faut tout recommencer! » On n'a jamais recommencé le disque, et le disque n'est jamais sorti...

L'histoire est brève et suffit à tout expliquer : un jour Maurice Béjart a voulu monter une *Traviata* pour Callas. Violetta, seule en scène, aurait rêvé son amour. Ni Alfredo, ni sa tendresse n'auraient jamais existé. Pour Violetta Valery, courtisane, les seules réalités étaient l'argent et le succès. Maria a écouté Béjart lui raconter son projet, elle a trouvé qu'il avait de beaux yeux et Béjart a monté sa

277

Traviata sans Callas. Autrement. Encore un rideau de soie qui tombe...

Ils sont bien peu nombreux ceux qui sont encore là maintenant... Il y a une pianiste de talent, un grand critique lyrique, un administrateur de théâtre, le directeur d'une firme de disques. Et puis des gens du monde, qui ont de l'argent, de beaux noms : tous les signes extérieurs de la réussite pour la petite émigrée grecque. Il est bien loin, le temps où Callas se défendait d'être une femme du monde! Ceux-là, donc, qui l'invitent à dîner en ville. Les autres ont vraiment disparu.

« Ma mère faisait autrefois des prières pour que j'aie un cancer de la gorge », dit Maria amèrement : la famille est éparpillée. Le père est mort — le seul qu'elle ait vraiment aimé — et la mère et la sœur intriguent. Onassis est mort. Visconti est mort. Lawrence Kelly est mort. Madame von Z., son amie la plus proche, est morte. C'est Sunset Boulevard, le Boulevard du Crépuscule. Et les photographies du passé sur le piano : Maria dans la robe blanche d'Iphigénie ou les voiles de la Vestale. Parfois, une chanteuse vient la voir : Leontine Pryce — avec qui elle est amie —, Montserrat Caballé, Sylvia Sass. Maria est heureuse de ces attentions. Comme elle est heureuse et gênée des gestes de ces jeunes gens qui, sur l'avenue Henri-Martin, la reconnaissent et lui offrent des fleurs. L'un d'entre eux, un jour, ouvrira la portière de sa voiture pour déposer une gerbe de roses rouges sur la banquette à côté d'elle : Maria aura peur!

Avec Montserrat Caballé, Maria est gentille : « Elle est bien, cette petite », dira-t-elle après son départ. Caballé, qui l'admire, l'a beaucoup écoutée. A Sylvia Sass, la jeune chanteuse hongroise qui vient de triompher à Aix dans *Traviata,* c'est une véritable leçon que donne Callas. La jeune fille est venue l'écouter parler du rôle de Violetta et Maria parlera pendant quatre heures. Heureuse de croiser enfin qui lui ressemble de si près. « Une petite Callas », dira-t-on de Sylvia Sass, dont la voix va se déchirer à chanter Lady Macbeth à vingt-six ou vingt-sept ans sur la scène de la Scala.

Mais les visites se font rares : comment sentir, comment savoir que Maria les souhaite, ces visites, même si elles lui font peur? Comme si elle espérait encore que quelque chose pourrait la réveiller de cette somnolence mondaine — son piano, ses roses, ses relations... — à laquelle peu à peu elle s'abandonne. Comment le savoir? Celui-là qui se dit son ami — et qui l'est, son ami, sans nul doute — s'étonnera : « Mais c'est vrai! Ça faisait plus d'un an que je ne l'avais pas vue! »

Presque tous les rideaux sont tombés. Sur le magnétophone tourne une bande : *Tosca* à Londres, l'avant-dernière saison. Maria est à demi étendue sur un canapé : « Il y a combien de temps que vous m'aimez? » En face d'elle, on n'ose rien dire. « Elle vivait dans un rêve, comme une petite fille... » Maria Callas a cinquante-quatre ans, et il n'y a plus rien. Que les médicaments pour remonter sa tension, la coramine pour la soutenir, le café très fort... Elle a encore quelques mouvements d'humeur : « L'opéra n'est plus ce qu'il était, tous ces metteurs en scène qui veulent se faire un nom à tout prix! De mon temps, il n'y avait pas de metteur en scène. Tout se passait entre le chef d'orchestre et les chanteurs! » Le *Faust,* mis en scène à Paris par Jorge Lavelli dans un décor métallique qui ressemble à un pavillon de Baltard, la fait fulminer. Comme elle a tonné jadis contre les directeurs de théâtre, les imprésarios... Sa belle voix roule les *r,* elle invente des problèmes là où tout se passe sans elle, mais il n'y a plus rien...

Plus rien sinon, dehors, dans la rue, dans la vie, nous tous qui sommes là à savoir qui elle est. A savoir ce qu'elle est et ce qu'elle représente. Car s'il y a jamais eu un vrai, un seul miracle, c'est bien celui-là. A une époque où l'opéra était un genre presque tombé en désuétude, un oubli somptueux qu'on s'offrait seulement entre esprits raffinés, Callas a fait retrouver le chemin de l'opéra. Son nom, son nom seul a suffi pour qu'on s'intéresse, qu'on se pose des questions, qu'on veuille en savoir davantage. *Norma,* c'est quoi? Et *Traviata?* Et *Tosca?* A seize ans, je faisais la queue devant la porte de l'Opéra de Paris dès six heures du matin, parce que j'attendais l'ouverture des guichets. Mais nous n'étions qu'une poignée de fous! — même pas de fanatiques : des fous! — et si nous arrivions si tôt, c'était pour acheter les stalles de face, tout en haut, au quatrième balcon. Les places pas chères mais d'où on voyait quand même. Une poignée, le petit groupe, toujours les mêmes, la vieille dame avec son pliant et le jeune homme — était-ce moi? — qui pérorait. Et puis Callas est arrivée, et elle a tout balayé, tout emporté. Avec elle. Voilà le miracle Callas. Alors, dire qu'il n'y a plus rien?

Nous étions cent, cinq cents : nous sommes dix mille, cent mille. Nous cherchons ses disques, ses photos. D'abord, nous nous sommes contentés des disques du commerce. De ceux qu'on pouvait trouver, parce qu'on ne les trouvait pas tous. Alors, nous faisions venir *la Somnambule* de Londres ou *Butterfly* d'Amérique. Et puis nous en avons cherché d'autres : les « pirates », les premiers « pirates » : les classiques. La *Traviata* de Giulini ou la *Lucia* de Karajan. *Nabucco, Macbeth, les Vêpres*... Et ensuite les autres pirates, ceux qui n'ont d'abord été diffusés qu'en petit nombre et par des firmes obscures : toutes les *Tosca* de Mexico City, *le Trouvère*, le *Rigoletto*... Cher monsieur Smith, de New York, qui vient de fermer boutique : nous ne les recevrons plus, vos lettres au style fleuri qui nous découvraient vos trésors! Et nous échangions des adresses, des disques, des bandes, des photos. Seule, enfermée dans son appartement du XVIe arrondissement, Callas? Mais nous sommes tous la, autour...

A l'embaumer vivante...

Si bien que le 16 septembre 1977, ce qui se passe avenue Georges-Mandel n'est que le dernier mouvement d'une lente symphonie, funèbre et triomphale, où Maria Callas retrouve d'un coup, face à face, et Violetta, et Mimi, et Tosca, et Norma, et Gioconda...

Elle s'est levée tard. Elle se sent « bien », dit-elle. La veille, elle s'est un peu promenée, elle a caressé son chien. Elle a joué du piano, et elle a vu un film peut-être. Un film pas trop difficile et qui l'a distraite. « Il y a tellement de choses terribles dans le monde... » Ce matin, elle a pris son petit déjeuner, elle a peut-être oublié ses médicaments habituels, mais elle les oublie souvent, ces derniers temps. Et elle a traîné au lit.

Et puis, soudain, elle se sent mal. Un malaise, rien de plus, comme elle en a si souvent. Sa tension est très basse. Bruna, comme elle en a l'habitude, est allée chercher de la coramine, puis elle est repartie. Maria est seule, maintenant, dans la chambre au lourd mobilier vénitien. Mais elle veut se lever. Elle pose un pied à terre et fait quelques pas en direction de la salle de bain. C'est alors que Bruna entend un bruit. Une chute. Bruna se précipite. Maria est tombée dans sa chambre près d'une petite table, à côté de la porte de la salle de bain. « Je me suis trouvée mal... » Elle fait une grimace et Ferruccio arrive pour aider Bruna à la transporter jusqu'à son lit. Une grande douleur, là, brusquement, au côté gauche... C'est Violetta, bien sûr, et les dernières secondes de l'opéra.

Bruna, subitement, s'affole. Et Ferruccio. On téléphone au médecin de Maria, qui n'est pas là, à un autre encore, qui se récuse. S.O.S. médecins, enfin : un docteur va venir. Bruna a préparé du café noir, très fort, pour Maria. Lui donner un coup de fouet. Maria boit un peu de café, elle se sent mieux. Bruna se retourne, et Ferruccio... Maria Callas est morte.

Deux heures plus tard, sur le drap brodé, jamais Maria Callas n'a été plus jeune, ni plus belle...

1ᵉʳ décembre 1977.

RÉPERTOIRE DES ROLES DE CALLAS

Tous les rôles que Callas a chantés à la scène figurent dans cette liste, avec les dates et lieux où elle les a interprétés, le nombre de soirées données chaque fois, le chef d'orchestre et les autres interprètes principaux.

Afin de pouvoir établir d'utiles comparaisons, on a également indiqué les enregistrements commerciaux qu'elle a réalisés de ces mêmes rôles.

ANNÉE	MOIS	NOMBRE	LIEU	DIRECTION MUSICALE	PRINCIPAUX INTERPRÈTES
			AÏDA – 33		
1948	septembre	4	Turin	Serafin	Turini, Nicolai
	octobre	3	Rovigo	Berrettoni	Turini, Pirazzini
1949	juillet	1	Buenos Aires	Serafin	Vela, Barbieri
1950	février	2	Brescia	Erede	Del Monaco, Protti, Pini
	avril	3	Milan	Capuana	Del Monaco, Barbieri, De Falchi
	avril/mai	4	Naples	Serafin	Picchi, Stignani, Savarese
	mai/juin	3	Mexico	Picco	Kurt Baum, Simionato, Robert Wede
	octobre	1	Rome	Bellezza	Picchi, Stignani, De Falchi
1951	février	1	Reggio Calabre	F. Del Cupolo	Soler, Pirazzini, Manca-Serra
	juillet	3	Mexico	Fabritiis	Del Monaco, Dominguez, Taddei
1953	juin	4	Covent Garden	Barbirolli	Kurt Baum, Simionato, Jess Walters, Joan Sutherland
	juillet	4	Vérone	Serafin	Del Monaco, Nicolai, Protti
1955	août		*Enregistrement*	Serafin	Tucker, Barbieri, Gobbi
			ALCESTE – 4		
1954	avril	4	Milan	Giulini	R. Gavarini, Panerai, Silveri
			ANDREA CHENIER – 6		
1955	janvier	4	Milan	Votto	Del Monaco, Protti
	février	2	Milan	Votto	M. Ortica, Taddei

ANNÉE	MOIS	NOMBRE	LIEU	DIRECTION MUSICALE	PRINCIPAUX INTERPRÈTES
			ANNA BOLENA – 12		
1957	avril/mai	7	Milan	Gavazzeni	G. Raimondi, Rossi-Lemeni, Simionato
1958	avril	5	Milan	Votto	G. Raimondi, Siepi, Simionato
			ARMIDA – 3		
1952	avril/mai	3	Florence	Serafin	F. Albanese, Zilliani
			UN BALLO IN MASCHERA – 5		
1956	septembre		Enregistrement	Votto	Di Stefano, Gobbi, Barbieri
1957	décembre	5	Milan	Gavazzeni	Di Stefano, Bastianini, Simionato
			IL BARBIERE DI SIVIGLIA – 5		
1956	février/mars	5	Milan	Giulini	Alva, Gobbi, Rossi-Lemeni
1957	février		Enregistrement	Galliera	Alva, Gobbi, Zaccaria
			DON CARLO – 5		
1954	avril	5	Milan	Votto	Ortica, Mascherini, Stignani, Rossi-Lemeni

ANNÉE	MOIS	NOMBRE	LIEU	DIRECTION MUSICALE	PRINCIPAUX INTERPRÈTES
			L'ENLÈVEMENT AU SÉRAIL – 4		
1952	avril	4	Milan	Perlea	Prandelli, T. Menotti, Munteanu
			FEDORA – 6		
1956	mai/juin	6	Milan	Gavazzeni	Corelli, Zanolli
			FORZA DEL DESTINO – 6		
1948	avril	4	Trieste	Parenti	Vertecchi, B. Franci, Siepi, Canali
1954	mai	2	Ravenne	Ghione	Del Monaco, Protti, Modesti, Capecchi
1954	août		Enregistrement	Serafin	Tucker, Tagliabue, Rossi-Lemeni, Capecchi, Nicolai
			LA GIOCONDA – 13		
1947	août	5	Vérone	Serafin	Nicolai, Tucker, Tagliabue
1952	juillet	2	Vérone	Votto	Nicolai, Poggi, Inghilleri
1952	septembre		Enregistrement	Votto	Barbieri, Poggi, Silveri
1952-1953	décembre/janvier/février	6	Milan	Votto	Stignani, Di Stefano, Tagliabue
1959	septembre		Enregistrement	Votto	Cossotto, P. Miranda Ferraro, Cappucilli

ANNÉE	MOIS	NOMBRE	LIEU	DIRECTION MUSICALE	PRINCIPAUX INTERPRÈTES
			IFIGENIA IN TAURIDE – 4		
1957	juin	4	Milan	Nino Sanzogno	F. Albanese, Cossotto
			LUCIA DI LAMMERMOOR – 46		
1952	juin	3	Mexico City	Picco	Di Stefano, Campolonghi
1953	janvier/février	4	Florence	Ghione	Lauri-Volpi, Bastianini
	février		*Enregistrement*	Serafin	Di Stefano, Gobbi
1953	mars	2	Gênes	Ghione	Di Stefano, Mascherini
	avril	2	Catane	Fabritiis	Turrini, Taddei
	mai	3	Rome	Gavazzeni	Poggi, Guelfi
1954	janvier/février	7	Milan	Karajan	Di Stefano, Panerai
	février	3	Venise	Angelo Questa	L. Infantino, Bastianini
	octobre	2	Bergame	Molinari-Pradelli	Tagliavini, Savarese
	novembre	2	Chicago	Rescigno	Di Stefano, Guelfi
1955	septembre/octobre	2	Berlin (Scala)	Karajan	Di Stefano, Panerai
1956	mars	3	Naples	Molinari-Pradelli	Raimondi, Panerai
	juin	3	Vienne (Scala)	Karajan	Di Stefano, Panerai
	décembre	4	New York	Cleva	Campora/Tucker, Sordello/F. Valentino
1957	juin	1	Rome R.A.I. (Radio)	Serafin	E. Fernandi, Panerai
1958	février	3	New York	Cleva	Bergonzi, Sereni
1959	mars		*Enregistrement*	Serafin	Tagliavini, Cappuccilli
	novembre	2	Dallas	Rescigno	G. Raimondi, Bastianini

MACBETH – 5

ANNÉE	MOIS	NOMBRE	LIEU	DIRECTION MUSICALE	PRINCIPAUX INTERPRÈTES
1952-1953	décembre/janvier	5	Milan	De Sabata	Mascherini, Tajo, Penno

MADAME BUTTERFLY – 3

ANNÉE	MOIS	NOMBRE	LIEU	DIRECTION MUSICALE	PRINCIPAUX INTERPRÈTES
1955	août		Enregistrement	Karajan	Gedda, Danieli, Borriello
	novembre	3	Chicago	Rescigno	Di Stefano, Eunice Alberts, Robert Weede

MEDEA – 31

ANNÉE	MOIS	NOMBRE	LIEU	DIRECTION MUSICALE	PRINCIPAUX INTERPRÈTES
1953	mai	3	Florence	V. Gui	C. Guichandut, Barbieri
1953-1954	décembre/janvier	5	Milan	Bernstein	Penno, Barbieri
1955	mars	3	Venise	V. Gui	R. Gavarini, G. Tucci
	janvier	4	Rome	Santini	Albanese, Tucci, Christoff
1957	septembre		Enregistrement	Serafin	Picchi, Scotto
1958	novembre	2	Dallas	Rescigno	Vickers, Berganza
1959	juin	5	Londres	Rescigno	Vickers, Cossotto
	novembre	2	Dallas	Rescigno	Vickers, N. Merriman
1961	août	2	Epidaure	Rescigno	Vickers, Kiki Morfoniou
	décembre	3	Milan	T. Shippers	Vickers, Simionato, Ghiaurov
1962	mai	2	Milan	T. Shippers	Vickers, Simionato, Ghiaurov

ANNÉE	MOIS	NOMBRE	LIEU	DIRECTION MUSICALE	PRINCIPAUX INTERPRÈTES
MEFISTOFELE – 3					
1954	juillet	3	Vérone	Votto	Tagliavini, Di Stefano, Rossi-Lemeni
NABUCCO – 3					
1949	décembre	3	Naples	V. Gui	Becchi, A. Pini
NORMA – 89					
1948	novembre/décembre	2	Florence	Serafin	Picchi, Barbieri, Siepi
1949	juin	4	Buenos Aires	Serafin	Vela, Barbieri, Rossi-Lemeni
1950	janvier	3	Venise	Votto	Penno, Nicolai, Pasero
	février/mars	5	Rome	Serafin	Masini, Stignani, Neri
	mars	4	Catane	Berrettoni	Picchi, Gardino, Stefanoni
	mai	2	Mexico	Picco	Baum, Simionato, Moscona
1951	février	2	Palerme	Ghione	Gavarini, Nicolai, Neri
	septembre	1	Sao Paulo	Serafin	Picchi, Barbieri, Rossi-Lemeni
	septembre	2	Rio	Votto	Picchi, Nicolai, Christoff
	novembre	4	Catane	Ghione	Penno, Simionato, Christoff
1952	janvier/février/avril	8	Milan	Ghione	Penno, Stignani, Rossi-Lemeni
	novembre	5	Covent Garden	V. Gui	Picchi, Stignani
1953	avril	4	Rome	Santini	Corelli, Barbieri, Neri
	juin	4	Covent Garden	Pritchard	Picchi, Simionato, Neri, Sutherland
	novembre	4	Trieste	Votto	Corelli, Nicolai, Christoff

ANNÉE	MOIS	NOMBRE	LIEU	DIRECTION MUSICALE	PRINCIPAUX INTERPRÈTES
1954	avril-mai		*Enregistrement*	Serafin	M. Filippeschi, Stignani, Rossi-Lemeni
	novembre	2	Chicago	Rescigno	Picchi, Simionato, Rossi-Lemeni
1955-1956	décembre/janvier	9	Milan	Votto	Del Monaco, Simionato, Zaccaria
	octobre/novembre	5	New York	Cleva	Del Monaco, K. Baum, Barbieri, Siepi
	novembre	1	Philadelphie	Cleva	Del Monaco, K. Baum, Barbieri, Moscona
1957	janvier	2	Covent Garden	Pritchard	G. Vertecchi, Stignani, Zaccaria
1958	janvier	1	Rome	Santini	Corelli, Pirazzini, Neri
1960	août	2	Epidaure	Serafin	Picchi, Morfoniou, Mazzoli
	septembre		*Enregistrement*	Serafin	Corelli, Ludwig, Zaccaria
1964	mai/juin	8	Paris	Prêtre	Craig, Corelli, Cossotto, Vinco
1965	14-29 mai	5	Paris	Prêtre	Cecchele, Simionato, Cossotto, I. Vinco
			ORFEO ED EURIDICE – 2		
1951	juin	2	Florence	E. Kleiber	B. Christoff, T. Tygeson
			PARSIFAL – 5		
1949	février/mars	4	Rome	Serafin	H. Beirer, Siepi, Cortis
1950	novembre	1	Rome (R.A.I.)	V. Gui	Baldelli, Christoff, Panerai
			IL PIRATA – 7		
1958	mai	5	Milan	Votto	F. Corelli, Bastianini

ANNÉE	MOIS	NOMBRE	LIEU	DIRECTION MUSICALE	PRINCIPAUX INTERPRÈTES
1959	janvier	1	New York (Concert)	Rescigno	P. M. Ferraro, Ego
	janvier	1	Washington (Concert)	Rescigno	Ferraro, Ego

POLIUTO – 5

ANNÉE	MOIS	NOMBRE	LIEU	DIRECTION MUSICALE	PRINCIPAUX INTERPRÈTES
1960	décembre	5	Milan	Votto	Corelli, Bastianini, Zaccaria

I PURITANI – 16

ANNÉE	MOIS	NOMBRE	LIEU	DIRECTION MUSICALE	PRINCIPAUX INTERPRÈTES
1949	janvier	3	Venise	Serafin	Pirino, Savarese, B. Christoff
1951	novembre	4	Catane	Wolf-Ferrari	W. Wenkow, Tagliabue, Christoff
1952	janvier	2	Florence	Serafin	Conley, Tagliabue, Rossi-Lemeni
	mai	3	Rome	Santini	Lauri-Volpi, Silveri, Neri
	mai	2	Mexico	Picco	Di Stefano, Campolonghi, Silva
1953	mars		Enregistrement	Serafin	Di Stefano, Panerai, Rossi-Lemeni
1955	octobre/novembre	2	Chicago	Rescigno	Di Stefano, Bastianini, Rossi-Lemeni

RIGOLETTO – 2

ANNÉE	MOIS	NOMBRE	LIEU	DIRECTION MUSICALE	PRINCIPAUX INTERPRÈTES
1952	juin	2	Mexico	Mugnai	Di Stefano, Campolonghi
1955	septembre		Enregistrement	Serafin	Di Stefano, Gobbi

ANNÉE	MOIS	NOMBRE	LIEU	DIRECTION MUSICALE	PRINCIPAUX INTERPRÈTES
			LA SONNAMBULA – 22		
1955	mars/avril	10	Milan	Bernstein	C. Valetti, G. Modesti, E. Ratti
1957	mars	6	Milan	Votto	Monti, Zaccaria, Cossotto
	mars		*Enregistrement*	Votto	Monti, Zaccaria, Cossotto
	juillet	2	Cologne/Scala	Votto	Monti, Zaccaria, Cossotto
	août	4	Edimbourg/Scala	Votto	Monti, Zaccaria, Cossotto
			TOSCA – 33		
1941	juillet		Athènes		
	août/septembre				
1950	juin	2	Mexico	Mugnai	Filippeschi, Weede
	septembre	1	Bologne	Questa	Turrini, Azzolini
	octobre	2	Pise	Santarelli	Masini, Poli
1951	septembre	1	Rio	Votto	Poggi, Silveri
1952	juin/juillet	2	Mexico	Picco	Di Stefano, Campolonghi
1953	août		*Enregistrement*	De Sabata	Di Stefano, Gobbi
1954	mars	3	Gênes	F. Ghione	Ortica, Guelfi
1956	novembre	2	New York	Mitropoulos	Campora, London
1958	février/mars	3	New York	Mitropoulos	Tucker, W. Cassel/London
	19 décembre		Paris	Sebastian	Lance, Gobbi (*Acte II*)
1964	21 janvier	6	Londres	Cillario	Cioni, Gobbi
	décembre		*Enregistrement*	Prêtre	Bergonzi, Gobbi

ANNÉE	MOIS	NOMBRE	LIEU	DIRECTION MUSICALE	PRINCIPAUX INTERPRÈTES
1965	février/mars	9	Paris	Prêtre	Cioni, Gobbi
	mars	2	New York	Cleva	Corelli/Tucker, Gobbi
	juillet	1	Covent Garden	Prêtre	Cioni, Gobbi

LA TRAVIATA – 63

ANNÉE	MOIS	NOMBRE	LIEU	DIRECTION MUSICALE	PRINCIPAUX INTERPRÈTES
1951	janvier	3	Florence	Serafin	F. Albanese, E. Marcherini
	mars	2	Cagliari	Molinari-Pradelli	Campora, Poli
	juillet	4	Mexico	Fabritiis	C. Valletti, G. Taddei
	septembre	1	São Paulo	Serafin	Di Stefano, Gobbi
	septembre	2	Rio	Gaioni	Poggi, Salsedo
	octobre	2	Bergame	Giulini	Prandelli, Fabbri
	décembre	1	Parme	Fabritiis	Pola, Savarese
1952	mars	2	Catane	Molinari-Pradelli	Campora, Mascherini
	juin	2	Mexico	Mugnai	Di Stefano, Campolonghi
	août	4	Vérone	Molinari-Pradelli	Campora, Mascherini
1953	janvier	2	Venise	Questa	F. Albanese, Savarese
	janvier	3	Rome	Santini	Albanese, Savarese
	septembre		*Enregistrement*	Santini	Albanese, Savarese
1954	novembre	2	Chicago	Rescigno	Simoneau, Gobbi
1955	mai/juin	4	Milan	Giulini	Di Stefano/Prandelli, Bastianini
1956	janvier/février/avril/ mai	17	Milan	Giulini	G. Raimondi, E. Bastianini

ANNÉE	MOIS	NOMBRE	LIEU	DIRECTION MUSICALE	PRINCIPAUX INTERPRÈTES
1958	février	2	New York	Cleva	Daniele Baroni/Campora, Zanessi
	mars	2	Lisbonne	Ghione	A. Kraus, M. Sereni
	juin	5	Londres	Rescigno	C. Valetti, Mario Zanasi
	octobre/novembre	2	Dallas	Rescigno	Filacuridi, Taddei

TRISTANO E ISOTTA – 12

ANNÉE	MOIS	NOMBRE	LIEU	DIRECTION MUSICALE	PRINCIPAUX INTERPRÈTES
1947 1948	décembre/ janvier	4	Venise	Serafin	Tasso, Barbieri, Christoff
1948	mai	3	Gênes	Serafin	Lorenz, Nicolai, Rossi-Lemeni
1950	février	5	Rome	Serafin	Seider, Nicolai, Neri

IL TROVATORE – 20

ANNÉE	MOIS	NOMBRE	LIEU	DIRECTION MUSICALE	PRINCIPAUX INTERPRÈTES
1950	juin	3	Mexico	Picco	K. Baum, Simionato, Warren
1951	janvier	3	Naples	Serafin	Lauri-Volpi, Elmo, Silveri
1953	février/mars	5	Milan	Votto	Penno, Stignani, Tagliabue
	juin/juillet	3	Londres	Erede	Simionato, James Johnston, Jess Walker
	août	1	Vérone	Molinari-Pradelli	Danieli, Zambruno, Protti
	décembre	3	Rome	Santini	Barbieri/Pirazzini, Lauri-Volpi, Silveri
1955	novembre	2	Chicago	Rescigno	Björling, Stignani, Bastianini
1956	août		*Enregistrement*	Karajan	Barbieri, Di Stefano, Panerai

TURANDOT – 24

ANNÉE	MOIS	NOMBRE	LIEU	DIRECTION MUSICALE	PRINCIPAUX INTERPRÈTES
1948	janvier/février	5	Venise	N. Sanzogno	Soler, Rizzieri, Carmassi
	mars	2	Udine	O. De Fabritiis	Soler, Ottani, Maionica
	juillet	3	Rome	O. De Fabritiis	G. Masini, Montanari, Flamini
	juillet/août	4	Vérone	Votto	Salvarezza, Rizzieri, Rossi-Lemeni
	août	2	Gênes	Questa	Del Monaco, Montanari, Maionica
1949	février	4	Naples	Perlea	R. Gigli, Montanari, Petri
	mai/juin	4	Buenos Aires	Serafin	Del Monaco, Arismendi, Rossi-Lemeni
1957	juillet		*Enregistrement*	Serafin	Fernandi, Schwarzkopf, Zaccaria

IL TURCO IN ITALIA – 9

ANNÉE	MOIS	NOMBRE	LIEU	DIRECTION MUSICALE	PRINCIPAUX INTERPRÈTES
1950	octobre	4	Rome	Gavazzeni	Valetti, Bruscantini, Stabile
1954	août/septembre		*Enregistrement*	Gavazzeni	Gedda, Rossi-Lemeni, Stabile
1955	avril/mai	5	Milan	Gavazzeni	Valetti, Rossi-Lemeni, Stabile

LA VESTALE – 5

ANNÉE	MOIS	NOMBRE	LIEU	DIRECTION MUSICALE	PRINCIPAUX INTERPRÈTES
1954	décembre	5	Milan	Votto	Corelli, E. Sordello, Rossi-Lemeni, E. Stignani

I VESPRI SICILIANI – 11

ANNÉE	MOIS	NOMBRE	LIEU	DIRECTION MUSICALE	PRINCIPAUX INTERPRÈTES
1951	mai/juin	4	Florence	Kleiber	Bardi-Kokolios, Mascherini, Christoff
1952	décembre/janvier	7	Milan	De Sabata	Conley, Mascherini, Christoff

ANNÉE	MOIS	NOMBRE	LIEU	DIRECTION MUSICALE	PRINCIPAUX INTERPRÈTES
			LA WALKIRIA – 6		
1949	janvier	4	Venise	Serafin	Voyer, Torres, Dominici
	janvier	2	Palerme	Molinari-Pradelli	Voyer, Neri, Magnani

DU MÊME AUTEUR

MIDI OU L'ATTENTAT, *Julliard*
LA VIE D'ADRIAN PUTNEY, POÈTE, *La Table Ronde*
LA MORT DE FLORIA TOSCA, *Mercure de France*
LE VICOMTE ÉPINGLÉ, *Mercure de France*
CHINE, UN ITINÉRAIRE, *Olivier Orban*
LA PETITE COMTESSE, *Le Signe*
CALLAS, UNE VIE, *Ramsay*
SI J'ÉTAIS ROMANCIER, *Garnier*
LE DERNIER ÉTÉ, *Flammarion*
COMÉDIES ITALIENNES, *Flammarion*
DES CHÂTEAUX EN ALLEMAGNE, *Flammarion*
BASTILLE : RÊVER UN OPÉRA, *Plon*
COVENT GARDEN, *Sand-Tchou*
PAYS D'ÂGE, *Maeght*
L'AUTRE ÉDUCATION SENTIMENTALE, *Odile Jacob*
LONDRES : UN ABC ROMANESQUE ET SENTIMENTALE, *Lattès*

L'impression et le brochage ont été effectués
sur presse Cameron
dans les ateliers de **Bussière Camedan Imprimeries**
à Saint-Amand-Montrond (Cher),
pour le compte des Éditions Albin Michel.

Achevé d'imprimer en septembre 1997.
N° d'édition : 17025. N° d'impression : 4/943.
Dépôt légal : septembre 1997.